新股发行风险信息披露的多维分析

A Multidimensional Analysis of IPO Risk Factors Information Disclosure

黄方亮 等著

经济科学出版社

图书在版编目（CIP）数据

新股发行风险信息披露的多维分析/黄方亮等著. —北京：
经济科学出版社，2015.9
ISBN 978 - 7 - 5141 - 6050 - 5

Ⅰ.①新…　Ⅱ.①黄…　Ⅲ.①股票发行 - 风险分析
Ⅳ.①F830.91

中国版本图书馆 CIP 数据核字（2015）第 215476 号

责任编辑：柳　敏　李　林
责任校对：郑淑艳
版式设计：齐　杰
责任印制：李　鹏

新股发行风险信息披露的多维分析
黄方亮　等著
经济科学出版社出版、发行　新华书店经销
社址：北京市海淀区阜成路甲 28 号　邮编：100142
总编部电话：010 - 88191217　发行部电话：010 - 88191522
网址：www. esp. com. cn
电子邮件：esp@ esp. com. cn
天猫网店：经济科学出版社旗舰店
网址：http://jjkxcbs. tmall. com
北京汉德鼎印刷有限公司印刷
三河市华玉装订厂装订
710×1000　16 开　15.75 印张　270000 字
2015 年 10 月第 1 版　2015 年 10 月第 1 次印刷
ISBN 978 - 7 - 5141 - 6050 - 5　定价：42.00 元
（图书出现印装问题，本社负责调换。电话：010 - 88191502）
（版权所有　侵权必究　举报电话：010 - 88191586
电子邮箱：dbts@ esp. com. cn）

本书是：

国家社会科学基金项目"新股发行风险信息披露的多维分析研究"（11BJY139）的最终研究成果；

山东省软科学研究计划项目"企业公开上市过程中的利益冲突、利益制衡与制度约束研究"（2010RKGA1037）、山东省社会科学规划重大委托项目暨山东金融产业优化与区域发展管理协同创新中心项目（14AWTJ01－17）以及山东省金融学科"泰山学者"建设工程项目的阶段性研究成果。

序

新股发行问题多年来成为我国监管层、投资者以及相关机构等各界关注的一个热点问题。其中，有关新股发行体制改革的措施时常成为理论界和实务界争论的一个焦点。国家及有关机构在制定相关政策时也多次将新股发行体制改革问题纳入考虑范围之内。2013年11月12日，党的十八届三中全会通过了《中共中央关于全面深化改革若干重大问题的决定》，其中提到要"推进股票发行注册制改革"。大约两周之后，即于2013年11月30日，中国证监会发布了《关于进一步推进新股发行体制改革的意见》。尽管从其主要内容看，这个文件仍然是新股发行改革过程中迈出的极小的一步，但还是被解释为是从核准制向注册制转向的重要一步。2014年5月9日，国务院发布的《关于进一步促进资本市场健康发展的若干意见》（被业界称为"新国九条"）为新股发行体制改革再次指明了实施注册制的方向。不管改革将采取什么具体措施，其中一个十分核心的内容就是新股发行的信息披露。对发行人信息披露的有效监管是实施注册制的关键环节之一。黄方亮教授等人的研究正是抓住了信息披露这个重要环节，从检验发行人风险因素的具体内容入手，去剖析新股发行中存在的各种问题，并探寻相关的制度优化路径。

证券市场上暴露出的企业上市"化妆"、"包装"甚至"伪装"等问题，其实都是信息披露的问题。而隐藏在被美化的信息背后的企业的真实风险因素，本是企业应该向社会公众如实披露的。所以，企业风险因素的信息披露又是新股发行信息披露中的一个核心问题。我国新股发行企业的风险信息披露究竟是怎么样的，有些企业究竟是怎样"化妆"、"包装"、"伪装"的。对这些问题的深入探究，是非常有现实意义的。

黄方亮教授在多年前就告诉我，他当时在美国访学，和那里的教授、博士生一起进行新股发行的不确定性与信息披露方面的合作研究，采用的研究方法是内容分析法，打算回国后继续进行此领域的研究，并以此申请国家社会科学基金课题。大约在三年前，得知他们的研究团队如愿以偿地获得了国家社会科学基金项目立项。黄方亮表示能够获得立项是个难得的宝贵机遇，课题组一定要好好做，并争取做好。我也期待看到他们能够经过努力取得硕果，得到有趣的、有价值的发现，提出一些切合实际的对策建议。结果不负所望，近期欣闻他们的课题研究报告顺利通过鉴定。在此课题研究报告的基础上进行补充、完善并出版为一部具有高层次学术探索和实践应用价值的专著，是一件十分有意义的事。

在我看来，该书在研究视角、研究方法以及对策建议几方面都有所创新。

从研究视角看，该书选择新股发行招股说明书中所披露的十分核心的风险因素部分为研究对象，剖析新股发行过程中出现的典型问题，能够收到"窥一斑而知全豹"的效果。另外，从考察新股发行风险信息披露这个角度入手去研究新股发行问题的文献即使在国际上也并不多见，在国内的相关研究则是刚刚开始。该书为填补这个领域研究的不足确实做出了贡献。

从研究方法看，该书贯穿始终地使用了跨学科的内容分析法。该研究方法在金融领域的应用在国际上近年来逐渐增多，相关研究属于国际前沿领域，但国内的相关研究还很少见。在该书中，即使是在向投资者做的问卷调查研究以及在新股发行博弈过程的理论模型章节中，也是将风险因素的内容作为核心研究对象。对新股发行风险信息披露进行显性与隐性内容的多维度分析，在国内尚属首次。该书得出了一系列很有意义的结论，例如，虽然多数招股说明书在表面形式上比较规范、没有"比着葫芦画瓢"，在披露内容上没有机械地相互模仿，但是，有关企业外部的风险因素披露偏多、内部的风险因素披露显著不足，并且外部风险因素的披露呈逐年增多的趋势；"轻描淡写"甚至"美化"风险因素的意图也比较明显，并且招股说明书中的风险因素部分有向投资者传递积极性意向的"误导"倾向，招股说明书中风险因素部分的内容难以成为投资者进行信息获取并形成投资决策的可靠依据；许多企业没有能够在其招股说明书中的风险因素章节对有关财务指标未来的不良波动进行很好的提示性披露；有些企业、中介机构等市场参与方把工作精力用在了关注企业上市前如何在表面上提升盈利能力，为了顺利通过监管机构对上市资格的审核而不惜在提交的申请文件中"造假"一搏。

从对策措施看，从考察新股发行风险因素的角度展开研究，能够发现信息披露过程中的许多问题，得出比较有用的研究结论和政策建议，以及一些有关新股发行体制改革方面的研究推论。该书在风险信息披露的类别口径、风险因素实质性内容的披露、信息披露追溯监管机制以及投资者对新股发行的监督等多个方面提出了制度完善建议，并对新股发行审核制度向注册制的转向提出多项配套的对策措施的意见。

当然，该书还存在一些不足之处。例如，尽管在有些方面结合违法违规的典型案例进行了现实分析，但如果能够更加全面地选取相关案例，那么得出的结论将更具说服力。鉴于能够利用的对中文文字进行内容辅助分析的相关计算机软件还很有限，该研究进行了大量的手工材料收集、整理工作。如果能够在计算机辅助软件开发方面做进一步的工作，将会在未来极大地推动内容分析法在金融领域更广泛和更深入的应用。但不管怎样，作者选择从风险信息披露的角度对新股发行的研究是很有价值的，其勇于探索、对风险信息披露进行十分系统的内容分析是难能可贵的。这本书凝结了作者多年辛勤耕耘的汗水和心血，我愿将此书推荐给理论界和实务界的各位读者，期待社会各界群策群力，一起为我国证券发行市场的健康、快速发展献计献策。

尹伯成

2015 年 5 月于复旦大学经济学院

前　　言

　　近年来我国新股发行问题频发。为了能够获取上市资格，顺利通过新股发行申请，有的企业在申请文件中通过"化妆"、"包装"甚至"伪装"等方式美化自己，刻意隐瞒企业面临的重要风险因素，"造假"上市。我国投资者对新股申购既趋之若鹜，又心存疑虑。在这种背景下，新股发行受到监管层、投资者、证券公司以及新闻媒体等社会各界的极大关注。我们选取新股发行招股说明书中所披露的风险因素部分作为研究对象，运用内容分析、问卷调查、博弈分析等方法，对发行人提供的相关信息进行"卸妆"、"去装"，从多个维度考察我国的新股发行风险信息披露问题。这对于改善我国新股发行信息披露的质量、促进新股发行机制的优化具有重要的理论和现实意义。

　　国内外针对新股发行招股说明书中风险因素章节进行的研究为数不多，对此进行内容分析的专门研究则更是少见。课题组通过利用人工阅读、人工整理资料与计算机软件辅助处理资料和数据相结合的方式，分别从考察有关风险因素的类别、篇幅以及相关关键词等维度，对风险信息进行了系统的显性与隐性内容分析。在从考察信息供给的角度对风险信息进行了内容分析之后，我们就风险信息的需求问题向个人和机构投资者进行了问卷调查，并对风险信息供给与需求相关主体的动机和策略进行了博弈模型解析。

　　本研究的具体内容共包括六大部分。第一部分是阐释研究背景、进行文献回顾与评述、提出研究思路和研究框架的导论；第二部分是对新股发行招股说明书中的风险因素部分进行显性内容的分析，即通过对其进行规范性分析、比较分析以及趋势分析，检验风险信息披露形式上的合规程度、不同上市场所和不同上市时间信息披露的差异性；第三部分是对新股发行招股说明书中的风险因素部分进行隐性内容的分析，即采纳语调分析

的方法，判断发行人风险信息披露的意向，即其"言外之意"；第四部分
是考察新股发行风险信息的需求，向不同类型的投资者发放了 1763 份调
查问卷，获取了投资者的信息需求"缺口"状况，以此检验新股发行的信
息供给问题；第五部分是通过设计不完全信息的静态和动态博弈模型，结
合现实中存在的问题，对新股发行风险信息供给与需求相关主体的行为进
行解析；第六部分对上述各部分研究中所发现的问题进行归纳和总结，形
成综合性的结论，并提出相应的改革措施和政策建议。

通过对我国新股发行风险信息披露的多维分析，我们发现风险因素信
息披露中存在诸多问题。虽然风险信息披露在形式上比较符合监管层的有
关要求，没有明显的"比着葫芦画瓢"的情况，但在实质内容上与监管层
所规定的完整、真实的要求差距较大，风险信息的供需缺口较大。相关的
问题主要包括：（1）风险信息披露的口径不够统一，并且量化内容偏少；
（2）风险信息披露中的外部风险较多，内部风险披露不足，（3）风险信
息披露明显呈乐观性、高估性意向的"误导"倾向；（4）风险信息披露
的内容难以成为判断发行人未来盈利水平和股票价格走势的依据；（5）主
要风险因素的内容难以成为判断发行人财务指标变化趋势的依据；（6）新
股发行信息披露未能引起投资者的充分关注；（7）许多投资者对新上市企
业信心不足，在新股申购后短期内抛售；（8）投资者认为新股发行信息披
露的内容不够准确，也不够深入。

针对以上主要问题，我们指出：一方面，有关监管机构需要加强对风
险信息披露的监管；另一方面，需要对新股发行信息披露制度乃至新股发
行机制进行完善和优化。在加强对风险信息披露的监管方面，我们提出，
要增加企业内部风险因素的信息披露；强化实质性风险因素的披露，避免
"变相宣传"式的误导性披露；跟踪企业上市后的表现，建立信息披露追
溯监管机制；加强投资者对新股发行过程的监督，构架信息供求桥梁。在
新股发行机制优化方面，我们认为，需要进一步拓宽发行人信息披露的范
围，提高发行人申请、监管机构审核和批复全过程的透明度；提高发行人
和中介机构等相关方的违规成本，这种加强的事后约束措施亟待体现在有
关监管政策规定之中；将新股发行"入口"中的信息披露问题纳入退市条
件，拓宽退市"出口"；推行储架发行制度，将发行人的新股发售由一次
博弈行为变为多次博弈行为；选择合适的时机降低新股发行的事前审核
"准入"门槛，推行新股发行注册制。

课题的研究过程包括两大阶段：课题立项之前的文献回顾、资料收

集、研究思路的形成阶段，历时约一年半；课题立项之后的正式展开阶段，历时两年多。在课题立项后两年多的时间里，全体课题组成员不懈努力，从确定研究框架和研究计划，进行子课题分工，到完善相关资料和数据，展开相关研究，一直到形成课题研究报告。为确保各个子课题之间研究内容的衔接、促进每个阶段的研究的顺利进行，我们坚持每两周召开一次全体成员课题进展协调会、讨论会，每个季度邀请学术领域的有关专家、政府部门的有关监管人员以及从事投资银行等业务的实务工作者召开一次课题阶段性成果研讨会；为了促进科研成果更广泛的交流，部分课题组成员还出席了相关的国内和国际学术研讨会。

在研究过程中，课题组成员将完成的阶段性成果陆续公开发表在有关专业期刊上，其中包括：内容分析法在证券信息披露中的应用、新股发行风险信息披露的规范性考察、新股发行风险因素的主成分分析、对 IPO 风险信息披露与初始收益关系的实证研究、新股发行风险信息供求的理论研究、新股发行风险信息披露的博弈过程分析等。有些成果被相关的国内和国际学术研讨会采纳，产生了一定的社会反响。

本研究的不足或欠缺主要表现在两个方面。一是由于主要子课题的研究需要一定的时间，并且上市公司年报的数据是在次年披露的，所以，有关实证研究的数据只好确定在截止于课题正式立项之后的 2011 年底。这使得之后的有些数据未能够得以使用。二是近年来暴露出的欺诈上市等案例较多，而我们的研究时间有限，加上有些案例资料只是见于报端，详细情况难以搜集，所以，尽管我们选取了典型案例进行了分析，但未能够进行全面的案例分析。

与本研究相关的未来研究还有很大的空间。进一步的研究主要包括以下两个方面：第一，由于近年来在新股发行过程中出现问题的企业案例较多，所以，结合典型案例风险信息披露状况，专门对出现问题的企业进行案例研究，从更为微观的角度剖析问题产生的根源。第二，进一步挖掘风险信息披露的意向内容，从更多类目的的角度、以更为深入的研究方法对相关内容进行意向分析。

本书是国家社会科学基金项目"新股发行风险信息披露的多维分析研究"（批准号：11BJY139）研究报告的修订稿，得到了该国家社科基金、山东省软科学研究计划项目"企业公开上市过程中的利益冲突、利益制衡与制度约束研究"（项目编号：2010RKGA1037）、山东省社会科学规划重大委托项目暨山东金融产业优化与区域发展管理协同创新中心项目（项目编号：14AWTJ01 - 17）以及山东省金融学科"泰山学者"建设工程项目的资金支持与帮助。本书的主要合作者王政在从课题准备，到课题研究，再到本书稿的形成过程中做出了巨大贡献。同时，本书的补充、完善也得到了课题组成员李艳丽、安起光、李琪、刘冬雨、马孝先、齐鲁、王骁、种莉萍、王英姿、顾婧瑾的大力支持，并得到了黄磊、曹廷求、张玉明、葛永波、武锐、张娟、钟德强、聂左玲、孙莉、李文君、崔越、张雪莹、张延良、张晶、张宏、张惠、孟纹羽、亓晓、张丽华、冯曰欣、邓岩、刘砚平、费淑静、宿淑玲、郑萌萌、王倩、步晓宁、韩勇、何双、孙从吾、曹西茹、张琪、张浩、马云霄、史君君、郭晋晖、刘融冰、杜建、李媛媛、李兆江、熊德浩、杨敏、侯巧平以及诸多同事、同仁的鼎力相助，借此机会向那些在课题研究过程中以及本书编辑过程中提供帮助和资助的人士表示由衷的感谢。

　　同时感谢为课题组进行实地调研、问卷调查和数据收集等研究活动提供支持的中国社会科学院、中国证监会山东证监局、上海证券交易所、山东省金融办公室等机构和多家基金公司、证券公司、投资公司、上市公司以及高校和其他研究机构等单位和相关个人。受益于这些机构和个人的大力帮助，本书获得了大量来自实践中的一手资料。其中，中国证监会山东证监局的赵洪军研究员为本研究提出了大量新股发行监管方面的指导性意见；与上海证券交易所何凌浩、朱伟骅、潘妙丽、任鹏等人的多次座谈与交流也为本研究增益良多；上海证券交易所与山东财经大学合作组建的泰山资本市场研究中心也极大地推动了本研究的进展。

　　此时，也再次想起美国佛罗里达州立大学（Florida State University）商学院的国际知名金融学教授詹姆斯·安（James Ang）博士，是他在我赴美访学期间不辞辛劳地将我带入运用内容分析法对证券领域进行研究这一令人感到振奋的国际前沿领域。安教授曾任美国金融管理协会（Financial Management Association）理事会的主席、《金融管理》（Financial Management）期刊的主编，其发表在国际顶尖的金融类期刊上的学术论文的数量曾连续多年排列在世界前茅。正是能够有幸得到安教授长时间的耐心指引，我们才信心倍增地展开了相关研究。当然，也再次想起我在复旦大学读博时的恩师尹伯成教授，是在尹老的引领下完成了 2008 年出版的个人专著《价格发现与股票 IPO 机制研究》，该专著为目前的研究打下了较为雄厚的基础。此外，本书在写作过程中参考了诸多学者、专家的研究成果，也得到了一些学者、专家提出的宝贵意见，从中获取了一些非常有益的启示，引用成果已尽可能地在文中注明，在此一并表示感谢。

最后，特别感谢出版社的领导、编辑，他们对本书的出版给予了积极的帮助，编辑在出版过程中更是倾注了大量的辛勤劳动。特别指出，由于作者水平有限，书中难免有粗疏、不妥之处，敬请学术界和实务界的各位前辈、同仁、读者批评和指正。您的宝贵意见将会促使我们在以后的研究和探索过程中不断成长、进步。

黄方亮

2015 年 5 月

目　　录

第 1 章　导论 …………………………………………………… 1

1.1　研究背景、问题提出与研究意义 ………………………… 1

1.2　国内外文献综述 ………………………………………… 5

1.3　研究的基本思路、主要框架和基本观点 ………………… 21

1.4　研究方法和创新之处 …………………………………… 25

第 2 章　新股发行风险信息披露的显性内容分析 ………… 27

2.1　新股发行风险信息披露的规范性分析 ………………… 28

2.2　新股发行招股说明书中风险因素信息披露的比较分析 … 42

2.3　新股发行招股说明书中风险因素信息披露的趋势分析 … 48

2.4　新股发行风险因素主成分回归分析 …………………… 56

2.5　本章小结 ………………………………………………… 67

第 3 章　新股发行风险信息披露的隐性内容分析 ………… 69

3.1　意向分析类目体系的构建与词汇表的确定 …………… 69

3.2　招股说明书中风险因素类目词汇的统计分析 ………… 80

3.3　各风险因素类目词汇的回归检验 ……………………… 83

3.4　本章小结 ………………………………………………… 92

第 4 章　新股发行风险信息的需求分析：对投资者的问卷调查 …… 93

4.1　有关投资者问卷调查的研究回顾 ……………………… 93

4.2　问卷的设计、制作、发放与回收 ……………………… 95

4.3　问卷的信度检验及样本特征 …………………………… 98

4.4　调查结果与数据分析 …………………………………… 100

4.5　本章小结 ································· 131

第 5 章　新股发行风险信息披露过程的博弈分析 ············· 134

5.1　新股发行风险信息披露博弈过程问题的提出 ·········· 134

5.2　新股发行不完全信息动态博弈模型的构建 ·········· 136

5.3　新股发行风险信息披露的博弈过程分析 ············ 141

5.4　新股发行风险信息披露博弈分析的现实检验 ·········· 149

5.5　本章小结 ································ 155

第 6 章　新股发行风险信息披露机制的优化与改进 ········· 159

6.1　新股发行风险信息披露的主要问题回顾 ············ 159

6.2　新股发行风险信息披露的制度完善 ·············· 165

6.3　新股发行的机制优化：基于信息披露的视角 ·········· 168

附录 ·· 177

附录 1　关于内容分析法的研究方法及应用阐释 ··········· 177

附录 2　新股发行风险因素信息披露的质量研究
　　　　——基于商业银行招股说明书的内容分析 ········· 189

附录 3　"梅里亚姆—韦伯斯特在线"对各类目词汇解释的
　　　　主要内容 ····························· 201

附录 4　代表性招股说明书中披露的主要风险因素条目 ······· 203

附录 5　《新股发行信息披露状况调查问卷》的主要内容 ······ 214

参考文献 ····································· 218

后记 ·· 234

第 1 章

导　　论

1.1　研究背景、问题提出与研究意义

1.1.1　研究背景

在证券一级市场中，由于新股发行时发行人和投资者以及中介机构等其他方之间均存在一定程度的信息不对称问题，所以，信息传递是新股发行过程中的一个核心问题。[①] 由于是拟上市公司在公开发行股票之前是非上市公司，其有关信息往往不像上市公司那样为社会公众所知晓，所以，作为股票供给方的拟上市公司的信息披露就成为一项极为重要的工作。作为股票需求方的投资者来说，不但要考虑如何通过投资获取较高的收益，也要考虑如何尽量避免可能出现的投资风险。因此，拟上市公司在新股发行中所披露的风险因素就成为备受关注的核心内容之一。拟上市公司对其风险因素的信息披露，有利于投资者及时、全面、准确地了解其经营运作情况，是投资者进行投资决策的重要参考依据。

由于企业可以通过上市募集大量资金，并且可以给企业带来提高知名度等诸多好处，所以，有众多的企业在争取上市。然而，企业公开发行股票并上市是需要满足一定条件的。为了能顺利地通过 IPO 申请，有的企业在其信息披露中进行"化妆"、"包装"，有的甚至铤而走险，通过"伪

---

① 这里我们进行研究的是股票首次公开发行（即 Initial Public Offering，IPO）的情况。

装"的方式造假上市；有关中介机构由于与拟上市公司存在利益关系，或面临利益冲突，在此过程中成为"合谋"，甚至是"主谋"。① 因此，企业上市后经营效益大幅下滑、募集资金投向出现变更等情况时有发生。按照企业上市进行信息披露的有关规定，企业存在现实的或潜在的所有风险因素，都要在其招股说明书中的风险因素部分进行披露。然而，这些出现问题的企业并没有在其风险因素信息披露中如实披露这些相关风险的信息。有些发行人在风险因素的信息披露上甚至存在着十分严重的问题。

我们通过互联网搜寻了截至 2011 年 12 月 31 日出现信息披露问题的新股发行企业。② 通过逐一查询有关媒体报道等资料，将媒体报道内容与这些企业的招股说明书中披露的风险因素部分的内容进行对比，剔除与风险因素信息披露不直接相关的企业，得到明显存在风险因素信息披露问题的某些案例共 29 宗（见表 1 - 1）。③

表 1 - 1　　　　　存在风险因素信息披露问题的某些案例情况

序号	企业名称	序号	企业名称	序号	企业名称
1	绿大地	11	星网锐捷	21	山东金创
2	福晶科技	12	高德红外	22	骆驼股份
3	立立电子	13	嘉事堂	23	诺奇股份
4	拓维信息	14	上海超日	24	德尔家居
5	精艺股份	15	胜景山河	25	佳力科技
6	得利斯	16	恒源发	26	华致酒行
7	山东东佳	17	联明机械	27	吉锐股份
8	海普瑞	18	凯龙化工	28	博彦科技
9	广联达	19	桐昆股份	29	兆驰股份
10	德棉股份	20	天润发展		

注：以上企业中，有些企业的新股发行并上市申请未能够通过中国证监会的审核，未能公开上市。

---

① 关于在新股发行过程中存在的利益冲突，以及由此导致的问题，参见：黄方亮，尹伯成. 股票 IPO 市场中的利益冲突问题研究［J］. 福建论坛（人文社会科学版），2011（1）：12 - 16。

② 通过互联网搜寻的对象是在主板和中小企业板市场申请新股发行并上市的企业；搜寻的目标是涉及申请新股发行并上市过程中或上市之后暴露出的信息披露问题的情况。由于互联网普及的时间不是很久，所以，在网上能够查到的有关媒体报道大多集中在 2006 年以后。2006 年之前的有些信息没有在网上刊登，或在网上刊登过，但已经被删除。

③ 在筛选案例时，从案例整体中剔除的企业主要涉及虚增市场占有率、虚增公司资产规模、夸大市场地位、存在违规担保等与风险因素信息披露不直接相关的情况。

通过分析媒体对这些企业在新股发行过程中存在的问题进行的报道，以及各企业在其招股说明书中披露的风险因素的内容，我们归纳出与风险因素信息披露相关的五个方面的主要问题：（1）未披露重大财务风险；财务状况虚假披露。例如，原材料采购数据与供应商数据不符，虚增利润；存在"空壳"公司的情况，虚构财务信息；对经营不稳定、主营业务收入存在大幅波动的风险轻描淡写，甚至刻意隐瞒。（2）隐瞒部分关联关系、未披露关联交易风险。例如，隐瞒部分关联方的信息，隐瞒与关联方之间的资金往来，隐瞒企业对关联交易的依赖，未披露关联交易金额及相关风险等。（3）风险因素部分所披露的专利或核心技术等信息与实际情况不符。例如，披露虚假的核心技术的独有性、虚假的技术水平；未披露高新技术企业的资格存在被吊销的风险；未披露存在专利纠纷情况等。（4）未充分披露募集资金投资项目风险。例如，隐瞒募资投向项目产能过剩带来的风险；未充分披露募资投向项目预期收益不能实现的风险；未披露原材料供应不足使募集资金投资项目存在较大的潜在风险等。（5）隐瞒某些能够对企业经营产生重大不利影响的关键风险信息。例如，隐瞒企业曾多次被环保部门督察、停产整顿的情况；隐瞒子公司亏损给发行人带来的风险；以及未充分披露行业激烈竞争带来的风险等。

在新股发行问题频发，投资者对新股发行既趋之若鹜、又心存疑虑的情况下，如何提高新股发行信息披露的真实性、完整性和及时性，成为各界关注的一个焦点。新股发行体制改革也不断被提上有关政府部门的议事日程。

1.1.2　问题提出

如果在新股发行申请中存在问题的企业，能够在其招股说明书的风险因素章节进行如实的信息披露，那么，证券监管机构、投资者就可以比较全面地了解其风险状况，从而做出合理的审批、投资决策。所以，如果能够对新股发行的信息披露进行有效监管，确保信息披露的质量，那么，在新股发行过程中出现的许多问题就会迎刃而解。可见，对新股发行的信息披露状况和有关规章制度进行研究，就成为一项非常必要的工作。

新股发行时，拟上市公司在其招股说明书中所披露的风险信息多以文字描述形式出现，适合采纳内容分析法对其进行分析。内容分析法是一种对研究对象的内容专门进行研究的方法，其显著特点是具有客观性和系统性，并且是定性和定量分析相结合。其基本思路是对研究对象的内容中所含有的信息进行分析，通过统计表征的，有代表性的段落、句子、词组或词出现的频率等方法，结合对统计结果的实证分析，推断出本质性的事实以及隐性的意义等结论。

内容分析法在新闻学、图书馆学和情报学等领域的研究中已经被广泛地采纳，在金融领域的应用近年来有增多的趋势。与国外相比，我国目前在金融领域开展的有关内容分析的研究还很少，因此，探讨内容分析法如何在证券市场信息披露中应用、对我国新股发行招股说明书中所披露的风险因素的内容进行多维分析就成为一项十分必要的工作（关于对内容分析法这一跨学科的研究方法的简要阐释，见附录1）。

我们在内容分析的基础上，结合问卷调查、博弈分析等方法，系统考察我国新股发行中风险信息披露的状况，检验风险信息披露的质量，并提出相应的改善措施。

1.1.3　研究意义

1. 理论意义

综合运用内容分析法、问卷调查、博弈模型等方法，对新股发行风险信息披露进行多维的系统研究，具有比较重要的理论意义。目前将内容分析法应用于新股发行信息披露研究的相关文献还很少，对新股发行风险信息披露进行内容分析，是一项十分有意义的跨学科研究尝试；通过对投资者进行问卷调查，分析我国投资者对新股发行信息披露内容的需求状况，并对发行人、监管机构、投资者等相关方进行不完全信息静态和动态的博弈过程分析，是结合新股发行风险信息披露的实际情况进行的供需双向理论探讨，具有较为重要的学术价值。

2. 现实意义

尽管我国的股票发行审核制度与信息披露制度一直在改革与完善，但上市后企业"业绩变脸"等情况仍时有发生，发行人和中介机构一起美化企业使其上市、甚至是欺诈上市的情况依然存在。

剖析我国新股发行的风险信息披露状况，探寻其中的问题并提出改善的建议，对于监管机构更好地开展新股发行中的有关审核工作、进一步改善有关信息披露制度具有重要的参考价值；对于发行人、投资银行等进一步规范信息披露行为具有重要的指导意义；对于投资者获取更为准确、完整的投资风险信息、提高投资决策依据的可靠性具有重要的现实意义。

1.2　国内外文献综述①

尽管关于新股发行信息披露的研究已经非常多，但专门对新股发行风险因素信息披露进行的研究还是很少。本研究主要应用内容分析法等方法对我国新股发行的风险信息披露进行多维研究。我们首先回顾有关新股发行信息传递的国内外研究状况，然后专门对内容分析的研究方法及其在证券信息披露领域的应用进行梳理与归纳，并对相关研究做简要评述。

1.2.1　有关新股发行信息传递的理论研究②

市场参与各方之间的信息不对称是证券发行市场中的一大问题，从信息传递的角度对新股发行进行的探讨较多。国外学者针对成熟市场中新股发行信息传递的信息经济学、博弈理论等研究较多，并且形成了比较经典的理论流派；国内的研究则主要是针对我国实行新股发行核准制的情况，结合国外的理论研究成果，提出分析我国新股发行过程中的信息传递问题的理论模型。③

1. 国外有关新股发行信息传递的研究

国外的相关研究主要是针对成熟市场中的新股发行状况。从市场参与各方之间的信息传递关系看，相关的理论研究可归为以下三大类：发行人、投资银行与投资者三方之间信息传递的理论研究；投资银行与投资者之间的信息传递的理论研究；以及投资者内部的信息传递的理论研究。

---

① 本部分的主要内容已发表，参见：黄方亮，武锐. 证券市场信息披露质量：基于内容分析法的研究框架［J］. 江苏社会科学，2011（6）：67－71。
② 课题负责人一直关注有关国内外研究进展，本节的部分内容已经发表，详见：黄方亮. 价格发现与股票 IPO 机制研究［M］. 上海三联书店，2008；以及：尹伯成，黄方亮. 新股发行效率、价格异象及相关理论阐释［J］. 河南社会科学，2008（4）：56－61。
③ 这里仅回顾与本研究所关注的新股发行信息披露方面的研究。其他方面的有关新股发行信息传递研究包括新股发行的时机选择、风险资本的退出等。

（1）发行人、投资银行与投资者之间的信息传递理论主要包括委托发行定价理论、投资银行声誉理论和抑价信号传递理论。委托发行定价理论指出，发行人掌握的关于股票市场的信息有限，投资银行掌握更多的投资者需求信息。因此，新股发行的定价决策权由发行人委托给投资银行（Baron & Holstrom，1980；Baron，1982）。反过来看，投资者对业务量较大、声誉较好的投资银行了解得更多，这也成为这样的投资银行赢得更多承销业务的一个有利因素，这是所谓的投资银行声誉理论的观点（Beatty & Ritter，1986；Carter & Manaster，1990；Dewenter & Field，2001；Macey，2010；Su & Bangassa，2011）。抑价信号传递理论则把低价发行作为发行人、投资银行向投资者发送的一种吸引更多投资者购买新股的信号（Allen & Faulhaber，1989；Grinblatt & Hwang，1989；Welch，1989；Smith & Watts，1992）。

（2）投资银行与投资者之间的信息传递理论主要包括动态信息捕获模型、簿记配售理论和信息提取理论。动态信息捕获模型认为投资银行以较低的发行价格激励投资者给出确切需求信息，这也就导致了IPO抑价现象的产生（Benveniste & Spindt，1989）。而在新股的配售过程中，由于投资银行和与其合作较多的投资者之间的信息不对称程度更低，会更愿意将新股配售给这些投资者。这种做法产生于新股配售的簿记机制，可被称为簿记配售理论（Benveniste & Wilhelm，1990；Sherman & Titman，2002；Sherman，2005；Binay，Gatchev & Pirinsky，2007）。在投资银行与投资者的多次博弈中，对于与投资银行合作较少的投资者，投资银行通过低价发行来吸引他们，但如果他们未给出确切需求信息，则会在下次的配售中被排除在外，这就是信息提取理论得出的主要结论（Benveniste & Spindt，1989；Benveniste & Wilhelm，1990；Hanley，1993；Sherman & Titman，2002；Binay，Gatchev & Pirinsky，2007；Rossetto，2012）。[①]

（3）投资者内部的信息传递理论主要包括赢者诅咒理论和信息生产理论。对于知情和不知情两类投资者来说，知情投资者会去购买他们所熟知的、具有投资价值的企业的股票，而不去购买投资价值低的企业的股票，所以，"劣质"股票往往被不知情投资者所购买，这便是由洛克（Rock，1986）所提出的赢者诅咒理论的观点。根据里欧尼（Leoni，2008）从市

---

① 如果在新股发行过程中考虑创业资本（Venture Capitalist，VC），那么新股发行的博弈过程就变得更加复杂。Bartling 和 Park（2009）对此设计了两阶段信号传递模型，阐释了有 VC 参与的 IPO 和无 VC 参与的 IPO 之间的信号发送问题。

场微观结构的角度对 IPO 博弈过程的剖析，赢者诅咒理论是否成立还取决于风险规避型的理性投资者在与发行人沟通之后对企业价值进行的不同推断状况。对于掌握企业私有信息的内部人和不掌握企业私有信息的外部人两类投资者，外部人会努力为获取企业私有信息而以较高的成本进行信息生产，而 IPO 抑价则是内部人认可的对外部人信息生产成本的一种补偿，这是信息生产理论的主要研究结论（Chemmanur，1993）。

买卖双方信息生产理论是对信息提取理论的一个重要补充。如果承销商想多了解投资者的真实信息，可以增加参加配售的投资者的数量，甚至采取让全部有意向的投资者参加的方式，即成为拍卖的方式（Back & Zender，2001）。但实践中多为簿记方式，即有限的投资者参加配售。这种现象被称为"有限投资者参与之谜"。如果投资者的信息生产不足，那么这很可能是一个不知情投资者群体，承销商得到的企业价值信息与企业的真实价值的相关性就较弱。同时，投资者群体越大，搭便车的投资者就很可能会越多，买方的信息生产质量也就越差。因此，承销商并非认为参与配售的投资者越多越好。承销商通过向数量有限的投资者群体询价、配售，以抑价的方式为新股定价，是卖方的一种有效信息生产机制（Yung，2005；Trauten & Langer，2012）。

2. 国内有关新股发行信息传递的研究

与许多成熟市场实行新股发行注册制不同，我国证券监管机构对新股发行实行核准制，我国政府监管机构作为一个博弈方在新股发行过程中起到了很重要的作用。国内许多学者借鉴国际上比较经典的 IPO 理论，对我国"新兴加转轨"的特殊情况进行了博弈模型分析。其中，涉及新股发行信息传递的文献可归纳为两大类：对新股发行过程和制度的剖析、对 IPO 抑价现象的解释。

（1）对我国新股发行过程及相关制度的博弈分析。与许多成熟市场的证券发行制度不同，我国一方面对新股发行申请实行监管机构介入的核准制，这是不完全市场化的一种措施；另一方面，对于新股发行的定价，借鉴了成熟市场簿记机制的做法，通过对机构投资者进行询价来确定发行价格，这是市场化程度比较高的一种做法。针对我国的这种特殊情况，有学者对我国的 IPO 过程及相关制度进行了博弈分析。

针对我国新股发行市场中的政府干预等特征，翁世淳（2006）运用博弈论的方法，通过分析局部均衡变动的原因，剖析了我国的新股发行制度，并探讨了新股发行中的局部均衡和一般均衡以及均衡的变动问题。在我国的制度背景下，政府干预和不平等竞争的不良后果包括：①部分优质企业可能不愿意承担租金去行贿进行新股发行审核的有关政府官员，从而不能够上市；②部分劣质企业侥幸成功公开发行股票，有的甚至以很高的发行价格圈取了巨额的社会资金；③新股发行市场对发行人股票进行定价的效率不高，造成较高的 IPO 抑价率和后市长期低迷的现象发生。[①]

我国自 2004 年开始在证券市场正式引入保荐制度。刘曼沁（2011）利用完美但不完全信息的博弈模型，将保荐机构的策略分为两种情况：①选择保荐合格公司（即合格保荐）；②选择保荐不合格公司（即问题保荐）。证监会对保荐机构的行为采取的策略也有两种情况：①实质审核；②形式审核。如果保荐机构选择问题保荐所追加的成本很大，证监会将选择采用形式审核的纯策略；若证监会进行实质审核所需额外投入的人力、物力和克服阻力的成本很大，保荐机构将采用问题保荐的纯策略。

（2）对我国 IPO 抑价现象的博弈分析。[②] 各国证券市场普遍存在 IPO 抑价现象，我国的抑价现象尤为突出（尹伯成和黄方亮，2008；刘煜辉和沈可挺，2011；贺炎林、王一鸣和吴卫星，2012；查奇芬和廖继广，2013）。对此，我国许多学者应用博弈论的方法从多个角度解释了 IPO 抑价现象。

招股说明书质量的高低是发行人向投资者发送的一种信号。王性玉、薛桂筠（2005）尝试从发行人信息披露质量的角度来解释我国的高抑价现象，通过应用不完全信息动态博弈原理，建立了股票发行与申购的博弈模型。高质量发行人和低质量发行人存在分离均衡必须满足两个条件：①在股票市场处于高涨的状态下，低质量企业模仿高质量企业成本足够高；②在市场处于低迷的状态下，高质量企业披露高质量招股说明书的成本足够低。上述条件不满足时，发行人处于混合均衡，不同类型的发行人均披露低质量

---

① 黄方亮（Huang, 2009）对新股发行过程中发行人、中介机构以及监管机构等主体的行为进行了理论分析，指出如果市场中积累起来越来越多的"次品"上市公司，其结果是有些投资者会退出市场，市场深度、流动性会受到负面影响，甚至会导致市场的萎缩，详见：Huang, Fangliang, and Du Jian. IPO Market of Common Stocks: Valuation, Price Determination, and Market Players' Behavior [A]. In: Proceedings of International Conference on Management and Service Science [C]. Irvine: Scientific Research Publishing, 2009 (4): 20 – 24.

② 有多种理论研究对 IPO 抑价现象进行了解释，详见：尹伯成，黄方亮. 新股发行效率、价格异象及相关理论阐释 [J]. 河南社会科学，2008 (4): 56 – 61。这里我们只回顾和本文研究相关的有关文献。

的招股说明书，而发行人均披露高质量招股说明书的混合均衡不存在。混合均衡下高质量企业的新股存在抑价现象。

在我国，政府监管机构有时会对股票发行数量和价格进行一定程度的干预。曾昭志（2007）从政府政策和监管机构目标差异的角度运用完全信息动态博弈模型对新股发行抑价现象进行了分析。监管机构的行动选择是适度发行还是不适度发行，投资者对应的行动选择是申购和不申购。当监管机构的目标是公司股份制改革和规范公司治理时，在发行新股次数满足一定条件的情况下，博弈的均衡结果是新股适度发行、投资者进行申购，即监管机构控制适当的新股发行规模和价格（可以通过控制市盈率来控制发行价格），导致股票发行供给有限，投资者积极申购并获得适度抑价收益。①

在美国等成熟市场，承销商拥有对新股发行一定的配售权，即决定由哪些投资者来购买新股。这种配售权实际上赋予了承销商对机构投资者的约束权力，约束投资者在提供需求信息时的行为。这种机制在美国等成熟市场运行比较成功（刘晓峰和李梅，2009）。黄晓磊（2009）通过对机构投资者与上市公司和保荐机构的博弈分析，发现我国所实施的承销保荐机构没有配售权的询价制度使得市场博弈缺少惩罚措施，从而使得机构投资者在询价的过程中总是压低报价，进而导致新股发行的抑价率居高不下。

在成熟市场国家，承销商在大多数 IPO 活动中保留有一定比例的超额配售选择权，即采取根据市场需求情况适当增加新股发行供给的"绿鞋"机制。这种超额配售选择权由证券承销商决定是否采纳实施。这种机制起到调节股票供给与需求的作用（范小勇、梁木梁和邓学衷，2005）。

在我国，超额配售选择权的引入，有时不但没有能够降低新股发行的抑价率，反而使抑价率有所提高。吴凯和李存行（2005）认为，引入超额配售选择权后，承销商可以设定相对较高的发行价格，这样能够缓解股票发行市场初始报酬率偏高、资金大量沉淀的现象。但是，如果承销商与投机者勾结，子博弈精炼纳什均衡的结果就是推高抑价率、加剧市场中的投机气氛。

市场中不同参与者的异质预期能够解释许多经济现象。张小成、孟卫

---

① 杨丹（2004）应用古典经济学分析框架解释了新股抑价的原因，即发行人为规避新股发行失败的风险，会故意压低新股价格，形成新股需求的缺口，以保证新股发行成功，由此导致抑价。详见：杨丹. 约束条件下的新股首次公开发行决策分析 [J]. 金融研究，2004（10）：100 - 105。

东和熊维勤（2008）认为，发行人和机构投资者的同质和异质预期是 IPO 抑价的原因。他们通过发行人和机构投资者的期望效用最大化推导出他们的最优报价策略，进而结合发行人和机构投资者最优报价区间确定 IPO 博弈均衡定价和抑价模型，并在此基础上分析机构投资者和发行人的同、异质预期为对 IPO 抑价影响。不论是否有异质预期，机构投资者为尽量规避风险和追求更高的回报，都存在故意压低发行价格的激励；当机构投资者与发行人对新股发行价格不存在分歧时，IPO 抑价中只存在故意压价现象；当机构投资者与发行人对新股发行价格存在分歧时，分歧越大，抑价率越高，而抑价中的故意压价程度不变，而无意压价程度增大。

张小成、孟卫东、熊维勤（2010）进一步指出，当机构投资者对新股发行企业的估值水平低于潜在的投资者的判断时，会产生无意压价的现象；反之，当机构投资者对新股的估值水平高于潜在的投资者时，可导致抑价率变为负值。

1.2.2 内容分析法及其在证券市场信息披露方面的应用研究

本研究重点采纳内容分析法考察新股发行的风险信息披露。内容分析法属于在多个学科得以应用的交叉学科方法。我们首先考察有关内容分析法研究方法的文献，然后考察其被应用在证券信息披露领域的相关研究。

1. 内容分析法的研究方法

内容分析法的形成和应用有较长的历史，可以追溯到 1931 年，首先出现在社会学研究中。美国学者贝雷尔森（Berelson）被认为是最早将内容分析的概念、方法进行系统阐释的学者（Berelson，1952；Krippendorff，2012）。这种方法在第二次世界大战中被一些国家应用在军事情报的搜集和分析中，在 20 世纪 60 年代得以推广。20 世纪 80 年代以来，内容分析法在公共关系、媒体研究中成为一种重要的分析工具，如被广泛地应用于对媒体所产生的影响力的评价上。内容分析法的研究步骤主要包括抽样、定义类别、定义记录单位、定义语境单位、确定量化方法等，其分析对象已经从可读的文本文件，发展到图片、语音乃至视频文件。现在，这种方法已被较多地应用于传播学、文献学、情报学、社会学、政治学、广告学、法学和语言学等社会科学中，并被越来越多地应用于教育学、心理

学、医学以及经济学和管理学等更多的领域中。① 与在其他一些领域的应
用相比，内容分析法在金融领域的应用仍然处于起步阶段（Tetlock，
2007）。近年来，经过众多学者的不断努力，相关的研究成果已呈现出快
速增多的趋势。

内容分析的对象是文本或其他有意义的信息传播媒介（包括书写的、
语音的和可视的媒介）；其分析过程是对研究对象进行意义上的推断。内
容分析法要求其分析过程具有可复制性（Replicability），其分析结果并不
完全依赖于专家的工作，要经得起效度（Validity）检验。内容分析的构
架可归纳为三个方面：（1）现有的理论、方法；（2）专家的经验、知识；
（3）先前的研究方法（Krippendorff & Bock，2008；Krippendorff，2012；
彭增军，2012）。

在对文本（或其他媒介）文件的研究中，内容分析法在早期多是单独
使用，以定性分析为主；近年来大多结合其他方法一起使用，进行的内容
分析要同时达到进行定性和定量分析的目标，或以定量分析为主。辅助的
方法主要包括统计、计量等实证方法，如主成分分析、因子分析、关联分
析、多变量回归分析、多维尺度分析、列联分析以及聚类分析等。

早期的内容分析针对的是大众传媒，是对比较容易识别的、重复出现
的文本文件信息（这样的信息又被称为"显性内容"）进行量化分析并得
出推断性的结论。这种对文本进行分析的方法适合于许多学科的相关研
究，被图书馆学、信息学、管理学、政治学以及心理学等领域广为采纳。
各个学科为解决本领域的问题，发展出了具有本学科特点的文本分析
（Textual analysis）的技术和方法。从总体上看，在对语言的分析上，文本
分析的方法由比较简单的词语分析逐步发展到对语句、语段以及语用
（Pragmatic）方面的分析（White & Marsh，2006）。

与此方法类似的扎根理论（Grounded Theory）、现象学（Phenomenolo-
gy）等方法相比，内容分析法侧重于对语言（以及其他传播信息）的内容
特征或信息内涵进行研究。

---

① 内容分析法已经得到某些政府权威的机构的认可和应用，例如，美国政府问责办公室
（Government Accountability Office，其前身为美国会计总署，即 U. S. General Accounting Office，
GAO）就将内容分析法作为其在分析相关会计信息、对相关信息进行评估的工作中所采纳的方法
之一，并且制作和发布了内容分析法的应用工作手册。详见：美国政府问责办公室的网址：ht-
tp：//www. gao. gov/products/PEMD – 10. 3. 1；以及 U. S. General Accounting Office（GAO），Pro-
gram Evaluation and Methodology Division. Content Analysis：A Methodology for Structuring and Analyzing
Written Material［R］. U. S. General Accounting Office（GAO），1996。

不同内容分析的文献所采纳的方法比较灵活，因不同学者的兴趣和所研究的问题而异，没有固定的步骤（Weber，1990）。定量的内容分析的一般程序包括：（1）设定研究假设；（2）确定研究的数据（文本或其他信息传播媒介）；（3）抽样，确定数据采集单元（Data Collection Unit）和分析单元（Unit of Analysis）；（4）建立编码方案；（5）对数据进行编码；（6）对编码的信度（Reliability）进行检验（若需要，则调整编码方案）；（7）分析编码后的数据，适当采用统计检验；（8）得出结论（见表1－2）。

表1－2　　　　　　　　　　　　内容分析的一般模式

基本步骤	具体内容
研究目的和假设	确认研究的目的
	回顾、考察相关文献、理论
	提出研究的问题
	设定研究假设
研究设计	界定分析的内容、确定研究的数据
	确认研究设计的方案
	确定总体和抽样计划
	确定数据采集单元和分析单元
	建立编码方案
分析数据	对数据进行编码
	对编码的信度进行检验（若需要，则调整编码方案）
	分析编码后的数据、检验内容变量、非内容变量间的相关关系
	统计检验、推断内容的显性或隐性意义
	得出分析结果

资料来源：根据邱均平和王曰芬等（2008）以及部分国外文献（Weber，1990；Krippendorff & Bock，2008；Krippendorff，2012；Kearney & Liu，2014）的相关研究内容整理。

编码的工作可以是在样本采集之前根据前人的文献、理论完成，也可以是在样本采集时通过观察样本的情况完成。与采取编码方式不同的一种内容分析方法是，研究者通过分析对与样本内容紧密相关的关键词，来对样本的内容做出解释。

相关计算机软件的开发大大方便了内容分析，也极大地促进了内容分析法的广泛应用。进行内容分析的计算机辅助软件可以对数量庞大的文本文件（或其他媒介文件，如图片、录音、视频文件）进行识别、归类、匹配并进行初步的描述性统计分析；有的软件甚至可以帮助生成关键词的词汇表。有关统计、计量的计算机软件可以快速地进行因子分析、回归分析等。

2. 内容分析法在证券市场信息披露研究中的应用

近年来，国外对证券信息的内容分析极为重视，除了在学术界出现了大量相关研究之外，有关政府部门甚至也将内容分析作为信息披露监管的一种手段。内容分析在方法上极具灵活性的特点，使得相关的分析表现出多维化的特征，即从不同的侧面、用不同的技术手段对有关证券信息进行多个角度的分析。这种分析已经构成一个比较完整的研究框架（见图1-1）。

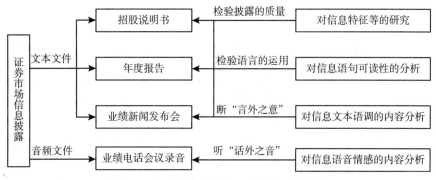

图1-1 证券市场信息披露的内容分析框架

国际上运用内容分析法对证券市场信息披露的研究越来越全面深入，形成了较为独特的研究框架。在这一框架中，主要包括四个方面的研究：对证券信息文本特征及其相关变量的内容分析，对证券信息可读性（Readability）的内容分析，对证券信息文本语调（Tone）的内容进行意向分析，以及对证券信息语音情感（Emotion）的内容进行意向分析。①

（1）对证券市场信息特征及其相关变量的研究。从内容分析的对象看，对证券信息文本特征及其相关变量的研究包括对股票首次公开发行（Initial Public Offerings，IPO）招股说明书和对上市公司年度报告的分析两大类。

①有的研究是对招股说明书特征及其相关变量进行的内容分析。招股

---

① 也有少数文献的研究对象是各种媒体，所研究的内容是媒体报道的信息与证券市场之间的关联性，例如，Bhattacharya、Galpin 和 Ray 等（2009）对媒体报道在网络 IPO 泡沫中的角色进行了研究；Tong（2013）对报道有关 IPO 信息的报纸的声誉及其对 IPO 价格的影响进行了考察。

说明书是新股发行时发行人所公开披露的最重要的文件。有些学者从不同的侧面对其进行了比较传统的内容分析，即分析文本内容的特征，并研究这些特征和相关变量之间的关系，进而挖掘出文本信息更深层次的意义。汉恩隶和郝伯格（Hanley & Hoberg，2007）对2044家IPO企业的招股说明书及其补充文件的四个主要部分进行了内容分析，发现四个主要部分的篇幅与IPO首日收益和长期后市表现均正相关；通过对"管理层讨论与分析"（Management Discussion and Analysis，MD&A）和"总结"（Summary）部分的比较分析，发现企业经理层在MD&A部分的撰写上起的作用比较大，"总结"部分的撰写主要受主承销商的影响；正面信息的披露由于策略或保密原因而有所保留，负面信息的披露是对可能发生的清算风险的一种对冲。迪尤姆斯（Deumes，2008）以20世纪90年代末在阿姆斯特丹证券交易所筹集资本的荷兰公司为样本，对招股说明书中披露的有关风险部分进行了考察。研究显示，不同企业招股说明书中所披露的风险信息有很大差异，企业招股说明书中所披露的风险信息状况和其未来的股票价格走势比较一致，荷兰的拟上市公司在其招股说明书中充分披露了企业的风险信息。阿诺德等（Arnold，Fishe & North，2010）将新股发行招股说明书中风险因素部分的内容分为两大类："软信息"或"模糊"信息、"硬信息"。他们以词频为变量，考察了投资者对不同信息的反应，发现"软信息"与IPO初始收益和后期收益均存在显著的相关性。汉恩隶和郝伯格（Hanley & Hoberg，2012）通过对IPO招股说明书的内容分析表明，发行人通过充分披露信息能够有效防止上市后可能发生的诉讼案件。

张丹、王宏、戴昌钧（2008）对我国股票发行招股说明书中智力资本信息进行了内容分析，发现智力资本信息要素的披露频率对股票发行价有显著影响，证明了智力资本有重要的预测性和信息传递作用。

②有的研究是对年度报告特征及其相关变量进行的内容分析。对上市公司盈利能力的判断是证券投资分析师的重要工作。证券投资分析师对上市公司的估值有助于股票市场价格发现功能的发挥。有学者发现盈利和亏损的上市公司的年报中关于盈利预测的陈述与股票价格走势的相关性有差异；在年报中披露的盈利预测内容较多的上市公司中，亏损公司的盈利预测内容与股票价格走势的相关性更大（Schleicher、Hussainey & Walker，2007）。还有学者采用内容分析法考察了分析师对上市公司年度报告的分析，发现上市公司盈利能力既从财务报表中的主要财务数据等会计信息中得到反映，也能够从财务报表之外的非会计信息中得到反映（Barker &

Imam，2008）。

在对上市公司年报中披露的风险信息的分析方面，有学者对英国上市公司年报中披露的风险因素数量和公司规模进行了回归分析，发现二者之间的关联性十分显著（Linsley & Shrives，2006）。另有学者检验了英国非金融类上市公司年报中所披露的风险信息。他们发现，具有较高系统性风险、融资风险以及风险调整收益等特征的公司，倾向于披露更多的总体风险信息，并倾向于进行更多的自愿性风险信息披露（Elshandidy、Fraser & Hussainey，2013）。

对企业智力资本信息的关注较多。有学者以葡萄牙上市公司的年报为研究对象，应用内容分析法对其中的智力资本披露进行分析，结果表明企业规模是影响企业智力资本信息披露的重要因素，企业所属的行业也是影响智力资本信息披露的其中一个因素，智力资本信息的披露并不一定会随时间的推移而增加，智力资本信息和企业业绩的增长没有很明确的关系（Branco、Delgado & Sá 等，2010）。坎普拜尔和啦哈姆（Campbell & Rahman，2010）对英国上市公司年度报告的内容分析显示，自 1978 年至 2008 年的 31 年间，年报中有关智力资本的信息增多，描述性陈述（与定量陈述相对）和事实性陈述（与判断性陈述相对）方面的信息减少。柏劳若和古恩色（Bellora & Guenther，2013）考察了欧洲营利性公司智力资本信息披露中的创新资本信息，发现公司所处的行业和区域、公司的规模以及信息披露的有关政策规定是创新资本信息的影响因素。

近年来我国也出现了运用内容分析法研究上市公司年度报告的文献，研究的内容主要包括四个方面：有关上市公司的社会责任信息，以及员工责任信息；研发信息，以及智力资本信息；企业环境保护信息；综合信息。

在对我国上市公司披露的社会责任信息的考察方面，宋献中、龚明晓（2007）采用内容分析法和信息质量特征的概念框架，对上市公司年报中披露的社会责任信息的质量进行了整体评价，发现年报中的社会责任信息披露质量较差，指出在缺乏信息披露监管制度的情况下，会计年报可能并不是社会责任信息披露的首选。

在对企业员工责任信息的评价方面，郭旻晓（2009）采用内容分析法对深市上市公司年报中披露的员工责任信息的质量进行了考察，发现员工责任信息质量低下，其原因是员工责任信息的披露与信息的需求不一致，并且信息披露的法律和监管缺失。

在对企业研发信息的研究方面，王宇峰、苏透妍（2009）借助内容分析法比较分析了我国上市公司年度报告中研发信息披露的情况，发现我国上市公司披露研发信息的主观随意性较大，不同企业研发信息披露的详细程度比较悬殊。

在对智力信息的分析方面，冉秋红、罗嫣、赵丽（2007）运用内容分析法对我国上市公司年度报告中的非货币计量的智力资本信息和以货币计量的智力资本信息进行了研究，结果表明以货币计量的智力资本信息与股票价格具有较为显著的相关性，非货币计量的智力资本信息的价值相关性不显著。肖华芳、万文军（2009）采用内容分析法，以我国非金融上市公司的年报为样本，对其智力资本信息自愿披露情况进行考察，发现我国上市公司智力资本信息自愿披露程度较低，披露程度的行业差异较明显，高科技行业公司的披露程度高于传统行业公司的披露程度。张信东、张婧（2010）运用内容分析法对山西省上市公司年度报告中智力资本信息披露的研究表明，企业趋于更加自愿地披露智力资本信息，智力资本的信息披露程度与企业的规模正相关。

在对企业环境信息的研究方面，张星星、葛察忠、海热提（2008）利用内容分析法对我国 200 家上市公司的 2006 年年报进行分析，发现有近一半的上市公司进行了环境信息披露，但是披露以定性描述为主，且描述的文字数量较少。他们还分析了影响年报中环境信息披露的因素，提出了政府制定上市企业环境信息披露的指南。李婉丽、张婧（2008）结合内容分析法与层次分析法，对我国西部地区上市公司年报环境信息状况进行了研究，发现西部上市公司环境信息披露以补充信息披露为主，尽管每年环境信息披露呈上升趋势，但总体披露水平不高。

在对上市公司综合信息的研究方面，黎明和王颖（2013）以上市公司年报为研究对象，应用内容分析法构建了综合反映企业各方面竞争力的战略性信息披露指标体系。研究表明，我国上市公司的战略性信息披露程度较低、总体质量较差。

（2）对证券信息可读性的内容分析。通过利用一些可读性分析指标对文件的可读性进行内容分析，研究者可以不用实际去阅读每个书面文件，而得出这些文件是否通俗易懂的结论。有关证券信息可读性的研究主要包括以下三个阶段。

①证券信息可读性分析起步于 20 世纪 60 年代。信息可读性方面的内容分析出现较早，在 20 世纪 60 年代就开始有学者陆续进行研究（Soper &

Dolphin，1964）。班么特和历欧福乐（Bamett & Leoffler，1979）较早地对上市公司年度报告的可读性进行了内容分析，他们利用"Flesch 易阅公式"（Flesch Reading Ease Formula）对财务报表附注和独立审计师的意见进行了解读，发现其可读性并不令人满意。米恩斯（Means，1981）为了研究公司股东对年报的反应和年报可读性之间的关系，通过问卷调查发现，公司年报的可读性水平并不是股东对年报反应的精确衡量标准。考逊斯（Courtis，1986）运用 Flesch 和 Fog 易读指数，对 1982 年和 1983 年加拿大公司年报的可读性进行了研究。从这些指数的分值看，年报的可读性仍然很差，读者理解起来有一定的难度；检验（Mann‑Whitney U 检验）没能发现年报中低可读性水平和低收益、高风险之间的特定关系。

②证券信息可读性分析发展于 20 世纪 90 年代。20 世纪 90 年代以来有关可读性研究的文献数量大大增加。有学者选取了工业、银行业、保险业、零售业以及运输业等美国财富 500 强的公司，采用分析被动语态的使用、单词的长度和句子的长度等三个因素考察这些公司所披露的"管理层讨论及分析"部分的可读性，发现许多公司的年度报告没有重视可读性的改善，有些章节的内容不容易被投资者所理解（Schroeder & Gibson，1990）。还有学者运用内容分析法对美国 60 家上市公司的年报中的董事长致辞进行文本分析，以此来检验公司业绩与年报语言可读性之间的关系。通过计算机风格分析软件（Computer style analyzer）对样本的风格分析（Style analysis）表明，可读性在不同业绩的公司之间的均值有显著差异，业绩越好，可读性越高；业绩好的公司用词较"强烈"，但没有明显使用更多的行业术语或修饰词（Subramanian，Insley & Blackwell，1993）。考逊斯（Courtis，1995）将 32 家香港上市公司的年报可读性按照投资净收益率进行排序后，检验（Mann‑Whitney U 检验）发现董事长致辞与年报的 Lix 指标在盈利情况不同的企业间存在显著差异。

③证券信息可读性分析拓展于 21 世纪初。近年来，证券信息可读性研究的范围得到较大拓展，分析对象更为广泛，并且出现了跨语言分析的文献。有学者对美国共同基金招股说明书进行了可读性检验，发现基金战略目标方面的可读性在不同基金披露的信息中差异不显著，但在同一基金的信息中，风险信息部分的阐述比战略目标部分更为明晰（Philpot & Johnson，2007）。还有学者检验了上市公司年报的可读性与公司业绩持续性之间的关系，发现低盈利公司年报的可读性比较低，可读性较高的公司具有较好的可持续性盈利能力（Li，2008a）。另有学者将为卖方服务的金

融分析师对投资分析付出的努力与上市公司披露的 10 - K 文件的可读性结合起来考察，发现二者正相关；在上市公司信息披露的可读性不高的情况下，需要更多的分析师进行投资分析服务（Lehavy，Li & Merkley，2011）。

对于跨境上市的公司，有学者对信息披露中使用的不同语言的可读性进行了比较研究。Courtis（2002）首次对公司年报中采用两种语言表达的董事长致辞部分分别进行了可读性研究。该研究利用福来氏和杨（Flesch & Yang）公式、福来氏和由纳斯（Flesch & Yunus）公式对 65 家采用英语和汉语两种语言的香港公司的年报以及 53 家采用英语和马来语两种语言的马来西亚公司的年报中的董事长致辞部分进行了可读性研究，发现年报中采用本土语言表述的要比采用英语表述的更容易理解；英语在马来西亚的可读性要比在香港容易得多。葛伟琪（2007）以我国深交所上市公司 B 股中英文年报为样本，采用 Flesch 指数和汉语阅读难度多变量统计，对公司年报语言信息可读性程度做了对比研究，结果表明与 2001 年相比，2005 年度中英文年报样本信息量都有了很大增加，但通过 T 检验没有发现英文样本福来氏（Flesch）均值出现显著变化。

（3）对证券信息文本语调的意向分析。意向分析的一种重要方法是语调分析。语调分析是一种对研究对象的隐性内容进行的分析，其目的在于探究相关内容的内在意思表达倾向，或意向。对证券信息文本语调的研究近年来才开始出现，这是内容分析在证券信息研究中走向深入的一个标志。对信息披露进行语调分析的方法，一般是将要研究的信息中的词汇分为肯定和否定、乐观和悲观等类别，然后通过考察不同类别词汇出现的频数等方法，来判断信息中透露出的意向，即"言外之意"。有关语调分析的文献可分为对新股发行招股说明书文本的研究以及对上市公司公开披露信息文本的研究两大类。

①对新股发行招股说明书文本语调进行的意向分析。和普通商品的销售一样，为了影响潜在的购买者，在公开发行证券的过程中也存在市场营销的工作。这种营销工作除了体现在路演、媒体报道、新闻发布会、广告等活动中，也会体现在招股说明书文本的措辞上。安和普莱斯（Ang & Price，2008）对在美国证券市场上市的高科技公司的招股说明书进行了语调分析，结果表明发行人、承销商在撰写招股说明书文字描述部分时没有仅按照有关法规格式要求"比着葫芦画瓢"地去做；所有的公司在招股说明书中均对自己进行了一定程度的"化妆"，体现出了发行人、承销商进行营销的努力；公司资产、现金、杠杆比率等指标均与招股说明书中的措

辞呈现出相关关系；证券市场行情、公司上市之前公开发行股票的公司的数量等因素会影响招股说明书的措辞。

②对上市公司业绩新闻发布会、年度报告等文本语调进行的内容分析。上市公司的业绩信息发布往往是投资者等市场参与方十分关注的焦点。有学者检验了美国上市公司管理层是否会在企业业绩新闻发布会上利用语言风格（即乐观的语调或悲观的语调）来为投资者提供关于企业未来业绩预期的信息，以及投资者是否会对此有所反应。他们发现乐观（悲观）的语调与企业未来的资产报酬率之间存在正（负）相关关系；乐观或悲观的语调反应在了价格的波动中（Davis，Piger & Sedor，2006）。还有学者对企业业绩新闻发布会和相关盈利报道的内容分析也得出了类似的结论（Sadique，In & Veeraraghavan，2008）。

最近的一些内容研究是借助于计算机技术进行的。亨利（Henry，2008）利用计算机辅助分析将上市公司业绩新闻发布会的风格进行量化处理，考察了股票市场对业绩新闻发布的反应与发布会风格之间的相关性，发现发布会的语调能够影响投资者的反应。李（Li，2008b）运用朴素贝叶斯机器学习算法对美国上市公司 10 - K 和 10 - Q 文件中的企业前景预测部分进行了语调分析，发现悲观与乐观的语调变化能够反映企业未来的业绩变化。

也有根据需要进行大量手工分析的研究。有学者在其进行的管理层对企业未来盈利阐述的语调的研究中，对肯定、中性和否定的语调亲自进行了人工界定。他们将语调和企业的亏损状况、盈利变化迹象、商业风险以及分析师的预测进行了横截面分析，发现具有业绩下滑迹象的公司，其概览部分（Outlook section）的语调会趋于肯定；亏损企业、风险大的企业以及有分析师盈利预测的企业，其信息披露的语调更加肯定；业绩已经出现下滑的企业，其语调更为否定。这些发现与信号发送模型（Signalling Model）的观点相悖；对于在多数情况下不加监管的企业的未来盈利预测，监管机构应该考虑加强监管（Schleicher & Walker，2010）。

随着语调分析文献的增多，语调分析对象的范围更加广泛。有学者对美国上市公司的季度业绩电话会议的谈话记录文本进行了分析，发现谈话文本措辞的语调状况对季度报告披露之时和披露之后的公司异常收益、交易量有很强的解释力，尤其是电话会议中的提问和解答部分，其解释力还呈增强的趋势（Doran，Peterson & McKay，2012；Price，Doran & Peterson 等，2012）。

除了对相关信息进行的语调分析之外，还有学者对语调分析的方法问题进行了探讨。有学者认为金融文本中的词汇与其他领域的词汇的肯定、否定分类应该有所不同。他们考察了 2004～2008 年美国上市公司披露的 10－K 表的内容，发现《哈佛心理社会学辞典》（Harvard Psychosociological Dictionary）中定义为否定含义的单词中，约 3/4 的单词在金融领域并不具有否定含义。他们通过两种方法解决这个问题：一是设计能够反应金融文本意义且具有否定含义的词汇表，二是将《哈佛辞典》中的词汇赋予一定的权重（Loughran & McDonald，2011）。

（4）对证券信息语音情感的意向分析。人们说话的声音情况往往能够比说话的内容更能够透露出其内心真实的意向。近期有少数学者开始更加深入地研究有关的语音文件，从有关谈话的情感中判断其"话外之音"，这可以说是在文本分析基础上的一大飞跃。由于受技术手段等因素的局限，这方面的研究还极少，主要包括以下两个方面。

①对上市公司业绩电话会议谈话进行语音情感分析。梅伊友等首次将非文字的语音分析应用在了证券市场信息的研究中。他们利用"分层语音分析"（Layered Voice Analysis，LVA）软件检验了上市公司业绩电话会议谈话中的语音情感状况。LVA 软件在 1997 年出现于以色列，最初的目的是通过检测被测者语音中不同的情感参数来判断其可能说出的谎言类型。LVA 能够识别人们语音谈话中的紧张程度、认知过程、情感反应等大脑状态和情感状况，被政府情报部门、军队、警察等用于安全工作中。其研究发现，企业经理在谈话中表现出的肯定（或否定）的情感对于企业股票当前的收益和企业未来的未预期的盈利情况是正（或负）相关的（Mayew & Venkatachalam，2009）。

②对语音情感分析进行模拟实验。有学者通过实验的方式，模拟了证券市场中上市公司经理做业绩报告以及回答投资者、证券分析师等市场参与方所提出的问题的谈话情形，探讨如何辨别经理是在信息误导还是在讲实话。他们利用 LVA 软件进行了非文字的语音分析，利用"语言问询和单词计数"（Linguistic Inquiry and Word Count，LIWC）软件进行了文字的内容分析。他们发现在监管宽松的环境中，实验参与者容易给出言过其实的陈述。该实验表明，上市公司与投资者、审计师等其他市场参与方在业绩报告会、路演、新闻发布会等活动中的相互言语交流十分重要，证券信息是否误报是可以通过语音分析来进行判断的。另外，该实验也证实了 LVA 软件在获取语音情感信息方面是可靠的（Hobson，Mayew & Venkatachalam，2012）。

1.2.3　国内外研究现状述评

国外对新股发行市场中的发行机制、定价、抑价等问题进行了大量研究，其中，基于信息因素的研究对发行人、投资者以及中介机构等不同市场主体之间的信息传递进行了考察，并形成了多个理论流派，包括委托发行定价理论、投资银行声誉理论、动态信息捕获模型、簿记配售理论、信息提取理论、抑价信号传递理论、赢者诅咒理论以及信息生产理论等。

针对我国新股发行的具体情况，我国的一些学者借鉴 IPO 经典理论的思想，对我国新股发行中的相关问题进行了实证或理论分析。

近年来，对证券信息的研究更加具体化。国际上将内容分析法应用于证券信息披露方面的研究逐渐增多，其中有少数文献针对 IPO 招股说明书进行了内容分析。内容分析法在证券领域的应用不仅受到学术界的关注，还受到某些国家证券监管部门的重视，被应用到证券市场的监管工作中。

与国外的有关研究相比，我国有学者开始将内容分析法应用于证券市场信息的研究中，但相关研究的数量还极少。相关的文献集中在运用内容分析法研究证券市场信息特征及其与有关变量关系，对文本语调、语音情感方面的研究还是很缺乏。

因此，我国的有关研究在内容范围上有待于拓宽，在方法上有待于更新，在研究层次上需要更加深入。我国证券市场的信息披露制度仍然在不断完善，运用内容分析法对证券信息进行更为广泛、更为深入的研究，将对投资者、监管层等市场各方有极大的启示，将对我国证券市场的健康发展发挥重要作用。在本研究中，我们运用内容分析法，并结合以招股说明书中风险因素部分的内容为主要研究对象的问卷调查、博弈分析等方法，对新股发行的风险信息披露进行比较系统的、多个维度的规范性分析、趋势分析、比较分析、意向分析，并检验风险信息披露的质量。

1.3　研究的基本思路、主要框架和基本观点

本研究基于我国新股发行风险信息披露的状况，以招股说明书中披露的风险因素的内容为主要研究目标的，从多个维度考察、挖掘其中存在的

问题，并提出相应的对策措施。

1.3.1　基本思路

本研究的基本思路是针对新股发行风险信息披露方面的问题，对招股说明书中所披露的风险因素部分进行内容分析，检验信息披露的现状、质量，并对其中的问题进行理论阐释，最后提出政策建议。

具体思路如图 1 – 2 所示。

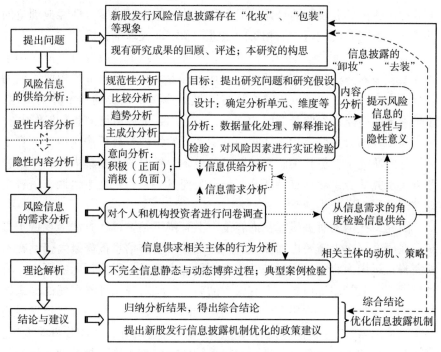

图 1 – 2　研究思路图

1.3.2　主要框架

本研究的核心内容是从多个维度对新股发行招股说明书中所披露的风险因素进行内容分析，通过调查问卷考察投资者对风险信息的需求状况，通过博弈模型剖析风险信息的传递过程以及相关方的行为，结合发现的问题提出优化信息披露监管机制的政策建议。

具体研究内容分为6章。各章的主要内容安排如下：

第1章：导论。主要包括新股发行风险信息披露的现状及问题剖析；对已有的相关研究成果进行梳理和分析，并对相关研究进行述评。

第2章：新股发行风险信息披露的显性内容分析。主要包括规范性分析、比较分析、趋势分析，以及风险因素主成分回归分析。

第3章：新股发行风险信息披露的隐性内容分析。主要是对风险因素内容所反映出的发行人的意向（包括两大类：积极的或正面的；消极的或负面的）进行分析。

第4章：新股发行风险信息的需求分析：对投资者的问卷调查。获取投资者对目前新股发行风险信息披露的意见及其对相关信息的需求状况。

第5章：新股发行风险信息披露过程的博弈分析。对相关方之间的信息供给与需求进行不完全信息的静态和动态博弈模型分析。

第6章：新股发行风险信息披露机制的优化与改进。总结前文内容分析、调查问卷和博弈分析所发现的问题，形成综合性的结论，并提出相应的机制优化与改进对策措施。

1.3.3　基本观点

（1）中国证监会一直致力于完善证券一级市场的核准制度、信息披露制度等证券发行监管制度。但是，新股发行信息披露中仍存在"化妆"、"包装"、"伪装"等问题，存在关键风险因素在信息披露中被轻描淡写、甚至被刻意隐藏等问题，真实、完整、准确、及时的信息披露原则在实践中没有得到很好地坚持。发行人、中介机构、投资者和监管层等相关主体之间既有一致的利益目标，又存在某些方面的利益冲突。在信息不对称情况下的各方博弈过程中，容易出现信息披露不充分、不真实的道德风险情形。

（2）风险提示是新股发行信息披露的核心内容之一。运用内容分析法等方法对新股发行风险因素的内容进行定性和定量相结合的研究，可有效剖析我国新股发行信息披露的现状，挖掘出深层的问题。我们对风险信息的显性和隐性内容的分析发现如下主要问题：①风险因素信息披露的类别标准不够统一。同样小类别的风险因素，分别披露在不同的大类别中。这样不利于更为清晰、更为有条理地向投资者传递信息。②发行人更倾向于披露外部风险因素。外部风险信息的披露频率远超过内部风险信息的披露频率，前者是后者的近 2 倍；内部风险信息的出现频率呈逐年略微增加的趋势，而外部风险信息的出现频率逐年增加的趋势较为明显。③风险信息披露明显呈现乐观性、高估性意向的"误导"倾向。积极性（或正面性）词汇占所有情感性词汇总数比例的均值超过了积极性和消极性词汇总数的 50%。④风险信息披露所反映出的公司状况与公司上市后的实际表现不符。招股说明书中的风险因素部分对发行人有利的乐观性、高估性陈述比例较高，但是，发行人净资产收益率和每股收益两个体现企业盈利能力的指标在公司上市后并没有较好表现；风险信息披露中的积极性（或正面性）内容与 IPO 初始收益率、周年收益率之间不存在相关关系，表明招股说明书中所披露的风险因素的内容对于投资者来说不具有赖以进行投资决策的价值。⑤相关财务指标变化率和各风险因素主成分之间的线性关系不显著。这说明风险信息披露的内容没有能够很好地预测财务指标的变化趋势。

（3）投资者对新股发行的信息需求缺口较大，其中存在的具体问题主要包括：①尽管投资者"打听消息"的热情很高，但新股发行信息披露的内容对投资者吸引力不大，许多投资者对新股发行招股说明书的关注有限。②尽管投资者申购新股的热情很高，但投资者对新上市企业的信心不足，许多投资者申购到新股后的持有期很短。③投资者认为新股发行招股说明书中存在着流于形式、不够全面、不够准确、没有突出重点等问题。

（4）针对新股发行风险信息披露中出现的问题，我们认为，应该主要从以下几个方面完善相关制度：①统一风险信息披露的类别口径。②增加企业内部风险因素的信息披露。③避免"变相宣传"式的误导披露。④跟踪企业上市后的表现，建立信息披露追溯监管机制。⑤在新股发行监督体系中引入投资者这一利益相关主体，构架信息供求桥梁。

（5）信息披露是政府有关部门对新股发行进行监管的核心环节。从研究改善信息披露制度的角度出发，可以归纳出新股发行机制优化的目标与路径。主要的机制优化措施包括：①拓宽发行人信息披露的范围，提高发行人申请、监管机构审核和批复全过程的透明度。②提高发行人和中介机构等相关方的违规成本，加强事后约束。③将新股发行"入口"中出现的信息披露严重违法违规问题纳入到退市标准中，拓宽退市"出口"。④推行储架发行制度，将发行人的新股发售由一次博弈行为变为多次博弈行为。⑤未来选择合适的时机，降低新股发行事前审核"准入"门槛，推行新股发行注册制。

1.4　研究方法和创新之处

1.4.1　研究方法

1. 跨学科应用定性与定量分析相结合的内容分析法

内容分析法被应用于传播学、情报学、社会学、教育学、心理学等多个领域，其突出特点是定性分析与定量分析相结合。我们运用内容分析法，对招股说明书中所披露的风险信息从不同的维度进行定性和定量相结合的系统分析，包括比较分析、趋势分析和意向分析。

2. 博弈模型分析法

在我国实行的新股发行核准制中，政府监管机构是很重要的博弈方之一。我们从有关监督、约束力度的角度出发，对新股发行过程中发行人的风险信息披露行为、投资者的投资决策以及监管机构的监管行为进行了不完全信息的静态和动态博弈过程分析，并提出了政府监管的改善措施。

3. 非参数分析、主成分分析和多元回归分析法等定量研究方法

在内容分析法的基础之上，结合运用非参数分析法，验证不同交易场所新股发行风险信息披露上的差异性；利用主成分分析法、多元回归分析法，以主要风险因素指标为变量，检验风险信息披露的质量。

4. 问卷调查法

以新股发行招股说明书中所披露的风险因素的内容为主要研究目标的，通过向不同类型的投资者发放调查问卷，分析投资者对新股发行信息的认可程度、需求状况等，从投资者对风险信息需求的角度检验新股发行的信息供给，考察新股发行的信息需求缺口。

5. 案例分析法

根据中国证监会在其网站公布的对新股发行违法违规的处罚情况，收集了从 2010 年初至 2013 年底因信息隐瞒、造假行为而受到公开行政处罚的案例 10 宗，对这些典型案例中风险信息披露的表现特征以及发行人、投资者以及监管者等相关方的行为进行了现实检验。

1.4.2　创新之处

（1）在研究方法方面，本研究运用跨学科的内容分析法等方法，对新股发行风险信息披露进行了多个维度的内容分析。内容分析法在我国金融领域的应用还很少，在新股发行信息披露方面的应用则更少。本研究首次从多个侧面对我国新股发行风险信息的显性和隐性内容进行系统的内容分析，包括规范性分析、比较分析、趋势分析和意向分析等。

（2）在研究视角方面，本研究从新股发行风险信息的供给和需求双向的角度检验风险信息披露的准确性、真实性和完整性，并根据调查问卷的统计结果，分析了投资者对不同新股发行风险因素的信息需求强度。相关检验发现：风险信息的披露意向与公司的盈利能力和后市表现不相关，风险因素的主成分与公司财务指标的变化率不相关。这说明招股说明书中所披露的风险因素的内容不能够很好地体现企业上市后的业绩，也不能够成为投资者判断企业上市后股票价格走势的可靠依据。这也正与向投资者进行问卷调查的结果相吻合。招股说明书作为最主要的公开信息传播渠道，未能够充分引起进行新股申购的投资者的关注，新股发行信息供需的缺口比较大。

（3）通过考察新股发行各相关主体之间的不完全信息静态和动态博弈过程，我们提出：①足够高的潜在处罚间接成本可以对高风险发行人的风险信息披露行为构成较为有效的威慑；②在事后监管力度足够大的前提下，仅通过事后监管也可实现有效监管的目标；③较高的新股发行标准需要有与之相匹配的严厉违规处罚措施作为保障；④储架发行制度可以将发行人的新股发售活动由一次博弈行为变为多次博弈行为，多次博弈有助于约束发行人的信息披露。

第 2 章

新股发行风险信息披露的
显性内容分析

随着我国资本市场的发展，我国的股票发行审核制度与信息披露制度一直在改革与完善，但信息披露方面在取得显著成绩的同时，仍然存在一些问题，信息披露造假、上市后企业效益出现大幅下滑等情况仍时有发生。

在证券市场上，新股发行时拟上市公司公开披露的最重要的文件是招股说明书。新股发行时发行人所披露的信息是以文本格式出现的，适合采用内容分析法对其进行文本分析。近年来，国外对证券市场有关信息的内容分析文献大量涌现。国外学者主要是从披露信息的文本特征以及其与相关变量的相关性、信息的可读性、信息披露中语调的内容分析等方面进行研究的。而国内的相关研究起步较晚、成果也相对较少，而且分析的内容主要集中在社会责任信息、员工责任信息、环境信息、研发信息和智力资本信息等方面。

本章基于内容分析法，选取主板和中小企业板的 IPO 公司作为样本，对样本公司招股说明书的风险因素部分进行比较系统的显性内容研究。[①]研究从四个方面展开：（1）对新股发行风险信息披露的规范性进行考察；（2）对不同市场公开发行的新股的风险因素信息披露进行比较；（3）对过去几年招股说明书中披露的风险信息进行趋势分析；（4）从类别众多的风险因素中提取出主成分，并进行回归分析，检验风险信息披露的质量

---

① 只选取主板和中小企业板的 IPO 公司作为研究样本的原因有三：（1）中国证监会对创业板新股发行招股说明书有单独的规定，其要求与主板和中小企业板的有关要求有所不同；（2）创业板市场的推出较晚，于 2009 年 10 月 30 日才开始挂牌交易；（3）创业板的设立旨在支持自主创新企业及其他成长型企业的发展，重点支持新能源、新材料、信息、生物与新医药、节能环保、航空航天、海洋、先进制造、高技术服务等符合国家战略性新兴产业导向领域的企业上市，这与在主板和中小企业板的上市的企业的可比性有限。

（本章显性内容分析的框架如图 2 - 1 所示）。

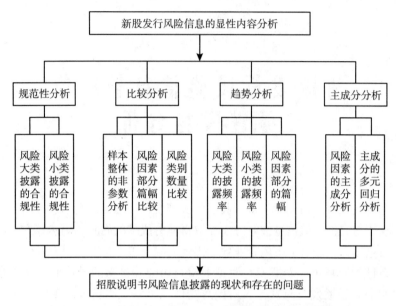

图 2 - 1 新股发行风险信息的显性内容分析框架图

2.1 新股发行风险信息披露的规范性分析①

不管是新股发行的核准制还是注册制，都要对发行人的申请文件进行形式审查，即审查发行人提交的申请文件是否齐全，是否包含了有关法律法规所规定的必须披露的内容。根据中国证监会的有关新股发行信息披露政策要求，结合我国新股发行招股说明书中风险因素部分的披露状况，我们对风险因素的内容进行形式上的合规性分析。

2.1.1 研究样本的选取

我们选取样本的时间区间为自 2007 年 1 月 1 日到 2010 年 12 月 31 日，

---

① 本部分的相关内容已经发表，详见：黄方亮，宋晓蕾，种莉萍. IPO 风险信息披露的规范性——基于内容分析法的研究［A］. 见：制度经济学研究［M］. 经济科学出版社，2012（3）：89 - 101.

样本为在上海证券交易所和深圳证券交易所进行新股发行的企业，对新股发行招股说明书中所披露的风险因素部分进行考察。①

在样本选取的时间区间内，共有 498 家企业分别在主板和中小企业板市场首次公开发行股票并上市。这些公司分布于不同的行业。根据中国证监会的行业分类标准，我们对各行业中所含 IPO 公司的数量进行了统计。②详情如表 2 - 1 所示。

表 2 - 1　　　　　　不同行业中所含 IPO 公司的数量统计　　　　　单位：家

行业类型	2007 年		2008 年		2009 年		2010 年		总计
	主板	中小企业板	主板	中小企业板	主板	中小企业板	主板	中小企业板	
农、林、牧、渔业	0	1	0	1	0	2	0	4	8
食品、饮料	0	3	0	2	0	3	0	10	18
采掘业	4	2	3	1	0	0	1	2	13
纺织、服装、皮毛	0	3	0	1	0	3	0	9	16
木材、家具	0	0	0	0	0	0	0	2	4
造纸、印刷	0	3	0	3	0	3	0	4	13
石油、化学、塑胶、塑料	0	13	0	14	0	3	0	31	61
医药、生物制品	0	4	0	2	0	4	0	11	21
机械、设备、仪表	1	20	1	15	2	11	9	52	111
电子	0	15	0	6	0	2	0	21	44
房地产业	0	2	0	2	0	2	0	0	6
其他制造业	0	5	0	1	0	2	0	2	10
交通运输、仓储业	3	0	0	0	1	1	5	2	12

---

① 选取样本起止时间区间的原因是：中国证监会于 2006 年 5 月 18 日发布《公开发行证券的公司信息披露内容与格式准则第 1 号——招股说明书》（2006 年修订）的通知，之前的 IPO 招股说明书与之后的在格式上有所不同，所以，选取样本的开始时间确定为 2007 年 1 月 1 日；本研究自 2011 年初开始，另外，后文的有些样本数据涉及企业上市之后一年的数据，即到 2011 年底的数据，所以，选取样本的截止时间确定为 2010 年 12 月 31 日。

② 我们开始本研究的时间是 2011 年初，对样本进行行业分类遵照的是当时实行的由中国证监会于 2001 年 4 月 3 日公布的《上市公司行业分类指引》。2012 年 11 月 16 日，中国证监会公布了《上市公司行业分类指引（2012 年修订）》。修订后的《指引》按照国家统计局 2011 年颁布的《国民经济行业分类》（GB\T4754—2011）门类、大类目录进行分类，并改变了原来以营业收入作为单一分类依据的情况，增加营业利润作为行业分类的辅助分类依据。

续表

行业类型	2007 年		2008 年		2009 年		2010 年		总计
	主板	中小企业板	主板	中小企业板	主板	中小企业板	主板	中小企业板	
批发和零售贸易	0	1	0	5	0	1	2	5	14
金属、非金属	3	10	0	6	0	5	0	20	44
信息技术业	0	8	0	6	0	8	0	21	43
社会服务业	1	6	0	2	1	1	1	3	15
电力、煤气及水的生产和供应业	1	0	0	1	1	0	2	1	6
建筑业	1	2	1	0	2	3	0	4	13
综合类	0	0	0	0	0	0	2	1	3
金融、保险业	10	1	0	0	2	0	4	1	18
传播与文化产业	1	1	0	1	0	0	2	0	5
总计	25	100	5	71	9	54	28	206	498

资料来源：根据上海证券交易所和深圳证券交易所网站等公开的资料整理。

中国证监会对保险公司、证券公司、从事房地产开发业务的公司以及商业银行等行业企业的招股说明书的内容与格式有着特别的规定。有鉴于此，为提高不同行业间 IPO 企业信息披露的可比性，我们从所选的 IPO 企业中剔除这些特殊行业的企业。在样本期间内，主板市场中有 16 家 IPO 企业属于金融、保险行业；另外，有 2 家企业属于分立上市。中小企业板市场中有 2 家公司属于金融、保险行业，6 家公司属于房地产开发业（我们专门对商业银行的新股发行风险信息披露进行了内容分析，详见附录 2）。最终选取的样本数量为 472 家，其中，主板市场 49 家，中小企业板 423 家（见表 2—2）。

表 2 – 2　　　　　　　　样本公司数量统计　　　　　　　　单位：家

上市板块	进行新股首次公开发行的公司总数	筛选后的样本公司数量
主板市场	67	49
中小企业板市场	431	423
合计	498	472

2.1.2 招股说明书中风险因素信息披露的政策规定及实际状况分析

1. 中国证监会对招股说明书风险因素信息披露的政策规定

中国证监会于 2006 年 5 月 18 日颁布的修订后的《公开发行证券的公司信息披露内容与格式准则第 1 号——招股说明书》是对 IPO 招股说明书格式与内容提出具体要求的指导性文件。该准则第一章总则第三条指出："本准则的规定是对招股说明书信息披露的最低要求。不论本准则是否有明确规定，凡是对投资者作出投资决策有重大影响的信息，均应当予以披露"。

该准则第二章第四节第二十七条规定："发行人应当遵循重要性原则，按顺序披露可能直接或间接对发行人生产经营状况、财务状况和持续盈利能力产生重大不利影响的所有因素。发行人应针对自身的实际情况，充分、准确、具体地描述相关风险因素。发行人应对所披露的风险因素做定量分析，无法进行定量分析的，应有针对性地作出定性描述。有关风险因素可能对发行人生产经营状况、财务状况和持续盈利能力有严重不利影响的，应作重大事项提示"。

该准则第二章第四节第二十八条规定了发行人应披露的风险因素的内容。我们从中归纳出八种主要类别的风险因素（大类），以及各风险大类中所包含的具体情况（小类），其主要内容如表 2 - 3 所示。

表 2 - 3 　证监会对新股发行风险因素信息披露相关规定的主要内容

风险类别（大类）	风险大类中所包含的风险因素（小类）
一、市场风险	产品或服务的市场前景
	行业经营环境的变化
	商业周期或产品生命周期的影响
	市场饱和或市场分割
	过度依赖单一市场
	市场占有率下降

风险类别（大类）	风险大类中所包含的风险因素（小类）
二、业务经营风险	经营模式发生变化
	经营业绩不稳定
	主要产品或主要原材料价格波动
	过度依赖某一重要原材料、产品或服务
	经营场所过度集中或分散
三、财务风险	资产周转能力较差导致的流动性风险
	现金流状况不佳或债务结构不合理导致的偿债风险
	主要资产减值准备计提不足的风险
	主要资产价值大幅波动的风险
	非经常性损益或合并财务报表范围以外的投资收益金额较大导致净利润大幅波动的风险
	重大担保或诉讼仲裁等或有事项导致的风险
四、管理风险	内部控制有效性不足导致的风险
五、技术风险	技术不成熟
	技术尚未产业化
	技术缺乏有效保护或保护期限短
	缺乏核心技术或核心技术依赖他人
	产品或技术面临被淘汰
六、募集资金投向风险	投资项目在市场前景方面存在的问题
	投资项目在技术保障方面存在的问题
	投资项目在产业政策方面存在的问题
	投资项目在环境保护方面存在的问题
	投资项目在土地使用方面存在的问题
	投资项目在融资安排方面存在的问题
	投资项目在与他人合作等方面存在的问题
	因营业规模、营业范围的扩大或者业务转型而导致的管理风险、业务转型风险
	因固定资产折旧大量增加而导致的利润下滑风险
	因产能扩大而导致的产品销售风险
七、政策性风险	财政、金融、税收、土地使用、产业政策、行业管理、环境保护等方面法律、法规、政策变化引致的风险
八、其他风险	可能严重影响公司持续经营的其他因素，如自然灾害、安全生产、汇率变化、外贸环境等

资料来源：根据中国证监会对招股说明书披露格式的有关规定整理。

值得注意的是，以上是证监会要求的最低披露标准，发行人应披露的风险因素包括但不限于上述内容。

2. 招股说明书中不同风险大类中所包含的风险小类状况

结合《公开发行证券的公司信息披露内容与格式准则第 1 号——招股说明书》中的有关规定，根据样本公司招股说明书中风险因素部分的内容，我们归纳出招股说明书中所披露的 8 种不同风险大类中所包含的风险小类状况。

（1）市场风险。《公开发行证券的公司信息披露内容与格式准则第 1 号——招股说明书》第二十八条指出发行人应当披露"产品或服务的市场前景、行业经营环境的变化、商业周期或产品生命周期的影响、市场饱和或市场分割、过度依赖单一市场、市场占有率下降等"。发行人的产品或服务所面临的市场具有不确定性，这给发行人带来了一定的风险。发行人在其招股说明书中所披露的市场风险主要包括以下几个方面：宏观经济周期性波动或产品服务周期性波动风险、市场或行业竞争风险、市场分割及行业保护的风险、产品市场集中的风险、开拓市场风险等。例如：成渝高速（股票代码为 601107）招股说明书中披露的市场风险包括不同交通方式竞争加剧的风险、平行高速公路分流车辆的风险、宏观经济波动的风险；中国化学（股票代码为 601117）招股说明书中披露的市场风险包括宏观经济周期变化的风险、原油价格波动带来的风险、产业政策变化的风险、市场分割及行业保护的风险、市场竞争日益加剧的风险；永太科技（股票代码为 002326）披露了单一产品市场集中风险、宏观经济环境变化风险、开拓市场风险；巨力索具（股票代码为 002342）在其招股说明书中披露的市场风险就包括海外市场风险、行业标准不健全的风险。

（2）业务经营风险。《公开发行证券的公司信息披露内容与格式准则第 1 号——招股说明书》第二十八条指出发行人应当披露"经营模式发生变化，经营业绩不稳定，主要产品或主要原材料价格波动，过度依赖某一重要原材料、产品或服务，经营场所过度集中或分散等"。不同行业不同类别的公司在经营过程中会面临不同的经营风险，但是它们也会遇到类似的经营风险。通过阅读发行人的招股说明书，我们发现发行人在其招股说明书中所披露的业务经营风险主要包括以下几个方面：过度依赖某一重要原材料或主要客户、主营业务过度集中或单一、主要产品或主要原材料价格波动等。例如，西部矿业（股票代码为 601168）在其招股说明书中披露的经营风险包括：对锡铁山矿依赖的风险、在冶炼业务方面的经营历史较短带来的风险、依赖第三方劳务提供商进行采选矿活动的风险、对供应商依赖的风险、从事贸易业务和开展期货业务的风险等；唐山港（股票代码为601000）在其招股说明书中披露的经营风险包括：经营货物集中的风险、后方运输能力不足的风险、腹地经济依赖的风险；三金药业（股票代码为002275）披露的经营风险包括核心技术失密的风险、依赖经销商渠道的风险、固定资产折旧增加导致利润下降的风险；齐星铁塔（股票代码为002359）在其招股说明书中披露的经营风险包括原材料采购价格波动的风险、毛利率下降的风险、产品外销不稳定的风险。

（3）财务风险。《公开发行证券的公司信息披露内容与格式准则第1号——招股说明书》第二十八条指出发行人应当披露"资产周转能力较差导致的流动性风险、现金流状况不佳或债务结构不合理导致的偿债风险、主要资产减值准备计提不足的风险、主要资产价值大幅波动的风险"。财务风险主要表现在无力偿还债务风险或偿还债务困难、筹集资金困难以及利率或汇率等变动原因使公司产生的成本收益等变动的风险。发行人在招股说明书中披露的财务风险主要包括以下几个方面：偿债风险、净资产收益率下降的风险、资产负债率较高的风险、持续融资能力困难的风险、客户可能延期支付的风险、应收账款发生坏账的风险、资产流动性风险、投资收益变动的风险、利率和汇率波动风险等。例如柳钢股份（股票代码为601003）在招股说明书中披露的财务风险包括偿债风险和持续融资能力风险；中国北车（股票代码为601299）披露的财务风险包括分红能力受控股子公司和参股公司影响的风险、客户可能延期支付的风险、资产负债率较高的风险、净资产收益率下降的风险、税收优惠政策及财政补贴变动的风险、利率波动的风险、人民币汇率波动的风险；洋河酒厂（股票代码为002304）披露的财务风险包括：净资产收益率大幅下降的风险以及营业收入或净利润增速放缓的风险；胜利精密（股票代码为002426）披露的财务风险包括汇率变动风险、净资产收益率下降的风险、毛利率变动的风险。

（4）管理风险。《公开发行证券的公司信息披露内容与格式准则第1号——招股说明书》第二十八条指出发行人应当披露"内部控制有效性不足导致的风险"。招股说明书中关于管理风险的披露，主要集中在以下几点：控股股东的风险、与重要关联方存在同业竞争或关联交易的风险、管理层和管理制度变化的风险、内部控制制度不健全的风险等。例如，中国石油（股票代码为 601857）在招股说明书中披露的财务风险包括控股股东股权集中的风险、关联交易产生的风险、同业竞争产生的风险、内部控制的风险；中国国旅（股票代码为 601888）在招股说明书中指出"三级子公司数量较多，在国内及世界各主要城市拥有超过 100 家分子公司，业务经营地域广阔，经营场所比较分散。特别是本公司的海外子公司因地处境外，与境内公司相比，在管理上存在一定的难度。"三泰电子（股票代码为 002312）披露的财务风险包括：控股股东控制风险、组织模式和管理制度滞后于公司发展的风险；大金重工（股票代码为 002487）在招股说明书中指出"虽然本公司已按照现代企业制度的要求建立了较为完善的组织管理体系，拥有独立的产、供、销体系，目前生产经营各方面运转情况良好。但随着本次发行募集资金到位、新建项目的陆续开工、生产规模的迅速扩大，公司现有的管理制度及组织架构、管理人员素质可能面临难以适应快速扩张需要的风险"。

（5）技术风险。《公开发行证券的公司信息披露内容与格式准则第 1 号——招股说明书》第二十八条指出发行人应当披露"技术不成熟、技术尚未产业化、技术缺乏有效保护或保护期短、缺乏核心技术或核心技术依赖他人、产品或技术面临被淘汰等"。发行人在招股说明书中所披露的技术风险主要集中在以下几个方面：核心技术失密的风险，核心技术依赖他人、核心技术保护期短、技术存在被淘汰的风险，新产品开发研制的风险。中国一重（股票代码为 601106）在招股说明书中披露的技术风险包括持续技术创新的风险、新产品开发的风险、专利及专有技术保护不足的风险、管理及技术人才流失的风险。滨化股份（股票代码为 601678）在招股说明书中指出"目前，公司烧碱生产环节采用的离子膜工艺技术，树脂螯合塔、离子膜电解槽、氯气压缩机及降膜蒸发器等设备及技术达到国际领先水平。环氧丙烷生产环节采用氯醇法工艺，其主要生产装置和工艺流程均由公司自行设计完成，其中皂化反应器、氯醇化反应器、组合型氯气分布器等核心装置已取得国家专利，技术水平居国内同行业领先地位。但近年来技术进步有加快趋势，公司如不加快技术进步，进一步调整产品结构，提高技术和装备水平，将面临技术落后的风险"。乐通化工（股票代码为 002319）所披露的技术风险包括：核心技术失密的风险、核心技术人员流失的风险、新产品开发的风险。潮宏基实业（股票代码为 002345）披露的技术风险包括：研发设计及工艺技术滞后的风险、产品设计可能被模仿的风险。

（6）募集资金投向风险。《公开发行证券的公司信息披露内容与格式准则第 1 号——招股说明书》第二十八条指出发行人应当披露"投资项目在市场前景、技术保障、产业政策、土地使用、融资安排、与他人合作等方面存在的问题，因营业规模、营业范围扩大或者业务转型而导致的管理风险、业务转型风险，因固定资产折旧大量增加而导致的利润下滑风险，以及因产能扩大而导致的产品销售风险等"。由于募集资金投向所产生的收益具有不确定性，这就决定了发行人募集资金投向具有一定的风险性。新股发行招股说明书中关于募集资金投向风险的披露主要集中在投资项目所面临的风险，重点披露了投资项目在市场前景、技术保障、产业政策、环境保护、土地使用、融资安排、与他人合作等方面存在的问题。中海油服（股票代码为 601808）在招股说明书中指出"本公司此次募集资金主要用于投资建造勘探设备及船舶，近两年全球主要船厂船台比较紧张，如果未来几年船厂船台继续维持紧张状况，本公司能否按照预定计划完成相关装备的建造存在一定的不确定性，装备扩充计划有可能根据市场情况和公司的经营决策做出一定调整，进而对本公司的经营业绩和财务状况产生一定程度的影响。"中国中冶（股票代码为 601618）在招股说明书中指出在募集资金投资项目实施过程中，可能面临市场环境变化而导致项目实施的风险；公司募集资金投资项目建设完成需要时日，本公司的净资产收益率在短期内可能出现下降；普利特（股票代码为 002324）在募集资金投向的风险中主要披露了公司产能快速扩大引起的销售风险、公司资产和业务规模扩大带来的管理风险；浩宁达（股票代码为 002356）则主要披露了产能扩张可能导致的市场开发不足的风险、募股项目实施的风险。

（7）政策性风险。《公开发行证券的公司信息披露内容与格式准则第 1 号——招股说明书》第二十八条指出发行人应当披露"由于财政、金融、税收、土地使用、产业政策、行业管理、环境保护等方面法律、法规、政策变化引致的风险"。发行人在招股说明书中所披露的政策性风险主要集中在产业政策、财政政策、税收政策、环保政策以及其他监管政策等方面发生变化对发行人所产生的影响。紫金矿业（股票代码为 601899）披露的政策性风险包括与环境保护有关的风险以及税收政策变化可能带来的风险；四方股份（股票代码为 601126）在招股说明书中披露了税收优惠政策调整的风险；美盈森（股票代码为 002303）则披露了企业所得税税收优惠政策变化的风险；得利斯（股票代码为 002330）披露的政策性风险包括：增值税政策的风险、所得税税率变动的风险、环保政策的风险。

（8）其他风险。《公开发行证券的公司信息披露内容与格式准则第 1 号——招股说明书》第二十八条指出发行人应当披露"可能严重影响公司持续经营的其他因素，如自然灾害、安全生产、汇率变化、外贸环境等"。其他风险包含的内容比较宽泛，是指除了市场风险、业务经营风险、财务风险、管理风险、募集资金投向风险、政策性风险以外的其他风险。新股发行招股说明书中所披露的其他风险主要集中在发生自然灾害或战争的风险、安全隐患引起的风险、存在法律诉讼和仲裁的风险、股票价格波动的风险、汇率波动的风险等方面。力帆实业（股票代码为 601777）在招股说明书中所披露的其他风险包括：知识产权纠纷风险、实际控制人控制风险、股市风险；亚星锚链（股票代码为 601890）在其招股说明书中披露了汇率风险、安全生产风险以及诉讼风险；天润曲轴（股票代码为 002283）在其招股说明书披露了汇率风险、生产线运行的风险以及补缴以前年度税款涉及的风险；新筑路桥（股票代码为 002480）披露了自然灾害风险，其招股说明书指出"尽管 2008 年的冰雪和地震灾害多年难遇，但公司仍然存在将来可能因各种自然灾害因素影响正常生产经营的可能性。"

3. 招股说明书中不同风险类别的信息披露统计分析

为了进一步探讨样本公司有关风险因素信息披露的特点，我们对样本公司招股说明书中的风险因素信息披露部分进行了归纳和汇总，详见表 2 - 4。

表 2 - 4　　　　　　　招股说明书中所披露的风险大类情况统计

风险大类	披露不同风险大类的发行人的家数								总计	披露的公司数量占发行人总数的比例（%）
	2007 年		2008 年		2009 年		2010 年			
	主板	中小企业板	主板	中小企业板	主板	中小企业板	主板	中小企业板		
一、市场风险	13	78	4	63	7	47	22	181	415	87.92
二、业务经营风险	13	77	5	64	7	47	21	197	431	91.31
三、管理风险	15	79	5	64	7	50	21	188	429	90.89
四、财务风险	12	75	4	60	7	46	21	199	424	89.83
五、技术风险	5	63	3	51	4	38	15	158	337	71.40
六、募集资金投向风险	14	76	5	68	7	51	22	190	433	91.74
七、政策性风险	15	78	5	67	7	47	20	178	417	88.35
八、其他风险	14	61	5	48	7	32	17	148	332	56.37

从表 2-4 可以看出，有些风险大类的信息披露比较突出。对募集资金投向的风险披露的发行人达到 433 家，披露的比例达到 91.74%；其次是业务经营风险和管理风险，分别有 431 家、429 家发行人披露，比例均超过 90%；发行人对财务风险、政策性风险以及市场风险的披露也比较频繁，比例均超过 85%；披露相对较少的风险是技术风险和其他风险，但比例超过了 55%。从招股说明书中的风险大类状况看，主板和中小企业板市场的发行人能够从形式上披露证监会所要求的风险信息。

为了进一步分析新股发行招股说明书的风险因素信息披露状况，我们仔细阅读了招股说明书中披露的风险小类，对风险小类进行了归类和统计，得出共 40 小类对发行人影响比较大的风险因素信息，统计详情如表 2-5 所示。

表 2-5　　招股说明书中所披露的风险小类的情况统计

风险大类	进行披露该风险小类的发行人的家数								总计
	2007 年		2008 年		2009 年		2010 年		
	主板	中小企业板	主板	中小企业板	主板	中小企业板	主板	中小企业板	
一、市场风险									
1. 商业或行业周期性波动的风险	8	26	2	10	6	22	14	67	155
2. 拓展新业务或新市场的风险	3	15	2	10	2	9	9	30	80
3. 行业竞争或市场竞争的风险	12	76	4	57	6	40	16	181	392
4. 同业竞争的风险	3	4	0	0	1	0	0	0	8
二、业务经营风险									
5. 原材料供应及其价格波动的风险	10	71	5	55	5	37	8	158	349
6. 产品的价格、需求波动及质量方面的风险	8	39	2	33	1	20	6	104	213
7. 客户依赖、客户集中及流失的风险	5	33	3	22	1	15	7	64	150
8. 经营业绩下降、经营成本上升的风险	6	16	1	19	3	13	19	60	137

续表

风险大类	进行披露该风险小类的发行人的家数								总计
	2007 年		2008 年		2009 年		2010 年		
	主板	中小企业板	主板	中小企业板	主板	中小企业板	主板	中小企业板	
三、管理风险									
9. 内部控制风险	1	16	2	8	1	0	1	16	45
10. 关联交易的风险	8	10	2	10	4	3	4	4	45
11. 法人治理结构的风险	13	73	4	55	6	43	17	187	398
12. 组织架构复杂、跨区域运营导致的管理风险	2	11	1	10	3	7	6	55	95
13. 公司规模扩张所导致的管理风险	3	46	1	40	0	31	8	134	263
14. 经营管理、人力资源风险	6	61	3	43	4	38	15	158	328
四、财务风险									
15. 应收账款的风险	4	42	1	31	3	28	14	125	248
16. 由资产抵押、存货、融资等产生的流动性风险	9	52	2	36	2	24	7	100	232
17. 现金状况、债务结构不合理导致的偿债风险	3	43	0	38	5	20	7	75	191
18. 可能发生诉讼、仲裁或索赔的风险	1	2	2	3	3	0	3	3	17
19. 对外担保的风险	0	4	2	4	2	1	0	13	26
20. 主要的资产价值大幅波动的风险	2	3	0	2	0	2	5	3	17
21. 本次发行后净资产收益率下降的风险	7	70	3	59	4	45	18	185	391
22. 固定资产折旧大量增加导致的利润下滑风险	1	15	0	25	0	20	6	96	163
五、技术风险									
23. 新产品、新技术开发的风险	0	38	1	28	0	19	5	83	174
24. 技术创新、落后或被赶超风险	3	33	2	24	1	13	5	71	152
25. 专利及专有技术等知识产权保护的风险	2	28	1	20	2	20	8	102	183

续表

风险大类	进行披露该风险小类的发行人的家数								总计
	2007 年		2008 年		2009 年		2010 年		
	主板	中小企业板	主板	中小企业板	主板	中小企业板	主板	中小企业板	
六、募集资金投资项目风险									
26. 募集资金投资项目的市场前景风险	9	68	4	49	6	34	18	137	325
27. 募集资金投资项目的管理和组织实施的风险	11	61	4	46	5	34	17	145	323
28. 募集资金项目的技术风险	3	33	3	23	3	8	6	57	136
29. 募集资金投资项目的政策性风险	6	21	1	15	3	5	11	27	89
30. 产能扩大后产品的销售风险	1	22	0	17	0	12	2	51	105
七、政策性风险									
31. 税收优惠政策变化的风险	11	82	4	61	6	45	19	195	423
32. 产业或行业等法律、规章制度变化的风险	12	34	2	19	6	11	14	60	158
33. 环境保护方面的风险	10	27	4	23	2	20	6	57	149
34. 汇率变化的风险	12	56	0	31	6	15	9	107	236
35. 利率变化的风险	3	1	5	2	2	1	4	4	22
八、其他风险									
36. 经营权、商标权等权属缺失或不完善的风险	1	8	0	6	0	3	4	18	40
37. 安全生产的风险	6	15	1	16	3	8	5	38	92
38. 交通运输的风险	7	4	3	1	0	1	4	1	21
39. 物业、土地、房地产权证的风险	6	6	1	8	3	8	4	27	63
40. 委托加工业务的风险	0	0	1	3	0	0	2	8	14

　　从表 2－5 可以看出，在发行人的招股说明书中披露税收优惠政策变化风险的比较多，披露的发行人数量达到了 423 家，其次是法人治理结构风险、行业竞争或市场竞争的风险、本次发行后净资产收益率下降的风险以及原材料供应以及价格波动的风险，披露的发行人数量分别是 398 家、392 家、391 家和 349 家。

发行人在其招股说明书中披露的市场风险包含的内容特别丰富，不同的发行人披露的市场风险所包含的内容也有所不同。市场风险大类中披露比较多的小类包括商业或行业周期性波动、拓展新业务或新市场、行业竞争或市场竞争风险。

发行人在其招股说明书中披露的业务经营风险基本上都包含了原材料的供应以及价格波动的风险、产品的价格、需求波动以及质量方面的风险、客户集中度高以及客户流失的风险、经营业绩波动的风险、成本波动的风险。值得注意的是，发行人只是披露了其中的某一个或某几个风险，全部披露的很少。

发行人在其招股说明书中披露的管理风险主要集中在以下几个方面：法人治理结构的风险、同业竞争的风险、内部控制的风险、组织架构复杂，分、子公司众多以及跨区域经营导致的管理风险。

发行人在其招股说明书中披露的财务风险主要集中在：应收账款的风险（包括回款周期长、发生坏账等）、由于资产抵押、存货、融资等产生的流动性风险、现金状况不佳或债务结构不合理导致的偿债风险、主要资产价值大幅波动的风险等。

发行人在其招股说明书中披露的募集资金投向的风险篇幅不一，有的简单几笔带过，有的则披露的十分详细。总体来说，发行人主要披露了募集资金投资项目的市场前景风险、管理和组织实施风险、技术风险、政策性风险、产能扩大后产品的销售风险、本次发行后净资产收益率下降的风险、固定资产折旧大量增加而导致的利润下滑的风险等。

发行人在其招股说明书中对技术风险的披露主要包括新产品、新技术开发的风险，技术创新、技术落后或被赶超的风险，专利及专有技术等知识产权保护的风险，经营权、商标权等权属缺失或不完善的风险，以及经营管理、人力资源风险等。需要指出的是，经营管理、人力资源风险中披露的主要是高级管理人才经营管理的能力以及对核心技术人才的依赖、人才流失等。

政策性风险中披露的主要包括财政、金融、税收、产业政策、行业管理、环境保护等方面法律法规、政策变化引致的风险。

其他风险包含的内容则十分宽泛，主要包括同业竞争的风险，利率变化的风险，物业、土地、房地产权证的风险，以及委托加工业务等4种小类别的风险。分别有8家、22家、63家、14家发行人在其招股说明书中对这些小类别的风险进行了披露。

2.1.3 招股说明书中风险因素信息披露规范性的分析结论

通过对比中国证监会对招股说明书风险因素信息披露的要求，以及样本公司的实际披露状况，我们发现，从整体上看，主板和中小企业板市场的发行人按照证监会的要求披露了所需要披露的风险因素，只不过披露的风险信息的具体名称有所不同，并且不同的发行人，披露的重点有所不同。换言之，新股发行风险信息披露的总体状况还是较为规范的。

虽然从整体上来看我国新股发行招股说明书中风险信息的披露比较规范，但是，风险因素信息披露有些混乱，口径不够统一。

有的发行人在风险因素信息披露部分把原材料供应风险归为经营风险；有的则归为市场风险。如中国建筑（股票代码为601668）在招股说明书中就把"建筑材料和劳务供应的风险"作为业务经营风险的一个方面进行了披露，而中国西电（股票代码为601179）招股说明书中的"原材料市场价格和供应风险"则是作为市场风险进行披露的。

有的发行人在风险因素信息披露部分把市场竞争风险归为市场风险；有的则归为经营风险。如万利达（股票代码为002180）在招股说明书中就是将"市场竞争风险"作为市场风险的一个方面进行披露的，而中国西电（股票代码为601179）招股说明书中的"市场竞争加剧的风险"则是作为经营风险进行披露的。

有的发行人在风险因素信息披露部分把大股东控制风险和关联交易风险归为经营风险；有的则归为管理风险。如中煤能源（股票代码为601898）在招股说明书中就把"大股东控制风险"和"关联交易风险"作为经营风险的一个方面进行了披露，而三力士（股票代码为002224）招股说明书中的"家族控制风险"和"关联交易风险"是作为管理风险进行披露的。

2.2 新股发行招股说明书中风险因素信息披露的比较分析

由上文对招股说明书中风险因素信息披露规范性的分析可知，新股发行风险信息披露的总体状况是较为规范的。那么，这是不是由于新股发行人均比照相同的信息披露准则进行符合格式要求的信息披露所导致的？换言之，"规范"的信息披露是不是许多发行人"比着葫芦画瓢"的结果？对此，我们运用内容分析法中的比较分析，做进一步的探讨。

　　所谓内容分析法中的比较分析，是指就同一中心问题，对来源不同的样本量化结果的对比。例如，比较两个学术流派、学术刊物的学术观点的异同；比较两个不同学校、不同班级学生的学习成绩和学习态度方面的差别等。我们运用非参数分析等研究方法，检验上文主板和中小企业板市场样本中招股说明书实际披露的风险因素内容的差异情况。

2.2.1　主板和中小企业板市场新股发行风险信息披露内容的差异检验

　　关于样本间差异性的分析，通常使用方差分析的方法。方差分析的假定条件包括：各处理条件下的样本是随机的；各处理条件下的样本是相互独立的，否则可能出现无法解释的输出结果；各处理条件下的样本分别来自正态分布总体 $N(u_i, \sigma_i^2)$，否则使用非参数分析；各处理条件下的样本方差相同，即具有齐性：$\sigma_1^2 = \sigma_2^2 = \sigma_3^2 = \cdots = \sigma_k^2$。如果正态分布或方差齐性的假设不能满足时，可以使用假定条件很少的非参数方法进行差异检验。

　　我们对主板和中小企业板市场招股说明书所披露的风险因素的内容差异进行检验。

　　这里做如下定义：1 代表主板市场；2 代表中小企业板市场；P 代表披露某类风险的发行人的数量（包括主板和中小企业板市场的发行人）；P1 代表披露有关风险因素的主板市场发行人的数量；P2 代表披露有关风险因素的中小企业板市场发行人的数量。

　　首先，我们对样本数据的正态性和方差齐性进行检验。检验结果见图 2 - 2 和表 2 - 6。

　　从正态分布 Q - Q 检验图，可以看出图中有大量的点偏离了斜线，所以不能判定数据是呈正态分布的。

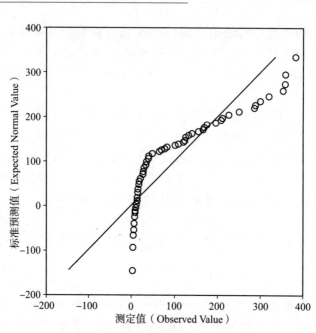

图 2 - 2　P 的正态分布 Q - Q 检验图

表 2 - 6 方差齐性检验结果

	莱文统计 （Levene Statistic）	df1	df2	Sig.
基于均值 （Based on Mean）	70.524	1	78	0.000
基于中位数 （Based on Median）	58.726	1	78	0.000
基于调整 df 的中位数 （Based on Median and with adjusted df）	58.726	1	39.931	0.000
基于修正的均值 （Based on trimmed mean）	66.531	1	78	0.000

　　从显著性概率看，P < 0.05，说明各组的方差具有显著性差异，即方差是非齐次性的。由于样本数据不符合方差分析的前提假设条件，因此我们采取非参数检验。我们选用韦尔考克森（Wilcoxon）检验方法。SPSS 输出结果如表 2 - 7 所示。

表 2 – 7 韦尔考克森检验（Wilcoxon Signed Ranks Test）

结果（Test Statistics[b]）

	P2 – P1
Z	– 5. 331[a]
Asymp. Sig. (2 – tailed)	0. 000

a. 基于负排序（Based on negative ranks）
b. 基于韦尔考克森排序检验（Wilcoxon Signed Ranks Test）

检验结果显示韦尔考克森（Wilcoxon）检验的统计量 Z = – 5. 331，相伴概率 p = 0. 000，在显著性水平 α = 0. 05 的条件下，可以认为主板和中小企业板市场发行人在其招股说明书中对风险因素披露的内容是有显著差异的。

2.2.2 主板和中小企业板市场新股发行风险信息披露的篇幅与类别比较

由上文的非参数分析可知，不同市场中新股发行招股说明书所披露的风险因素内容是不同的。下面我们从风险因素的篇幅与类别的数量两个方面对不同市场中新股发行风险信息披露做更具体的比较。

1. 招股说明书中风险因素部分的篇幅比较

关于风险信息的篇幅的衡量可以有多种方法，可以衡量其自然段数、句子数以及字数。我们选用字数作为衡量标准，因为字是构成句子和自然段的最基本单位；另外，在衡量篇幅的长短上，自然段数和句子数都不如字数衡量更精确。

从主板和中小企业板市场样本的整体情况看，由表 2 – 8 可知，发行人在招股说明书中对风险因素部分的披露字数最大值为 61311，最小值为 1824；篇幅最长的风险因素部分大约是篇幅最短的风险因素部分的 33. 61 倍，可见篇幅长短差别很大。而招股说明书全文字数的最大值仅为最小值的约 3. 44 倍。这说明风险因素部分的披露状况差异较大。

表 2 - 8　　　　　新股发行招股说明书中风险因素部分字数的描述性统计结果

	最大值	最小值	均值	方差	中位数	偏度	峰度
风险因素部分的字数	61311	1824	5799.458	11039340	12337	10.24441	165.4383
招股说明书全文的总字数	317020	92191	179787.1	1692831830	175892	0.555233019	0.097024107

资料来源：根据 SPSS 的输出结果整理。

　　风险因素部分的均值为 5799.458，是招股说明书全文字数均值的 3.23%，风险因素部分仅占招股说明书全文很小的一部分；或者说，招股说明书中所披露的风险因素相对于全文来说篇幅不大，大部分内容是发行人其他方面的信息。

　　从招股说明书全文和风险因素部分字数的方差、偏度和峰度看，二者均呈非正态分布，均具有正偏离的特征；但是，风险因素部分字数分布的偏度较大，而招股说明书全文字数分布的偏度较小；风险因素部分字数的分布比正态分布陡峭，而招股说明书全文字数的分布比正态分布平坦。

　　从不同风险因素篇幅范围中发行人家数的分布看，风险因素部分字数低于均值的发行人占大多数（如图 2 - 3 所示）。其中，有 209 家发行人在其招股说明书中对风险信息的描述使用了 4000 到 6000 字，占到样本总数的约 44%；有 108 家发行人在其招股说明书中对风险信息的描述使用了 6000 到 8000 字，占比达到约 23%；有 94 家发行人在其招股说明书中对风险信息的描述使用了 2000 到 4000 字，占比约为 20%；有 35 家发行人在其招股说明书中对风险信息的描述使用了 8000 到 10000 字，比例为 7.4%。可见，发行人在其招股说明书中对风险信息的描述使用的数字集中在 2000 到 8000 字，有 411 家发行人在招股说明书中对风险信息的描述集中在这个字数区域，占比高达约 87%。

　　对不同市场中招股说明书里的风险因素部分的字数的统计显示，主板和中小企业板两个市场新股发行招股说明书中风险因素信息披露部分的篇幅存在比较明显的差异，详见表 2 - 9。

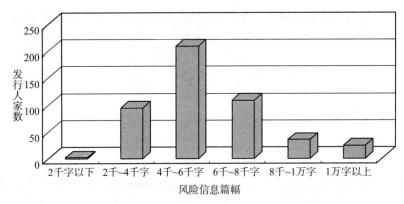

图 2 – 3　不同风险因素篇幅范围中发行人家数的分布柱状图

表 2 – 9　　　　　招股说明书中风险因素部分字数的描述性统计

上市板块	公司家数	均值	最小值	最大值	方差	峰度	偏度
主板	49	6615.286	2176	15005	7977651	1.134	1.094
中小企业板	423	5704.953	1824	61311	11330000	176.737	10.959

由表 2 – 9 可知，主板新股发行招股说明书中风险因素部分的平均字数明显高于中小企业板新股发行招股说明书中风险因素部分的平均字数，其方差都很大，说明风险因素部分字数的离散程度较大。这大概是由于主板市场发行人的规模较大，披露的风险因素信息较多，以及不同行业、性质的企业面临的风险因素不同所导致。

2. 招股说明书中风险因素部分的风险类别数量比较

从招股说明书中风险因素部分的风险小类的数量看，披露的风险类别最多的发行人在主板市场，所披露的风险小类达 39 种；披露最少的在中小企业板市场，仅披露了 6 种小类的风险（见表 2 – 10）。

表 2 – 10　　新股发行招股说明书中披露风险小类数量的描述性统计

上市板块	公司家数	均值	最小值	最大值	方差	峰度	偏度
主板	49	20.1633	10	39	46.889	0.993	0.442
中小企业板	423	15.4846	6	27	12.81	0.333	− 0.062

主板新股发行招股说明书中披露的风险小类数量平均约为 20 类；中小

企业板新股发行招股说明书中披露的风险小类数量平均为 15 类。可见，主板发行人在招股说明书中披露的风险类别数量明显高于中小企业板的发行人。

2.2.3　招股说明书中风险因素信息披露比较分析的结论

通过对主板、中小企业板市场样本整体的非参数分析法比较，以及对两个市场中风险因素部分的篇幅比较和风险类别数量的比较，我们发现，主板和中小企业板市场中发行人披露的风险因素整体上看是有差异的。从披露篇幅与风险类别数量上看，主板市场明显高于中小板市场，这是对主板市场发行人规模较大、经营情况相对复杂，而中小板市场发行人规模较小、经营情况相对简单的一种合理体现。由此，我们还可以得出结论，不同类型发行人的风险信息披露体现出一定的独特性。从整体上看，没有明显"比着葫芦画瓢"的形式化的信息披露情形。

新股发行风险信息披露的合规性检验和比较分析实际上都属于形式上的信息披露规范性分析，是一种横向的静态分析。下面我们考察风险因素的信息披露趋势，进行纵向的动态分析。

2.3　新股发行招股说明书中风险因素信息披露的趋势分析

所谓内容分析法中的趋势分析，是指可以利用同一对象不同时期内容资料量化结果的比较，对该对象的发展过程、发展规律及其发展趋势进行分析。我们以上文中的主板、中小企业板市场样本公司为分析对象，从招股说明书中不同风险类别出现的频率、风险部分的字数等方面对招股说明书中风险因素信息披露的趋势进行分析，从动态分析的角度考察新股发行风险信息披露的质量。

2.3.1　趋势分析维度的确定

应用内容分析法，需构建相关的类目编码表和量化系统。编码是指将语言文字转化为计算机能够识别的符号，主要是为了便于利用计算机将量化的文字内容进行数据统计（如频数特征）等工作。

针对新股发行招股说明书中风险因素信息披露部分的特点，我们确定

3 个方面的研究维度:(1)风险大类的披露频率;(2)风险小类的披露频率;(3)风险部分的篇幅。针对不同的研究维度,分别设定每个维度的具体分类。例如,在风险因素部分的篇幅方面,我们选定字数为衡量标准,根据招股说明书中风险因素的篇幅分布情况,确定字数小于 4000 字的,为简单描述;字数在 4000~8000 字的,为一般描述;字数在 8000 字以上的,为详细描述。表 2-11 是进行趋势分析的编码表。表中列示了各种研究维度及其内容标准,在此基础上形成趋势分析的研究框架。

表 2-11　　新股发行招股说明书中风险因素部分的趋势分析编码表

趋势分析维度	内容标准
I．风险大类的披露频率	1. 市场风险
	2. 业务经营风险
	3. 管理风险
	4. 财务风险
	5. 技术风险
	6. 募集资金投向风险
	7. 政策性风险
	8. 其他风险
II．风险小类的披露频率	1. 10 类以下
	2. 10 类以上 20 类以下
	3. 20 类以上 30 类以下
	4. 30 类以上
III．风险因素部分的篇幅	1. 简单描述（4000 字以下）
	2. 一般描述（4000~8000 字）
	3. 详细描述（8000 字以上）

2.3.2　关于大类风险因素的趋势分析

如表 2-11 所示,风险大类共包括 8 项:市场风险、业务经营风险、管理风险、财务风险、技术风险、募集资金投向风险、政策性风险和其他风险。图 2-4 给出了 2007 年初到 2010 年底的 4 年间发行人在其招股说明书中对这 8 项不同大类的风险的具体披露情况。其中,纵坐标代表风险因素信息披露的频率,即披露各大类风险因素的发行人的家数占发行人总数的比例;横坐标代表年份。

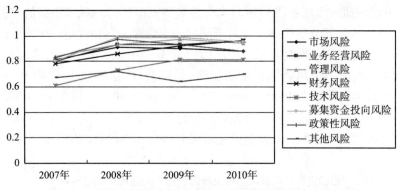

图 2 - 4　招股说明书中风险大类信息披露的频率统计折线图

从图 2 - 4 可以看出，8 大类风险信息的披露频率是非常高的，每年的出现频率都达到了 60% 以上；其中，技术风险、其他风险的披露频率在 4 年间均低于其他大类的披露频率；除了其他风险之外的另外 7 大类风险的披露频率在 4 年期间都曾先呈现出递增的趋势，而后趋于平稳；其他风险信息的披露频率在这 4 年之间有升有降，波动幅度相对较大。

2.3.3　关于小类风险因素的趋势分析

1. 基于 8 大类风险因素中包含的小类风险因素的频率趋势分析

为更加深入地分析样本公司在其招股说明书中披露的风险信息状况，我们对招股说明书中 8 大类风险因素所包含的 40 小类风险因素的逐年披露情况进行频率统计，详情如表 2 - 12 所示。

表 2 - 12　　　　招股说明书中风险小类信息披露的频率统计

风险类别	披露各风险小类的发行人占发行人总数的比例（%）			
	2007 年	2008 年	2009 年	2010 年
一、市场风险				
1. 商业或行业周期性波动的风险	0.30	0.16	0.39	0.32
2. 拓展新业务或新市场的风险	0.16	0.16	0.18	0.19
3. 行业竞争或市场竞争的风险	0.79	0.82	0.84	0.85
4. 同业竞争的风险	0.06	0.00	0.01	0.00
小计	1.31	1.14	1.42	1.36

续表

风险类别	披露各风险小类的发行人占发行人总数的比例（％）			
	2007 年	2008 年	2009 年	2010 年
二、业务经营风险				
5. 原材料供应及价格波动的风险	0.72	0.81	0.63	0.67
6. 产品的价格、需求波动及质量方面的风险	0.42	0.47	0.50	0.51
7. 客户依赖及客户集中及流失的风险	0.34	0.34	0.26	0.33
8. 经营业绩下降、成本上升的风险	0.20	0.27	0.31	0.33
小计	1.68	1.89	1.70	1.84
三、管理风险				
9. 内部控制风险	0.15	0.14	0.03	0.07
10. 关联交易的风险	0.16	0.16	0.08	0.04
11. 法人治理结构的风险	0.77	0.80	0.86	0.88
12. 组织架构复杂、跨区域运营导致的管理风险	0.12	0.15	0.24	0.26
13. 公司规模迅速扩张导致的管理风险	0.44	0.55	0.61	0.65
14. 经营管理、人力资源风险	0.60	0.62	0.75	0.78
小计	2.24	2.42	2.57	2.68
四、财务风险				
15. 应收账款的风险	0.41	0.43	0.58	0.60
16. 由资产抵押、存货、融资等产生的流动性风险	0.54	0.51	0.44	0.45
17. 现金状况、债务结构不合理导致的偿债风险	0.41	0.51	0.32	0.30
18. 可能发生诉讼、仲裁或索赔的风险	0.03	0.07	0.05	0.04
19. 对外担保的风险	0.04	0.08	0.04	0.04
20. 主要资产价值大幅波动的风险	0.04	0.03	0.02	0.02
21. 本次发行后净资产收益率下降的风险	0.69	0.84	0.85	0.88
22. 固定资产折旧大量增加导致的利润下滑风险	0.14	0.34	0.43	0.45
小计	2.30	2.81	2.73	2.78
五、技术风险				
23. 新产品、新技术开发的风险	0.34	0.39	0.37	0.39
24. 技术创新、技术落后或被赶超的风险	0.32	0.35	0.36	0.39
25. 专利及专有技术等知识产权保护的风险	0.27	0.28	0.49	0.50
小计	0.93	1.02	1.22	1.28
六、募集资金投资项目风险				
26. 募集资金投资项目的市场前景风险	0.69	0.72	0.64	0.69
27. 募集资金投资项目的管理和组织实施的风险	0.64	0.68	0.69	0.71

风险类别	披露各风险小类的发行人占发行人总数的比例（%）			
	2007 年	2008 年	2009 年	2010 年
28. 募集资金投资项目的技术风险	0.32	0.35	0.21	0.26
29. 募集资金投资项目的政策性风险	0.24	0.22	0.14	0.16
30. 产能扩大后产品的销售风险	0.21	0.23	0.25	0.27
小计	2.10	2.20	1.93	2.09
七、政策性风险				
31. 税收优惠政策变化的风险	0.83	0.88	0.89	0.92
32. 产业或行业等法律、规章制度变化的风险	0.41	0.28	0.26	0.30
33. 环境保护方面的风险	0.33	0.36	0.34	0.24
34. 汇率变化的风险	0.61	0.42	0.39	0.45
35. 利率变化的风险	0.04	0.09	0.11	0.02
小计	2.22	2.03	1.99	1.93
八、其他风险				
36. 经营权、商标权等权属缺失或不完善的风险	0.08	0.08	0.11	0.10
37. 安全生产的风险	0.19	0.23	0.14	0.17
38. 交通运输的风险	0.10	0.05	0.03	0.01
39. 物业、土地、房地产权证的风险	0.11	0.12	0.20	0.13
40. 委托加工业务的风险	0.00	0.05	0.02	0.05
小计	0.48	0.53	0.50	0.46
总计	13.26	14.04	14.06	14.42

从表 2 - 12 总计的数据可以看出，总体看来，2007 年至 2010 年这四年间，披露各风险小类的发行人的家数占发行人总家数的比例是递增的。其中，2010 年披露的比例最高，远高于前三年的水平。

从各小类的披露频率看，四年期间呈逐年递增趋势的涉及除其他风险之外的 7 大类 16 小类的风险因素：（1）市场风险：拓展新业务或新市场的风险，行业竞争或市场竞争的风险；（2）业务经营风险：产品的价格、需求波动及质量方面的风险，经营业绩下降、成本上升的风险；（3）管理风险：法人治理结构的风险，组织架构复杂、跨区域运营导致的管理风险，公司规模迅速扩张导致的管理风险，经营管理、人力资源风险；（4）财务风险：应收账款的风险，本次发行后净资产收益率下降的风险，固定资产折旧大量增加导致的利润下滑风险；（5）技术风险：技术创新、技术落后或被赶超的风险，专利、专有技术等知识产权保护的风险；（6）募集资金投资项目风险：募集资金投资项目的管理和组织实施的风险，产能扩大后产品的销售风险；（7）政策性风险：税收优惠政策变化的风险。

四年期间呈基本递增趋势的仅涉及2小类的风险因素，分别是关联交易的风险和主要资产价值大幅波动的风险。

出现披露极少的小类风险因素有5种：同业竞争的风险，可能发生诉讼、仲裁或索赔的风险，对外担保的风险，主要资产价值大幅波动的风险，以及委托加工业务的风险。

从小类风险因素披露频率呈现出较明显规律的情况可以看出，许多风险小类的披露频率逐年增加，极少出现逐渐减少的情况，小类风险信息披露呈现出越来越具体、越详细的趋势。

2. 基于内部与外部风险信息所包含的小类风险因素的频率趋势分析

为进一步分析风险小类的披露趋势，根据导致风险因素产生的不同根源，我们重新划分风险大类，将所有风险小类分为两大类：外部风险信息和内部风险信息。外部风险信息是指主要由公司外部的因素变化所引起的风险，主要包括政策环境和技术方面、市场或行业环境变化及竞争方面、原材料供应及主要客户变化以及其他与外部风险信息相关的因素等。内部风险信息是指主要由公司内部因素变化所引起的风险，主要包括与公司产品或服务有关的方面、公司内部控制及治理结构方面、公司内部财务状况、公司人力资源、知识产权等方面。详细的分类及统计情况见表2-13。

表2-13　　　　　　　　风险因素信息披露详细分类情况

风险类别	披露相关风险信息的发行人占发行人总数的比例（%）			
	2007年	2008年	2009年	2010年
一、外部风险信息				
A. 政策环境和技术方面				
1. 税收优惠政策变化的风险	0.83	0.87	0.89	0.92
2. 产业或行业等法律、规章制度变化的风险	0.41	0.28	0.26	0.30
3. 环境保护方面的风险	0.33	0.36	0.34	0.24
4. 募集资金投资项目的政策性风险	0.24	0.22	0.14	0.16
5. 利率变化的风险	0.04	0.09	0.11	0.02
6. 汇率变化的风险	0.61	0.42	0.39	0.45

续表

风险类别	披露相关风险信息的发行人占发行人总数的比例（%）			
	2007 年	2008 年	2009 年	2010 年
7. 技术创新、技术落后或被赶超的风险	0.32	0.35	0.36	0.39
8. 专利及专有技术等知识产权保护的风险	0.27	0.28	0.49	0.50
B. 市场或行业环境与竞争方面				
9. 商业或行业周期性波动的风险	0.30	0.16	0.39	0.32
10. 拓展新业务或新市场的风险	0.16	0.16	0.18	0.19
11. 行业竞争或市场竞争的风险	0.79	0.82	0.84	0.85
12. 同业竞争的风险	0.06	0.00	0.01	0.00
13. 募集资金投资项目的市场前景风险	0.69	0.72	0.64	0.69
C. 原材料供应及主要客户变化				
14. 原材料供应及价格波动的风险	0.72	0.81	0.63	0.67
15. 客户依赖及客户集中及流失的风险	0.34	0.34	0.26	0.33
D. 其他与外部风险信息相关的因素				
16. 安全生产的风险	0.19	0.23	0.14	0.17
17. 交通运输的风险	0.10	0.05	0.03	0.01
18. 物业、土地、房地产权证的风险	0.11	0.12	0.20	0.13
19. 委托加工业务的风险	0.00	0.05	0.02	0.05
20. 可能发生诉讼、仲裁或索赔的风险	0.03	0.07	0.05	0.04
21. 对外担保的风险	0.04	0.08	0.04	0.04
22. 应收账款的风险	0.41	0.43	0.58	0.60
23. 关联交易的风险	0.16	0.16	0.08	0.04
24. 产能扩大后产品的销售风险	0.21	0.23	0.25	0.27
25. 本次发行后净资产收益率下降的风险	0.69	0.84	0.85	0.88
26. 经营业绩下降、经营成本上升的风险	0.20	0.27	0.31	0.33
27. 主要资产价值大幅波动的风险	0.04	0.03	0.02	0.02
28. 募集资金投资项目的管理和组织实施的风险	0.64	0.68	0.69	0.71
总计	8.93	9.12	9.19	9.32
二、内部风险信息				
A. 与公司产品或服务有关的方面				
1. 产品的价格、需求波动及质量方面的风险	0.42	0.47	0.50	0.51
2. 新产品、新技术开发的风险	0.34	0.39	0.37	0.39
3. 经营权、商标权等权属缺失或不完善的风险	0.08	0.08	0.11	0.10

风险类别	披露相关风险信息的发行人占发行人总数的比例（%）			
	2007 年	2008 年	2009 年	2010 年
B. 公司内部控制及治理结构方面				
4. 内部控制风险	0.15	0.14	0.03	0.07
5. 法人治理结构的风险	0.77	0.80	0.86	0.88
6. 组织架构复杂、跨区域运营导致的管理风险	0.12	0.15	0.24	0.26
7. 公司规模迅速扩张导致的管理风险	0.44	0.55	0.61	0.65
C. 公司内部财务状况				
8. 由资产抵押、存货、融资等产生的流动性风险	0.54	0.51	0.44	0.45
9. 现金状况、债务结构不合理导致的偿债风险	0.41	0.51	0.32	0.30
10. 固定资产折旧大量增加导致的利润下滑风险	0.14	0.34	0.43	0.45
D. 公司人力资源、募集资金投向技术方面				
11. 经营管理、人力资源风险	0.60	0.62	0.75	0.78
12. 募集资金投资项目的技术风险	0.32	0.35	0.21	0.26
总计	4.33	4.91	4.87	5.10

从表 2 - 13 可以看出如下风险信息的披露特征：（1）发行人在其招股说明书中披露的风险信息主要集中在外部风险方面，外部风险信息的出现频率远远超过内部风险信息的披露频率，前者比后者多了近 1 倍；（2）尽管内部风险信息的出现频率基本呈逐年增加的趋势，但外部风险信息的出现频率逐年增加的趋势比较明显。

这说明发行人在披露风险因素时，更倾向于披露由外部原因导致的外部风险，而尽量避免披露由于自身的某些原因导致的内部风险。对于投资者来说，内部风险因素往往更加重要，许多投资者对发行人的内部风险更加关注。可见，对于投资者来说，发行人披露的风险信息难以成为投资决策的可靠依据。

2.3.4　风险因素部分篇幅的趋势分析

不同上市市场以及样本整体的招股说明书中风险因素部分的历年披露篇幅情况如表 2 - 14 所示。

表 2 - 14　新股发行招股说明书中风险因素部分字数的逐年均值情况

样本属性	均值及其占比			
	2007 年	2008 年	2009 年	2010 年
风险因素部分的字数（均值）				
主板	6195	7098	7974	6360
中小企业板	5152	5694	5428	6061
样本整体	5364	5789	5730	6071
招股说明书全文的字数（均值）				
主板	157847	220086	246303	218117
中小企业板	151435	157072	186373	193415
样本整体	152294	161330	193484	195809
风险因素部分的字数均值与招股说明书全文的字数均值之比（%）				
主板	3.92	3.23	3.24	2.92
中小企业板	3.40	3.63	2.91	3.13
样本整体	3.52	3.59	2.96	3.10

由表 2 - 14 可知，风险因素部分的信息披露篇幅大致呈逐渐增多趋势，这与招股说明书全文的篇幅增多是相应的，换言之，发行人并非刻意细化风险因素部分的文字描述。事实情况甚至相反，风险因素部分的信息披露篇幅占招股说明书全文篇幅的比例在 2009～2010 年均低于之前两年的数值，说明风险因素部分的信息披露没有随着时间的推移得到加强。

2.4　新股发行风险因素主成分回归分析[①]

招股说明书中披露的风险因素包含很多方面，这使得对风险披露的质量检验变得复杂。我们结合内容分析法、主成分分析法以及回归分析，根据招股说明书所披露的风险因素的内容，对众多的风险因素进行分类并提取主成分，并对主成分与公司上市后主要财务指标变化率之间的相关关系进行分析，对新股发行风险因素信息披露的质量进行检验。

国外有学者研究了公司股票的历史表现以及当前表现是否能在公司披露的风险信息中得到反映（Papa, 2007; Arnold, Fishe & North, 2010;

---

① 本部分的相关内容已经发表，详见：黄方亮、顾婧瑾、齐鲁、马辉. IPO 风险信息披露的内容分析与质量检验 [J]. 山东财政学院学报, 2013 (2): 1 - 10.

Balakrishnan & Bartov, 2011)。另有学者在运用内容分析法对招股说明书中风险信息进行定量研究的基础上，又进行了主成分分析，得出风险度量值能很好地预测公司未来股票价格波动率的结论（Deumes, 2008）。我国学者运用内容分析法对新股发行信息披露这方面的研究还处于探索阶段，现有的研究主要集中在对证券信息特征及其相关变量的分析方面（黄方亮和武锐，2011；黄方亮、杜建、王骁等，2012）。

在对新股发行风险信息披露显性内容分析的基础上，我们通过主成分分析对新股发行风险因素进行质量检验，通过公司上市之后的财务表现判断信息披露的质量。根据内容分析法的基本原理，我们借鉴迪尤姆斯（Deumes, 2008）的研究方法，考察招股说明书中的风险因素部分，首先对众多的新股发行风险因素进行分类，并进行主成分分析；然后，与迪尤姆斯不同的是，我们结合我国公司的财务特征，筛选出 4 类（包括 8 种）不同的财务指标；通过对这些财务指标在公司上市前后的变化率和风险因素主成分进行多元回归分析，检验风险信息披露的质量。

2.4.1　新股发行风险因素主成分回归分析的变量与假设

如同前文，我们选取的样本是自 2007 年 1 月 1 日至 2010 年 12 月 31 日进行新股发行的 472 家主板和中小企业板公司。相关的财务指标为截至 2011 年 12 月 31 日的数据。

以招股说明书中各种风险因素的篇幅（以字数衡量）作为变量来表示 IPO 风险因素信息披露的翔实程度。

在财务指标中，我们选取了公司盈利能力、资产管理能力、偿债能力和现金流量 4 类财务指标。在这 4 类指标中，选取了 8 种不重复表达类似意义的财务指标，如表 2 - 15 所示。

表 2 - 15　　　　　　　　　财务指标的选取

指标类型	指标名称	指标计算公式
盈利能力指标	净资产收益率	净利润/期末净资产 × 100%
	主营业务利润率	主营业务利润/主营业务收入 × 100%
	每股收益	净利润/期末股本总额
资产管理能力指标	总资产周转率	主营业务收入/平均资产总额
	存货周转率	主营业务成本/平均存货余额

指标类型	指标名称	指标计算公式
偿债能力指标	资产负债率	期末负债总额/期末资产总额×100%
现金流量指标	每股经营现金流量	经营活动产生的现金流量净额/期末股本总额
	每股现金流量	现金流量/期末股本总额

在回归分析中，我们使用了以上指标的变化率，即上市满 1 年之后的指标与上市前指标之间的变化比率，即：

$$\text{财务指标变化率} = \left(\text{上市一年后的财务指标} - \text{上市前的财务指标}\right)/\text{上市前的财务指标}$$

我们假设，如果发行人新股发行时在其招股说明书中披露的风险因素数量不多、篇幅较短，那么其财务指标的变化率应该体现出向好的趋势。比较好的财务指标变化率说明企业经营状况良好、盈利能力提高，也就说明企业在 IPO 时披露的风险因素比较准确、可靠。否则，就意味着披露质量比较差。

2.4.2 新股发行风险因素的主成分分析

1. 对样本整体的主成分分析

首先判断对所选取的新股发行风险因素进行主成分分析是否可行。借助 KMO（Kaiser – Meyer – Olkin）统计量和巴特利特（Bartlett）球形检验方法进行分析，得到的 KMO > 0.5，Bartlett 检验统计量对应的显著性概率 P 为 0.000（见表 2 – 16），适合进行主成分分析。

表 2 – 16　　　　　　　　**KMO 和 Bartlett 球形检验结果**

取样足够度的 Kaiser – Meyer – Olkin 度量		0.533
Bartlett 的球形度检验	近似卡方	1615.725
	Df	780
	Sig.	0.000

经过对样本整体的 IPO 风险因素分类以及主成分分析，我们从前文 40 种小类的风险因素中提取出 17 种主成分。这些主成分仍然不是很集中。

原因可能是各个行业有着不同特点的风险因素，有的行业的风险因素甚至比较独特。考虑到进一步的回归分析，我们认为自变量即风险因素主成分仍然过多。因此，我们分行业分别进行主成分分析和回归分析。

2. 对主要行业的主成分分析

样本所涉及行业的分类依据是中国证监会在 2001 年公布的《上市公司行业分类指引》（简称《指引》）。该《指引》将上市公司分成 A 到 M 共 13 个门类，即：（1）A，农、林、牧、渔业；（2）B，采掘业；（3）C，制造业；（4）D，电力、煤气及水的生产和供应业；（5）E，建筑业；（6）F，交通运输、仓储业；（7）G，信息技术业；（8）H，批发与零售贸易；（9）I，金融、保险业；（10）J，房地产业；（11）K，社会服务业；（12）L，传播与文化产业；（13）M，综合类。在各门类下，包含有 90 个大类和 288 个中类。①

由于 C 制造业涵盖的细分行业面较广，样本数量也较多，为提高分析的可比性，可考察其从 C0 到 C9 的 10 个类别的细分行业，即：（1）C0，食品、饮料；（2）C1，纺织、服装、皮毛；（3）C2，木材、家具；（4）C3，造纸、印刷；（5）C4，石油、化学、塑胶、塑料；（6）C5，电子；（7）C6，金属、非金属；（8）C7，机械、设备、仪表；（9）C8，医药、生物制品；（10）C9，其他制造业。

全部 472 家样本公司的行业分类、各行业中样本公司的数量以及对各行业样本公司的 KMO 检验和 Bartlett 球形检验结果如表 2 – 17 所示。

表 2 – 17　各行业样本公司数量及 KMO 检验和 Bartlett 球形检验结果

行业代码	行业类型	样本公司的数量	KMO 检验 取样足够度的 KMO 度量	Bartlett 的球形度检验 近似卡方	Sig.
A	农、林、牧、渔业	8	—	—	—
B	采掘业	14	—	—	—

---

① 在这 13 个门类中，由于 I（金融、保险业）和 J（房地产业）类行业具有特殊性，与其他行业的可比性较差，所以，在筛选样本时已经剔除。

行业代码	行业类型		样本公司的数量		KMO 检验 取样足够度的 KMO 度量	Bartlett 的球形度检验 近似卡方	Sig.
C	制造业	C0	食品、饮料	18	—	—	—
		C1	纺织、服装、皮毛	16	—	—	—
		C2	木材、家具	4	—	—	—
		C3	造纸、印刷	14	—	—	—
		C4	石油、化学、塑胶、塑料	60	0.432	487.199	0.000
		C5	电子	44	0.436	359.625	0.001
		C6	金属、非金属	45	0.348	425.172	0.000
		C7	机械、设备、仪表	108	0.500	582.988	0.000
		C8	医药、生物制品	22	—	—	—
		C9	其他制造业	8	—	—	—
D	电力、煤气及水的生产和供应业		5		—	—	—
E	建筑业		15		—	—	—
F	交通运输、仓储业		10		—	—	—
G	信息技术业		44		0.207	454.097	0.004
H	批发和零售贸易		16		—	—	—
K	社会服务业		14		—	—	—
L	传播与文化产业		5		—	—	—
M	综合类		2		—	—	—

注：表格中的"—"表示该行业样本数量过少，不能通过 KMO 检验和 Bartlett 的球形度检验。

从表 2-17 可知，多数样本未通过 KMO 检验和 Bartlett 的球形度检验，其原因可能是某些行业的样本数量过少，其数据矩阵不是正定矩阵。在各行业中，C7（机械、设备、仪表）行业的样本数量最多，为 108 家，相关的 KMO 值达到 0.5，Bartlett 检验统计量对应的显著性概率 P 值为 0.000。我们对此行业进行主成分分析。

通过阅读 C7 行业（即机械、设备、仪表业）样本公司招股说明书中的风险因素部分，我们筛选出在此行业出现频率较多的 27 种主要风险因素。各种主要风险因素及其代码情况如表 2-18 所示。

表 2-18　　　　　　　　　　观测变量及其代码

观测变量	代码
宏观经济、商业、行业周期性波动的风险	X_1
拓展新业务、新市场的风险	X_2
行业竞争或市场竞争的风险	X_3
原材料价格、供应及依赖的风险	X_4
产品集中风险，市场集中风险	X_5
产品的价格、需求及质量情况的风险	X_6
客户依赖及客户集中及流失的风险	X_7
实际控制人控制的风险	X_8
应收账款的风险	X_9
由于资产抵押、存货、融资等产生的流动性风险	X_{10}
现金状况不佳或债务结构不合理导致的偿债风险	X_{11}
募集资金项目的市场前景风险	X_{12}
募集资金项目的管理和组织实施的风险	X_{13}
固定资产折旧大量增加而导致的利润下滑风险	X_{14}
产能扩大后产品的销售风险	X_{15}
本次发行后净资产收益率下降的风险	X_{16}
公司规模迅速扩张导致的管理风险	X_{17}
经营管理、人力资源风险	X_{18}
新产品、新技术开发的风险	X_{19}
技术创新、技术落后或被赶超的风险	X_{20}
专利及专有技术等知识产权保护的风险	X_{21}
税收优惠政策的风险	X_{22}
产业或行业等法律、规章制度及政策变化的风险	X_{23}
环境保护方面的风险	X_{24}
汇率变化及外汇政策变化的风险	X_{25}
股票价格变动风险	X_{26}
毛利率波动的风险	X_{27}

因子分析的初始结果显示，27 个观察变量中大部分的信息（大于 70%）可被因子解释，这些变量的信息丢失较少。

表 2-19 给出了因子解释原有变量总方差的情况。特征值大于 1 的前 12 个因子一共解释了原有 27 个变量总方差的 70.918%。原有变量的信息大部分被保留。

表 2 - 19   因子解释原有变量总方差的情况表（Total Variance Explained）

成分	初始单位根			提取因子的载荷平方和			旋转后的载荷平方和		
	总方差	方差百分比	累积百分比	合计	方差百分比	累积百分比	合计	方差百分比	累积百分比
1	2.949	10.923	10.923	2.949	10.923	10.923	2.546	9.430	9.430
2	2.099	7.774	18.698	2.099	7.774	18.698	1.828	6.771	16.201
3	1.954	7.238	25.936	1.954	7.238	25.936	1.810	6.704	22.905
4	1.816	6.727	32.663	1.816	6.727	32.663	1.781	6.596	29.502
5	1.745	6.462	39.125	1.745	6.462	39.125	1.727	6.397	35.899
6	1.527	5.654	44.779	1.527	5.654	44.779	1.455	5.390	41.289
7	1.345	4.981	49.759	1.345	4.981	49.759	1.430	5.296	46.585
8	1.252	4.636	54.395	1.252	4.636	54.395	1.405	5.204	51.789
9	1.206	4.468	58.863	1.206	4.468	58.863	1.342	4.972	56.761
10	1.105	4.094	62.957	1.105	4.094	62.957	1.332	4.933	61.694
11	1.102	4.081	67.038	1.102	4.081	67.038	1.305	4.832	66.526
12	1.048	3.880	70.918	1.048	3.880	70.918	1.186	4.392	70.918
13	0.899	3.331	74.249						
14	0.860	3.185	77.434						
15	0.813	3.011	80.446						
16	0.640	2.370	82.816						
17	0.629	2.329	85.145						
18	0.586	2.172	87.317						
19	0.542	2.009	89.326						
20	0.522	1.935	91.260						
21	0.487	1.805	93.065						
22	0.440	1.630	94.695						
23	0.376	1.392	96.088						
24	0.336	1.245	97.333						
25	0.279	1.034	98.367						
26	0.248	0.919	99.286						
27	0.193	0.714	100.000						

表 2 - 20 为旋转后的因子载荷矩阵，反映的是 27 个变量和主成分因子之间的关系。

表 2 - 20　　　　　　　　　　　　旋转后的因子载荷矩阵

	成分											
	1	2	3	4	5	6	7	8	9	10	11	12
X_1	0.101	0.489	0.024	-0.002	-0.276	0.378	-0.042	-0.207	-0.180	0.144	-0.291	0.247
X_2	0.826	-0.084	0.054	-0.044	0.043	0.081	0.174	0.141	0.107	0.028	-0.097	0.066
X_3	0.083	-0.059	0.758	0.066	0.098	-0.137	-0.031	-0.047	0.090	-0.004	-0.090	0.103
X_4	0.019	0.074	0.470	-0.040	-0.090	-0.107	-0.246	-0.047	0.001	0.418	0.104	-0.014
X_5	0.059	-0.054	-0.040	-0.043	-0.010	0.006	-0.026	0.056	-0.082	0.009	0.860	0.102
X_6	0.802	-0.004	0.183	-0.164	0.047	-0.045	0.051	0.051	0.199	0.015	0.133	-0.020
X_7	0.004	0.709	-0.219	0.055	0.206	-0.144	-0.059	-0.025	-0.223	0.027	-0.231	0.044
X_8	0.256	-0.035	-0.084	-0.095	-0.353	0.136	0.031	0.516	0.056	-0.307	-0.259	-0.019
X_9	-0.026	0.056	-0.036	0.090	-0.032	0.858	-0.045	0.115	0.072	-0.075	0.001	-0.040
X_{10}	-0.126	0.025	0.231	0.047	0.704	-0.134	-0.051	0.078	-0.139	-0.216	-0.159	0.037
X_{11}	-0.143	0.268	0.601	-0.164	-0.160	-0.015	-0.082	0.055	-0.396	-0.132	0.079	-0.252
X_{12}	0.005	0.601	0.126	0.025	0.135	0.113	0.028	0.004	0.412	0.196	0.239	-0.191
X_{13}	-0.059	-0.238	0.068	-0.634	0.170	0.085	-0.177	0.231	0.027	0.255	-0.205	0.195
X_{14}	0.610	0.015	-0.021	0.402	0.072	-0.065	-0.280	0.028	0.015	-0.014	-0.042	0.103
X_{15}	0.022	0.002	0.029	0.820	0.085	0.065	0.032	0.085	-0.069	-0.015	-0.095	0.048
X_{16}	0.158	0.137	-0.085	-0.076	0.108	0.006	-0.006	0.726	0.015	-0.033	0.198	-0.035
X_{17}	0.120	0.031	0.014	-0.108	-0.074	-0.010	-0.093	0.003	0.826	-0.152	-0.097	-0.008
X_{18}	-0.067	-0.008	-0.206	-0.385	0.353	0.517	-0.025	0.043	-0.320	-0.124	0.063	-0.049
X_{19}	0.156	0.042	-0.062	-0.029	0.829	0.117	0.049	-0.040	0.061	0.012	0.092	-0.102
X_{20}	-0.014	0.089	0.042	-0.009	-0.073	-0.040	0.012	-0.008	-0.007	-0.072	0.104	0.913
X_{21}	0.316	-0.150	0.643	0.059	0.147	0.190	0.253	-0.037	0.059	0.090	-0.025	0.042
X_{22}	0.009	0.014	0.092	0.459	-0.037	0.164	0.051	0.633	-0.094	0.312	-0.113	0.056
X_{23}	0.148	-0.112	0.032	0.227	0.014	0.176	0.718	-0.005	-0.056	0.127	0.205	0.211
X_{24}	-0.061	-0.018	0.010	-0.065	-0.103	-0.060	0.018	0.016	-0.092	0.807	-0.017	-0.060
X_{25}	-0.131	0.710	0.052	0.068	-0.080	0.081	-0.018	0.212	0.106	-0.135	0.036	0.106
X_{26}	-0.071	0.044	-0.041	-0.060	-0.011	-0.253	0.781	0.035	-0.048	-0.151	-0.199	-0.152
X_{27}	0.710	-0.017	0.010	0.119	-0.080	-0.032	-0.029	0.044	-0.094	-0.097	0.063	-0.087

由表 2 - 20 可得到如下因子得分函数：

$$\begin{cases} F_1 = 0.101X_1 + 0.826X_2 + \cdots + 0.710X_{27} \\ F_2 = 0.489X_1 - 0.084X_2 + \cdots - 0.017X_{27} \\ \cdots \\ F_{12} = 0.247X_1 + 0.066X_2 + \cdots - 0.087X_{27} \end{cases}$$

其中，F_1，F_2，…，F_{12} 等分别代表 12 个主成分。

由表 2-20 的分析结果可知，原变量 X_2、X_6、X_{14}、X_{27} 在第一个因子（F_1）上有较高的载荷。即第一个因子（F_1）主要解释了这四个变量，X_2：拓展新业务、新市场的风险；X_6：产品的价格、需求及质量情况的风险；X_{14}：固定资产折旧大量增加而导致的利润下滑风险；以及 X_{27}：毛利率波动的风险。每一种主成分因子所代表的主要风险因素如表 2-21 所示。

表 2-21　　　　　　　　　　每个主成分所代表的主要风险因素

主成分	所代表的主要风险因素
F_1	X_2 拓展新业务、新市场的风险 X_6 产品的价格、需求及质量情况的风险 X_{14} 固定资产折旧大量增加而导致的利润下滑风险 X_{27} 毛利率波动的风险
F_2	X_1 宏观经济、商业、行业周期性波动的风险 X_7 客户依赖及客户集中及流失的风险 X_{17} 募集资金项目的市场前景风险 X_{25} 汇率变化及外汇政策变化的风险
F_3	X_3 行业竞争或市场竞争的风险 X_4 原材料价格、供应及依赖的风险 X_{11} 现金状况不佳或债务结构不合理导致的偿债风险 X_{21} 专利及专有技术等知识产权保护的风险
F_4	X_{15} 产能扩大后产品的销售风险
F_5	X_{10} 由于资产抵押、存货、融资等产生的流动性风险 X_{19} 新产品、新技术开发的风险
F_6	X_9 应收账款的风险 X_{18} 经营管理、人力资源风险
F_7	X_{23} 产业或行业等法律、规章制度及政策变化的风险 X_{26} 股票价格变动风险
F_8	X_8 实际控制人控制的风险 X_{16} 本次发行后净资产收益率下降的风险 X_{22} 税收优惠政策的风险

主成分	所代表的主要风险因素
F_9	X_{17}公司规模迅速扩张导致的管理风险
F_{10}	X_{13}募集资金项目的管理和组织实施的风险 X_{24}环境保护方面的风险
F_{11}	X_5产品的价格、需求及质量情况的风险
F_{12}	X_{20}技术创新、技术落后或被赶超的风险

2.4.3　风险因素主成分与有关财务指标变化率的回归分析

进行回归分析的财务指标变化率是上市一年后的财务指标与上市前一年的财务指标之间的变化率，其描述性统计情况如表2-22所示。

表2-22　　　　　　　　财务指标变化率数据的描述性统计

财务指标及其代码	最大值	最小值	平均值
Y_1 净资产收益率的变化率	8.1900	-1.4689	-0.5288
Y_2 主营业务利润率的变化率	1.5000	-2.1800	-0.1382
Y_3 每股收益变化率	10.0000	-1.7655	-0.1596
Y_4 总资产周转率的变化率	3.3971	-0.8278	-0.2727
Y_5 存货周转率的变化率	3.4643	-0.7099	-0.0211
Y_6 资产负债率的变化率	0.8310	-0.8252	-0.4112
Y_7 每股经营性现金流量变化率	11.6260	-18.2308	-1.1017
Y_8 每股现金流量变化率	97.0000	-236.3774	-4.3029

表2-22给出的样本公司上市后与上市前的财务指标变化率的平均值均为负数。这表明，企业在上市后，除资产负债率的变化率体现出企业的偿债能力有所好转外，其他的财务指标变化率体现出的企业盈利能力、资产管理能力和现金流量均出现了下滑的趋势。每股收益变化率、每股经营性现金流量变化率和每股现金流量变化率为负数的原因之一是企业公开发行股票后股本规模扩大。资产负债率的改善是企业新股发行融资后净资产剧增的结果。其他财务指标的普遍下滑趋势则反映出我国新股发行中存在着上市前"过度包装"、上市后业绩下滑、企业实际质地不良的问题。

各财务指标的变化率（Y_1，Y_2，Y_3，Y_4，Y_5，Y_6，Y_7，Y_8）与12个风险因素主成分（F_1，F_2，F_3，F_4，F_5，F_6，F_7，F_8，F_9，F_{10}，F_{11}，F_{12}）

的回归检验结果如表 2 - 23 和表 2 - 24 所示。

表 2 - 23   **模型汇总数据（Model Summary）**

模型	R	R Square	Adjusted R Square	Std. Error of the Estimate
1（Y_1）	0.228[a]	0.052	-0.068	0.9086523
2（Y_2）	0.366[a]	0.134	0.025	0.4679855
3（Y_3）	0.233[a]	0.054	-0.065	1.1097321
4（Y_4）	0.300[a]	0.090	-0.025	0.5834652
5（Y_5）	0.220[a]	0.048	-0.072	0.6056373
6（Y_6）	0.333[a]	0.111	-0.001	0.2404544
7（Y_7）	0.238[a]	0.056	-0.063	2.8826314
8（Y_8）	0.271[a]	0.074	-0.043	28.7262651

a. 预测变量：（常量），F_1，F_2，F_3，F_4，F_5，F_6，F_7，F_8，F_9，F_{10}，F_{11}，F_{12}。

表 2 - 24   **方差数据（Anova[b]）**

模型		Sum of Squares	df	Mean Square	F	Sig.
1（Y_1）	回归	4.308	12	0.359	0.435	0.946[a]
	残差	78.437	95	0.826		
	总计	82.744	107			
2（Y_2）	回归	3.228	12	0.269	1.228	0.275[a]
	残差	20.806	95	0.219		
	总计	24.034	107			
3（Y_3）	回归	6.716	12	0.560	0.454	0.936[a]
	残差	116.993	95	1.232		
	总计	123.709	107			
4（Y_4）	回归	3.193	12	0.266	0.781	0.668[a]
	残差	32.341	95	0.340		
	总计	35.534	107			
5（Y_5）	回归	1.774	12	0.148	0.403	0.959[a]
	残差	34.846	95	0.367		
	总计	36.620	107			
6（Y_6）	回归	0.685	12	0.057	0.987	0.467[a]
	残差	5.493	95	0.058		
	总计	6.178	107			

模型		Sum of Squares	df	Mean Square	F	Sig.
7(Y$_7$)	回归	47. 212	12	3. 934	0. 473	0. 926ᵃ
	残差	789. 409	95	8. 310		
	总计	836. 621	107			
8(Y$_8$)	回归	6229. 402	12	519. 117	0. 629	0. 813ᵃ
	残差	78393. 839	95	825. 198		
	总计	84623. 241	107			

a. 预测变量：（常量），F_1，F_2，F_3，F_4，F_5，F_6，F_7，F_8，F_9，F_{10}，F_{11}，F_{12}。
b. 因变量：Y_1，Y_2，Y_3，Y_4，Y_5，Y_6，Y_7，Y_8。

从表 2 - 23 和表 2 - 24 可以看出，各个模型中调整的判定相关系数较小，各模型拟合度不高；F 检验统计量的观测值对应的概率 P 值较大。因此，不能拒绝回归方程显著性检验的零假设。各财务指标和各风险因素主成分之间的线性关系不显著。这说明招股说明书中风险因素部分的内容没有很好地反映出财务指标的变化趋势，风险因素部分的信息对投资者的投资决策起到的作用十分有限。这与实际发生的许多企业欺诈上市案例相吻合。有些 IPO 公司在上市之后业绩"大变脸"，披露的相关信息存在误导、欺骗投资者的情形。

2.5　本章小结

本章采用内容分析法，对我国新股发行风险信息的显性内容进行了考察。通过对招股说明书风险因素信息披露内容的规范性分析，我们发现，新股发行风险因素的信息披露比较符合证监会的有关要求，只不过对各种风险因素具体命名有所不同，并且不同的发行人，披露的侧重点有所不同。其中存在的问题主要是不同发行人的风险因素信息披露口径有些混乱，风险因素归类的标准不够统一。

通过运用非参数分析方法，考察样本招股说明书披露的风险因素内容的差异情况，我们发现，招股说明书中风险因素部分的篇幅占全文的比例较小，平均约为3%；风险因素部分披露的篇幅差异较大，篇幅最长的字数是最短的30余倍。从不同的交易市场看，主板比中小企业板发行人的风险信息披露篇幅略长；主板发行人在招股说明书中披露的风险类别数量明显高于中小企业板发行人所披露的。不同市场、不同类型发行人的风险信息披露体现出一定的独特性，没有明显的"比着葫芦画瓢"的形式化的信息披露情形。

从风险信息披露逐年变化的趋势看，呈逐年递增趋势的主要包括拓展新业务或新市场的风险、行业竞争或市场竞争的风险、产品的价格和需求波动及质量方面的风险以及经营业绩下降和成本上升的风险等。而同业竞争风险、可能发生的诉讼、仲裁或索赔风险以及对外担保的风险等出现的频率一直较少，说明存在这些方面风险的企业很少。

发行人更倾向于披露由外部原因导致的外部风险，而尽量避免披露由自身因素导致的内部风险，前者的披露频率是后者的近 2 倍，并且前者的披露比后者的披露呈现出更明显的逐年增多的趋势。发行人对其内部风险因素的披露相对不足，这需要引起监管层、投资者等市场各方的关注。

我们通过对招股说明书中的各类风险因素进行主成分分析，提取出相关的主成分，将这些主成分与体现发行人盈利能力、资产管理能力、偿债能力和现金流量的 4 类 8 种财务指标进行回归分析，检验新股发行风险信息披露的质量。我们从样本整体中 40 种小类的风险因素中提取出 17 种主成分。由于这些主成分的数量较多，所以，我们分别考察了不同行业的风险因素情况。经过对各个行业的样本进行 KMO 统计量和巴特利特（Bartlett）球形检验，我们筛选出 C7（机械、设备、仪表）行业，对 C7 行业的 27 种主要风险因素进行主成分分析，从中提取出 12 个主成分。对这些主成分与体现公司盈利能力、资产管理能力、偿债能力和现金流量等 8 种财务指标进行回归分析。结果显示，各财务指标和各风险因素主成分之间的线性关系不显著，说明许多发行人未能够在其招股说明书中的风险因素部分对有关财务指标未来的不良波动进行很好的提示性披露。

第 3 章

新股发行风险信息披露的
隐性内容分析①

我国对新股发行的监管实行的是审批、核准的制度，监管机构不但对发行人的申请文件进行形式上的审查，而且要对其提交的申请文件的内容进行是否属实等的实质判断。通过前文对招股说明书显性内容的分析可知，我国新股发行招股说明书中风险信息披露在形式上比较规范，但是，在实践中暴露出不少问题。我们采用语调分析（Tone analysis）的方法，对招股说明书的相关内容进行进一步的检验，对其隐性内容进行意向分析，检验其中涉及发行人优势的内容中是否存在渲染性或比较夸张的陈述的倾向，而涉及发行人劣势的内容中，是否存在轻描淡写或陈述不足的情况，判断前文样本公司招股说明书风险信息披露的"言外之意"。

3.1 意向分析类目体系的构建与词汇表的确定

3.1.1 语调的确定方法

文本文件中的语言风格往往能够传递某些隐性信息（Krippendorf，2004）。新股发行招股说明书中某些关键词汇的选择也是能够传达一定的内在含义的（Ang & Price，2008）。应用语调分析方法对研究对象的内容进行意向分析时，需要构建一个能够体现某些内在含义的关键词的词

---

① 本部分的相关内容已经发表，详见：黄方亮、齐鲁、赵国庆. 新股发行风险信息披露的意向分析［J］. 山东大学学报（哲学社会科学版），2015（2）：40–50。

汇表。

　　由于研究目的、研究领域等不同的原因，不同的研究对词汇表的确定存在一定的差异。有些研究将上市公司信息披露中的语调分为两大类：乐观语调（Optimistic Tone）与悲观语调（Pessimistic Tone），并发现语调的变化与上市公司业绩的变化、股票价格的波动有关联（Li，2008b；Henry 2008；Tetlock，Saar-Tschansky & Macskassy，2008）。还有学者从语言中找出直接的和细微、间接的关于上市公司盈利状况的信息，他们按照乐观和悲观两大类的词汇分类方法，考察了美国上市公司在发表季度业绩信息时所使用的语言情况（Davis，Piger & Sedor，2011）。

　　有些研究将词汇区分为肯定和否定两大类或肯定、中性和否定三大类（Sadique，In & Veeraraghavan，2008；Schleicher & Walker，2010；Hanley，2010；Uhl，2011；Aerts & Cheng，2011）。有学者发现《哈佛社会心理学词典》（Harvard Psychosociological Dictionary）中列出的否定性词汇在金融领域不一定传达否定的含义，所以，他们着重考察了以往文献中关于否定性词汇的界定，并构建了自己的词汇表（Loughran & McDonald，2011）。

　　安和普莱斯（Ang & Price，2008）考察了招股说明书中的管理层讨论与分析（Management Discussion & Analysis），他们构建了4组8类词汇：肯定和否定、强烈和委婉、积极和消极、高估与低估。通过这些情感关键词，他们分析了招股说明书的措辞中体现出的营销意向。

　　阿诺德、费希尔和诺斯（Arnold，Fishe & North，2010）采纳了区分硬性（Hard，即表达明确的）和软性（Soft，即表达模糊的、不确定的）语言的做法，分析了招股说明书有关风险因素的描述，发现软性语言信息与风险因素的披露以及IPO抑价率和后市价格表现均呈显著的相关关系。

　　我国学者进行的意向研究一般是在新闻学、情报学、图书馆学乃至心理学等应用内容分析法较多的领域（肖磊，2010；闫隽、石静远，2010；赵永华和赖华榕，2010；刘霞，2012），尚未有在对新股发行信息披露方面的语调研究。

　　我们借鉴国内外语调研究进行关键词分类并构建词汇表的做法，根据汉语语言的特点，并结合我国招股说明书中风险因素语言的状况，提出适合分析新股发行风险信息披露的词汇分类标准和词汇表。

3.1.2　风险因素信息披露意向分析类目体系的构建

　　我们使用国内开发的"内容挖掘系统——ROST Content Mining System

Version 6.0"（以下简称 ROST 软件）对前文样本公司招股说明书中的词汇进行归类和统计。① 在我们的研究中，我们主要使用的是内容挖掘系统中功能性分析板块的"分词"和"词频分析"项目。

借鉴安和普莱斯（Ang & Price，2008）等对关键词进行分类的标准，结合前文样本招股说明书中风险因素部分出现的情感性词汇的特点，以及汉语语言的特征，我们将招股说明书中能够反映出撰写意图、并对风险因素具有代表意义的情感性词汇分为两大类：（1）积极性或正面性的；（2）消极性或负面性的。将这两大类分为三组：（1）肯定，否定；（2）乐观，悲观；（3）高估，低估。每组中有意义相对的两小类，共六小类。由此形成意向分析的类目体系（见图 3-1）。通过这三组分类能够较为清晰地揭示出风险信息披露中所隐含的情感性含义。

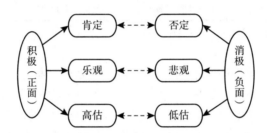

图 3-1　新股发行风险信息披露意向分析类目体系

为了准确地将关键词进行分类，我们查阅了我国权威的辞典《辞海》，并结合国际上使用广泛的英文网上辞典"梅里亚姆—韦伯斯特在线"（Merriam - Webster Online）中的相关英文解释，界定了各类目的精确含义。② （《辞海》对各类目词汇解释的主要内容见表 3-1，"梅里亚姆—韦伯斯特在线"对各类目词汇解释的主要内容见附录 3）。

---

① 内容挖掘系统（ROST Content Mining System Version 6.0）是武汉大学沈阳教授研发编码的以辅助人文社会科学研究的大型免费社会计算平台。该软件可以实现网站分析、浏览分析、分词、词频统计、流量分析、聚类分析等一系列文本分析，该软件的下载量超过7000次，使用者遍布国内外 100 多个高校。

② 在阅读招股说明书中的风险因素部分时，我们发现有的词汇在中文辞典中没有专门的解释，并且对有些词汇的类目划分存在一定的困难，所以，除了参考权威的中文辞典，我们还参阅了权威的英文辞典。分别参见：夏征农等. 辞海 [M]. 上海：上海辞书出版社，2002；以及英文网上辞典"梅里亚姆—韦伯斯特在线"（Merriam - Webster Online），详见：http://www.merriam-webster.com/。

表 3 − 1 　　　　　　　　《辞海》对各类目词汇解释的主要内容

类目	含义
肯定	1. 判断某一问题时，对事物持确认的或赞成的态度。 2. 与"否定"相对。指事务保持其存在的方面。
否定	1. 不肯定，不以为然。 2. 与"肯定"相对。在辩证法中，指事务内部包含的促进事务发展和转化的方面。 3. 在逻辑上，或指不具有某种属性、某种关系。
乐观	仅有对"乐观主义"的解释：对事业、对前途充满希望与信心的态度。
悲观	仅有对"悲观主义"的解释：对社会、人生、事业、前途悲观失望的消极态度。
高估	无对"高估"的解释，由对"高"与"估"分别的解释得出的"高估"的含义是：对事物的价值、数目等大概的推断超过了一般标准和尺度。
低估	无对"低估"的解释，由对"低"与"估"分别的解释得出的"低估"的含义是：对事物的价值、数目等大概的推断低于了一般标准和尺度。

资料来源：根据《辞海》中的有关解释整理。

　　为了更准确地进行招股说明书中词汇的划分，根据《辞海》中的解释，同时参考"梅里亚姆—韦伯斯特在线"中的解释，结合部分样本公司招股说明书中所披露的风险信息的实际内容以及不同词汇在不同语境中的实际含义，我们归纳出类目词汇在新股发行风险信息披露中体现出的含义，见表 3 − 2。

表 3 − 2 　　　　　类目词汇在新股发行风险信息披露中体现出的含义

类目	含义	举例
肯定	反映出发行人对所披露事实的确认、赞成的判断或态度，表现出发行人发展趋势的可靠性、稳定性。	"必然"属于该类词汇。 紫金矿业（股票代码为 601899）招股说明书 1 − 1 − 27 页： "公司发展的战略目标是要建成国际一流的矿业集团。开发国际国内两种资源，走国际化道路，发展跨国经营是实现紫金矿业战略目标的<u>必然</u>选择"。 这段话的表述反映出发行人一定会积极向国外发展业务的设想。
否定	反映出发行人对所披露事实的不确认、不赞成的判断或态度，表现出发行人发展中的不确定性或面临的困难。	"无法"属于该类词汇。 上海美特斯邦威服饰（股票代码为 002269）招股说明书 1 − 1 − 32 页： "但是，由于公司的净利润很可能<u>无法</u>同比增长，从而在募集资金到位后的一段时间内，公司的净资产收益率<u>无法</u>恢复到上市前的水平"。 这段文字就透露出发行人对净利润增长不确定性的预期。

续表

类目	含义	举例
乐观	反映出发行人对所披露事实的良好的、充满希望的判断或态度，表现出发行人良好的发展趋势。	"显著"属于该类词汇。 西藏奇正藏药（股票代码为 002287）招股说明书 1-1-25 页： "奇正消痛贴膏配方独特、技术新颖，该产品在全国数千家医院得到广泛应用，通过数万名不同病例的临床应用研究表明，奇正消痛贴膏对急、慢性扭挫伤、风湿及类湿风、肩周炎、骨质增生等疾病疗效显著，有多篇学术研究文献发表在各级专业学术刊物上"。 这段话通过事实说明了发行人产品的效果，反映出发行人对产品的信心。
悲观	反映出发行人对所披露事实怀疑、担忧的判断或态度，表现出发行人在发展过程中可能受到不利影响。	"利率上升"属于该类词汇。 中国一重（股票代码为 601106）招股说明书 1-1-32 页： "未来利率上升对本公司经营业绩的风险。2006 年以来，公司的短期、长期贷款利率普遍执行基准利率下浮 10%。为积极应对国际金融危机，中国人民银行自 2008 年以来连续 5 次降息，目前贷款基准利率为 1991 年以来的最低。未来随着通胀压力的上升，如果中国人民银行上调贷款基准利率，则会导致本公司财务费用的上升，进而对本公司的经营业绩造成较大影响" 这段文字体现出发行人对间接融资成本上升的担忧。
高估	反映出发行人对所披露事实的高度评价或估计的判断或态度，表现出对发行人发展趋势、发展优势的高度（甚至过高）自信。	"不可替代"和"不可或缺"属于该类词汇。 浙江水晶光电科技（股票代码为 002273）招股说明书 1-1-25 页： "其次，公司主导产品具有不可替代性。只要有数码影像产品，就会引致对 CCD 或 CMOS 的需求，间接的产生对光学低通滤波器的需求；只要有红外光抑制的要求，红外截止滤光片就是不可或缺的"。 这段话反映出发行人其产品市场地位的高度自信。
低估	反映出发行人对所披露事实的保守、谨慎判断或态度，表现出发行人发展过程中预期面临的约束、障碍。	"失败"属于该类词汇。 泰亚鞋业（股票代码为 002517）招股说明书 1-1-23 页： "虽然近几年国内运动鞋品牌快速增长，市场份额不断提高，但如果未来泉州地区国内品牌运动鞋企业业绩下滑、经营失败，都将对公司的经营产生不利影响。" 这段文字反映出发行人对未来市场估计的谨慎态度。

注：有些词汇的归类是根据其在招股说明书风险信息披露中的实际含义确定的。

3.1.3　代表性招股说明书的抽取

由于样本公司数量较多，所以，为方便考察样本公司招股说明书中风险因素部分的词汇构成，我们根据样本公司招股说明书的整体情况，进行了多次抽样，抽取有代表性的招股说明书。通过阅读风险因素部分，分析、比较其中的关键词构成，最后确定了18家代表性公司的招股说明书，并以此为基础，确定词汇表。

由于不同性质、特征的企业面临的风险因素会不同，所以，为使抽取的样本尽可能地具有代表性，抽样过程中考虑了不同板块、行业、上市时间、公司规模、知名度以及后市价格表现等因素，具体的原则如下：

（1）样本公司中分别有我国主板市场和中小企业板市场的企业，由于主板市场建设较早、发展较成熟、影响力较大，所以，我们将主板市场代表性招股说明书抽样数量确定为10家；中小板市场抽样数量确定为8家。

（2）在样本期间内，均匀地从不同上市年份中进行抽取，平均每年抽取约4家公司的招股说明书。

（3）从不同的行业中进行抽样。选出的18家样本公司中，属于第一产业的公司有1家，从属于第二产业的公司有12家，从属于第三产业的公司有5家；这些公司分别分布于比较有代表性的各个行业。

（4）从不同资产规模和股本规模以及不同知名度的公司中进行抽样。抽取的样本中既有大盘蓝筹股公司，也有中、小规模的公司；既有十分知名的公司，也有不是十分知名的公司。

（5）从不同后市价格表现的公司中进行抽样，既包括后市表现较好的企业，后市表现一般的企业，也包括后市表现较差的企业。后市表现的计算根据各发行人在上市后一周年的股票价格，与发行价格相比的波动幅度，扣除大盘走势的影响，得出股票的周年收益率，即：

新股发行的周年收益率（或IPO周年收益率）=［（上市满1年的股票价格－发行价格）/发行价格］－［（上市满1年的大盘指数－发行时的大盘指数）/发行时的大盘指数］

代表性招股说明书的抽样结果如表3－3所示（这18家代表性公司招股说明书中风险因素部分披露的主要风险条目见附录4）。

表 3 - 3　　　　　　　代表性招股说明书的抽取情况

上市场所	股票代码	发行人名称	上市时间	所属行业	IPO 周年收益率
主板市场	601000	唐山港集团股份有限公司	2010	港口行业	- 0.22198
	601007	金陵饭店股份有限公司	2007	旅游饭店业	1.30864
	601139	深圳市燃气集团股份有限公司	2009	城市燃气行业	1.03222
	601618	中国冶金科工股份有限公司	2009	冶金行业	- 0.21192
	601668	中国建筑股份有限公司	2009	建筑业	- 0.02947
	601777	力帆实业（集团）股份有限公司	2010	制造业	- 0.15522
	601888	中国国旅股份有限公司	2009	旅行社行业	1.15253
	601899	紫金矿业集团股份有限公司	2008	采掘业	0.57108
	601918	国投新集能源股份有限公司	2007	煤炭业	0.58304
	601933	永辉超市股份有限公司	2010	零售业	0.42083
中小企业板市场	002107	山东沃华医药科技股份有限公司	2007	中药行业	- 0.06040
	002193	山东济宁如意毛纺织股份有限公司	2007	纺织业	- 0.17698
	002216	郑州三全食品股份有限公司	2008	食品业	0.82707
	002242	九阳股份有限公司	2008	小家电行业	1.12154
	002304	江苏洋河酒厂股份有限公司	2009	白酒行业	1.94733
	002310	北京东方园林股份有限公司	2009	园林绿化行业	0.82219
	002369	深圳市卓翼科技股份有限公司	2010	电子行业	0.67294
	002458	山东益生种畜禽股份有限公司	2010	农林牧渔业	- 0.05475

　　表 3 - 4 给出了代表性招股说明书中各类目词汇的词频情况。其中，两个上市板块的词频数量峰度数据都小于 3，说明词频数据的分布比正态分布平坦；偏度大于 0，说明在平均值以上的类目词汇频率数据比较多。

表 3 - 4　　　代表性招股说明书中风险信息披露部分词频总量的描述性统计

上市板块	公司数	均值	最小值	最大值	标准差	峰度	偏度
主板	10	163.9167	60	315	79.12734	- 1.831	0.429
中小板	8	107.1111	44	192	51.83976	- 1.143	0.539

资料来源：根据 SPSS 统计数据整理。

3.1.4 风险因素信息披露意向分析词汇表的确定

在抽取了代表性招股说明书之后，为提高确定词汇表的客观性，我们课题组中有两位成员首先仔细阅读了招股说明书中的风险因素部分，提取其中能够表达"肯定"、"否定"，"乐观"、"悲观"，"高估"、"低估"六类含义的词汇，然后两人互相对比自己得到的词汇，并进行调整和修订。之后，再就得出的某些词汇查阅《辞海》和《现代汉语词典》，并结合各词汇在招股说明书中风险因素部分具体语境中的实际含义，剔除了许多在不同语境中表达含义模糊或在不同语境中有差异的词汇。① 表 3－5 给出了词汇筛选的情况。

表 3－5　　　　　　　　各类目词汇筛选情况

	肯定词数	否定词数	乐观词数	悲观词数	高估词数	低估词数
剔除前	58	78	338	241	38	35
剔除后	18	54	87	101	36	13

通过对各类目词汇的筛选，我们得到的最终词汇表如表 3－6、表 3－7 和表 3－8 所示。

表 3－6　　　　　　　　"肯定"与"否定"词汇表

序号	词汇	序号	词汇	序号	词汇
"肯定"词汇表					
1	必将	7	坚决	13	稳定
2	必然	8	历来	14	无疑
3	被认定	9	明确	15	允许
4	必须	10	认可	16	拥有
5	符合	11	势必	17	支持
6	将会	12	停滞	18	重视

① 分别参见：夏征农等. 辞海 [M]. 上海：上海辞书出版社，2002；江蓝生. 现代汉语词典（第6版）[M]. 上海：商务印书馆，2012。

序号	词汇	序号	词汇	序号	词汇
"否定"词汇表					
1	不被认知	19	不良	37	负面
2	不被市场接受	20	不灵活	38	均未
3	不存在	21	不利于	39	禁止
4	不大	22	不能	40	没有能力
5	不得	23	不排除	41	难以
6	不当	24	不确定性	42	取消
7	不到位	25	不善	43	失去
8	不符合	26	不同意	44	尚未
9	不高	27	不完善	45	未必
10	不规范	28	不易	46	无法
11	不合理	29	不允许	47	未获
12	不佳	30	不一致	48	未经
13	不健全	31	不足	49	未履行
14	不及时	32	不正当	50	未能
15	不可行	33	得不到	51	微小
16	不可以	34	达不到	52	无效
17	不利	35	杜绝	53	中断
18	不力	36	定位不准确	54	遭否

注：类目词汇按拼音顺序排序。

表 3-7　　　　　　　　"乐观"与"悲观"词汇表

序号	词汇	序号	词汇	序号	词汇
"乐观"词汇表					
1	变大	5	持续	9	大力
2	不菲	6	畅销	10	非常重要
3	充分	7	大大	11	丰富
4	成功	8	大幅	12	繁荣

序号	词汇	序号	词汇	序号	词汇
"乐观"词汇表					
13	飞跃	38	举足轻重	63	完善
14	高端	39	扩大	64	旺盛
15	高度	40	可靠	65	稳妥
16	高达	41	快速	66	雄厚
17	更高	42	扩张	67	向好
18	骨干	43	良好	68	先进
19	改进	44	龙头	69	先机
20	高技术含量	45	领先	70	迅猛
21	国际知名	46	良性	71	迅速
22	广阔	47	难度加大	72	新增
23	高强度	48	庞大	73	显著
24	高速	49	攀升	74	一大批
25	高水平	50	平稳	75	有利
26	好转	51	强化	76	一流
27	较长	52	强劲	77	严密
28	极大	53	契机	78	优势
29	加快	54	前列	79	优秀
30	极强	55	人才队伍	80	一致
31	加强	56	升级改造	81	壮大
32	巨大	57	缩短	82	增大
33	较强	58	推动	83	重大
34	健全	59	提高	84	足够
35	加深	60	推进	85	正面
36	加速	61	提升	86	卓越
37	进一步	62	稳定	87	增长

续表

序号	词汇	序号	词汇	序号	词汇
"悲观" 词汇表					
1	昂贵	35	价格竞争	69	衰退
2	波动	36	减缓	70	失误
3	壁垒	37	急剧	71	赊销
4	薄弱	38	加剧	72	上涨
5	成本上升	39	降价	73	受阻
6	粗放型	40	激烈	74	推进
7	冲击	41	减少	75	替代
8	差距	42	紧缩	76	淘汰
9	超支	43	较小	77	拖延
10	低端	44	积压	78	挑战
11	跌价	45	紧张	79	停业
12	低水平	46	集中度过高	80	无序
13	代替	47	集中度偏高	81	威胁
14	担心	48	匮乏	82	瑕疵
15	短缺	49	困难	83	限产
16	低效率	50	亏损	84	限定
17	额外	51	落后	85	下滑
18	恶意	52	流失	86	下降
19	负担	53	劣势	87	稀缺
20	否决	54	利率上升	88	削弱
21	放缓	55	离职	89	稀释
22	乏力	56	盲目	90	限制
23	分流	57	盲目性	91	异常
24	反向	58	难度	92	殃及
25	费用上升	59	偏低	93	约束
26	过度	60	瓶颈	94	有限
27	过激	61	偏离市场需求	95	障碍
28	高能耗	62	缺陷	96	滞后
29	过剩	63	缺位	97	遭受
30	过于集中	64	冗长	98	滞销
31	坏账还款乏力	65	扰乱	99	制约
32	回落	66	索赔	100	中止
33	减产	67	丧失	101	终止
34	降低	68	损失		

注：类目词汇按拼音顺序排序。

表3-8　　　　　　　　　　"高估"与"低估"词汇表

序号	词汇	序号	词汇	序号	词汇
"高估"词汇表					
1	不可缺少	13	积极	25	严格管理
2	不可或缺	14	精心	26	优势明显
3	不可替代	15	领导厂商	27	有效
4	充分论证	16	确保	28	一系列
5	诚实守信	17	强大	29	远远
6	独家	18	勤勉尽责	30	最常用
7	大量	19	前所未有	31	诸多优势
8	得天独厚	20	全新	32	最久
9	独特竞争优势	21	始终	33	最佳
10	更新换代	22	特大	34	缜密
11	绝对	23	完备	35	最强
12	竞争	24	系统规划	36	最悠久
"低估"词汇表					
1	持续恶化	6	失败	11	严重冲击
2	恶性竞争	7	无法收回	12	重大不利影响
3	恶劣	8	效益低下	13	遭受严重影响
4	急剧萎缩	9	隐患		
5	疲软	10	严峻		

注：类目词汇按拼音顺序排序。

3.2　招股说明书中风险因素类目词汇的统计分析

确定好分类词汇表之后，我们利用有关计算机软件对各类目中的不同词汇进行词频统计，并就统计的主要结果进行分析。

3.2.1 风险因素信息披露意向分析词汇的统计

根据分类词汇表（即表 3-6、表 3-7 和表 3-8），我们利用"内容挖掘系统（ROST Content Mining System Version 6.0）"对样本招股说明书中的分词词汇进行词频统计。

图 3-2 描述了使用 ROST 软件获取各类目词汇出现频率的数据的主要过程。[①]

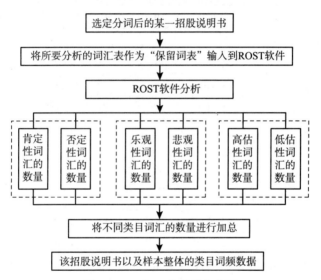

图 3-2 ROST 软件操作步骤

资料来源：根据 ROST 软件操作步骤制作。

3.2.2 对各类意向性词汇统计结果的分析

表 3-9 给出了样本招股说明书中风险因素部分各词汇类目的有关词频统计数据。

---

① 具体的 ROST 软件操作步骤是，将所要分析的词汇表作为"保留词表"输入到 ROST 软件中；然后，将分词后的招股说明书依次利用 ROST 软件进行分析，得出 txt 文档形式的各招股说明书中该类下所有词汇的数量；最后，我们将 txt 文档中各词汇的数量进行加总，得到的总数就是该招股说明书在该类词汇表下的词汇数量。最终得到全部样本招股说明书的数据。

表 3 - 9　　招股说明书中风险信息披露部分肯定、否定词频的描述性统计

类目	词频数均值	最小值	最大值	标准差	峰度	偏度
肯定性与否定性词汇的词频						
肯定性词汇词频	5.1550	0	23	3.69234	2.834	1.372
其中：　主板市场	5.4082	0	20	4.30561	1.825	1.318
中小板市场	5.1395	0	23	3.6261	2.948	1.381
否定性词汇词频	10.6603	0	65	7.10254	3.066	1.527
其中：　主板市场	17.0204	1	65	12.9333	9.900	2.239
中小板市场	9.9149	0	37	5.6512	2.050	1.158
乐观性与悲观性词汇的词频						
乐观性词汇词频	54.3779	10	217	26.21494	4.140	1.483
其中：　主板市场	53.0816	19	127	28.1942	0.402	1.132
中小板市场	54.5721	10	217	25.9916	4.719	1.536
悲观性词汇词频	31.0594	7	110	15.42134	3.694	1.548
主板市场	39.2245	13	110	22.1465	2.280	1.584
中小板市场	30.1040	7	95	14.1585	0.783	0.870
高估性与低估性词汇的词频						
高估性词汇词频	13.4713	0	70	7.87311	7.744	1.940
其中：　主板市场	17.6531	4	45	11.0502	-0.022	0.987
中小板市场	13.0118	0	70	7.2917	10.695	2.068
低估性词汇词频	0.3312	0	5	0.73850	7.265	2.591
其中：　主板市场	0.6327	0	5	1.2365	5.683	2.405
中小板市场	0.2955	0	4	0.6496	10.694	2.951

资料来源：根据 ROST 软件得到的数据整理。

　　由于我们考察的是招股说明书中风险因素部分，此部分所阐释的应该是发行人面临的现实的以及潜在的各种风险因素，所以，消极性的词汇应该更多些。但是，从表 3 - 9 中各类目词汇词频的均值情况看，除肯定性词汇的词频（约为 5.2 次）小于否定性词汇的词频（约为 10.7 次）之外，其他类目的词频，均是积极性（或正面性）的明显大于消极性（或负面性）的。其中，高估性词汇的词频约为 13.5 次，而低估性词汇的词频仅约为 0.3 次。低估性词汇的词频是各类目词汇词频中最低的。各类目词汇词频中最高的是乐观性词汇词频，约为 54.4 次。这说明，从整体上看，招股说明书中风险因素部分的信息披露有向投资者传递积极性（或正面性）意向的倾向，尤其是具有乐观性倾向。

从主板市场和中小企业板市场样本招股说明书中各类目词汇词频的均值对比情况看，十分相近的数据是肯定性和乐观性词汇。这说明两个市场中的发行人在这个方面的信息披露倾向基本是一致的。肯定性和乐观性词汇都属于积极性（或正面性）词汇。剩余的一类积极性（或正面性）词汇类目是高估性词汇。主板市场的高估性词汇词频均值约为 17.7 次，高于中小板市场中约为 13.0 次的高估性词汇词频。而在消极性词汇方面，中小板市场中的否定、悲观、低估三类词汇词频均值均低于主板市场，说明中小板市场中的发行人更倾向于避开消极性信息的披露。

从各类目词汇词频的最大与最小值等数据看，最大值出自乐观性词汇，为 217 次，属于中小板市场。[1] 除乐观性与悲观性词汇词频的最小值分别为 10 次和 7 次之外，其他类目词汇词频的最小值均为 0 次。在"低估"类词汇中，主板市场披露的最大值仅为 5 次，而中小板市场的最大值仅为 4 次。[2] 绝大部分发行人没有在招股说明书中使用低估性的词汇。这说明发行人大多把风险因素的陈述重点放在乐观性与悲观性词汇方面，并尽量避免使用低估性词汇。

3.3　各风险因素类目词汇的回归检验[3]

从对招股说明书中风险因素部分各词汇类目词汇的统计分析可知，发行人倾向于多披露积极性（或正面性）的信息。那么，是否发行人所具有的消极性的风险因素就是不多呢？结合发行人的有关财务表现、IPO 后市

---

　　① 出现乐观性词汇词频最大数值的股票是在中小板市场上市的福建海源自动化机械公司（股票代码：002529）。在主板市场上，永辉超市（股票代码：601933）的乐观信息披露最多，总共使用了 127 次"乐观"词汇表中的词汇；重庆钢铁（股票代码：601005）只披露了 19 次，是主板市场披露乐观性词汇最少的公司。

　　② 在"低估"类词汇中，主板市场中披露最多的是中海油服（股票代码：601808）和中国石油（股票代码：601857），"低估"类词汇均出现了 5 次；中小板市场中披露最多的是四川富临运业集团（股票代码：002357），"低估"类词汇出现了 4 次。

　　③ 与本部分相关的研究已经发表，详见：Huang, Fangliang, Song Xiaotian, Song Ge, Huang Xuesong. IPO Risk Disclosure and its Effect on Initial Returns [A]. In: The 3rd International Conference on E – Business and E – Government (ICEE 2012) [C]. Shanghai, China, 2012 (3)：1920 – 1923.

价格表现，可以对此加以检验。

3.3.1 风险因素类目词汇的回归分析假设

针对招股说明书中风险因素部分各类目词汇的披露情况，以及发行人上市后的经营状况和股票价格的后市表现等指标，我们做出四种情况的假设。

1. 假设 H1

如果招股说明书中的风险因素信息披露是真实的，那么质地优良的发行人表达出的积极（或正面）意义的词汇就更多，质地较差的发行人表达出的消极意义的词汇就更多。所以，假设 PN、OP、OU 与每股收益、净资产收益率正相关。

2. 假设 H2

有的企业申请上市的原因是资金周转困难、急需资金，有的甚至是为了"圈钱"。假设越急切需要资金的企业，在招股说明书中使用的积极性（或正面性）的情感语言越多。速动比率和资产负债率是反映发行人债务规模和短期偿债能力的指标。速动比率越低，资产负债率越高，说明企业对资金的急需程度越高，对其自身有利的情感性语言比例越高。

3. 假设 H3

企业的规模越大，其知名度往往越高，与规模小的企业相比，往往越不需要做更多的宣传，因此，假设发行人规模越大，其披露的积极性（或正面性）的情感词汇越少。因为总资产的数值一般很大，所以，我们以总资产的对数值为变量进行相关性分析。①

4. 假设 H4

质地优良的发行人往往更容易得到投资者的认可和追捧。在招股说

---

① 如果某企业的股本总额很大，尽管总资产或净资产值较大，但每股总资产或每股净资产较低，所以，每股总资产或每股净资产指标不能很好地体现出企业规模的大小。资产负债率比较高的企业，净资产值相对较小，不如总资产值更能体现出企业的规模。所以，这里我们选择总资产指标反映企业的规模。

明书中的风险因素信息披露是真实的前提下，假设招股说明书中积极性（或正面性）的情感语言越多，其 IPO 初始收益率和 IPO 周年收益率也越高。

IPO 初始收益率的计算公式为：

$$Y_i = \left(\frac{P_i - P_o}{P_o} - \frac{I_i - I_o}{I_o} \right) \times 100\%$$

其中，Y_i 表示抑价率或初始收益率；P_i 代表新股上市当天的收盘价；P_o 代表新股的发行价格；I_i 代表新股上市当天的大盘收盘指数；I_o 代表新股发行当天的大盘收盘指数。

IPO 周年收益率的计算公式为：

$$Y_a = \left(\frac{P_a - P_o}{P_o} - \frac{I_a - I_o}{I_o} \right) \times 100\%$$

其中，Y_a 表示新股上市满 1 年时的收益率；P_a 代表新股上市满 1 年时的股票价格的收盘价；P_o 代表新股的发行价格；I_a 代表新股上市满 1 年时的大盘收盘指数；I_o 代表新股发行当天的大盘收盘指数。

3.3.2　风险因素类目词汇回归检验指标的确定

为使不同的数据更具可比性，我们将词频的绝对数转换为相对数，即各类词频的占比，具体定义如下：

PN = 肯定性词汇的数量/（肯定性词汇的数量 + 否定性词汇的数量）

OP = 乐观性词汇的数量/（乐观性词汇的数量 + 悲观性词汇的数量）

OU = 高估性词汇的数量/（高估性词汇的数量 + 低估性词汇的数量）

$Tone_t$ =（肯定性词汇的数量 + 乐观性词汇的数量 + 高估性词汇的数量）/（肯定性词汇的数量 + 否定性词汇的数量 + 乐观性词汇的数量 + 悲观性词汇的数量 + 高估性词汇的数量 + 低估性词汇的数量）

如果 PN、OP、OU 的数值大于 0.5，意味着"肯定"、"乐观"、"高估"词汇在各自组别中的占比较大，分别要多于"否定"、"悲观"、"低估"类的词汇。

如果 $Tone_t$ 的值越大，说明招股说明书中风险因素部分体现出的关于发行人的正面的、积极的信息越多。其中，PN 值越大，意味着在招股说明书中风险因素部分对所陈述的事实和所披露的数据持确认的或者赞成的态度的倾向就越大。OP 值越大，意味着招股说明书中反映出的乐观情绪越高。OU 值越大，意味着招股说明书中反映出的对发行人情况高估的描述越多。反之，如果 $Tone_t$ 的值越小，说明招股说明书中体现出的负面的、消极的风险信息越多。

通过考察公司上市后的经营状况和在股票市场的价格表现，可以判断公司的质地。将这两类指标与各类目词汇词频相对数进行回归分析，看公司上市后的经营是否良好、股票是否得到市场的认可，可以检验招股说明书中透露出的意向的真实状况如何。

在众多的财务指标中，我们通过反复比对，筛选出反映公司盈利能力、资产规模、负债规模和偿债能力 4 个方面的财务指标，以及发行人上市后的股票后市表现指标。

具体的财务指标包括 5 类：（1）每股收益；（2）净资产收益率；（3）速动比率；（4）资产负债率；（5）总资产（相关财务数据为上市后的第 1 年年报中披露的数据）。

关于公司上市后的后市表现，我们选择了两类指标：（1）IPO 初始收益率；（2）IPO 周年收益率。

通过分析公司每股收益，我们可以测定股票投资价值，它能综合地反映出公司获利能力；通过分析净资产收益率，可以反映股东权益的收益水平，进而衡量公司运用自有资本的效率；通过分析速动比率，能够衡量企业流动资产中可以立即变现用于偿还流动负债的能力；通过分析资产负债率，可以衡量公司利用债权人资金进行经营活动能力，也反映债权人发放贷款的安全程度；总资产的大小能够从一个侧面反映发行人规模的大小；通过分析 IPO 初始收益率，我们可以得到公司上市后一年的市场表现。这些数据能够比较全面地反映出公司的"家底"；同时，这些指标及其相关信息也是发行人披露的风险信息中的一些核心内容。通过将 PN、OP、OU 与相关指标进行回归分析，可以检验拟上市公司风险信息披露与相关指标之间的关联关系。

3.3.3　风险因素类目词汇词频占比的描述性统计

表 3 - 10 给出了 PN、OP、OU 以及 $Tone_t$ 的描述性统计数据。

表 3 – 10　　　　　　PN、OP、OU 以及 Tone, 的描述性统计

词频占比	极小值	极大值	均值		标准差	偏度		峰度	
	统计量	统计量	统计量	标准误	统计量	统计量	标准误	统计量	标准误
PN	0.0000	1.0000	0.335016	0.0080416	0.1745231	0.301	0.113	– 0.028	0.225
OP	0.2881	0.8529	0.632495	0.0043409	0.0942095	– 0.415	0.113	0.188	0.225
OU	0.0000	1.0000	0.976690	0.0030681	0.0665851	– 8.158	0.113	103.948	0.225
Tone,	0.3165	0.8457	0.631287	0.0041345	0.0897288	– 0.408	0.113	0.219	0.225

由表 3 – 10 可以看出，PN、OU 的最大值为 1，最小值为 0，说明有的样本公司在其招股说明书中风险因素部分对所陈述的事实和所披露的数据持确认的或者赞成的态度以及高估的倾向极大。OP 的最大值达到约 0.85，最小值约为 0.23，两者之间存在一定的差距。Tone, 的最大值约为 0.85，最小值约为 0.32。最大值大于 0.5，最小值小于 0.5，二者之间也存在一定的差距。

从各类词频占比的均值情况看，只有 PN 的均值小于 0.5，约为 0.34。其余各类词频占比的均值均大于 0.5，其中 OU 的均值高达约 0.98。说明样本公司仅在肯定性和否定性词汇方面在招股说明书中风险因素部分进行了比较切合此部分内涵的描述，而在乐观性与悲观性词汇、高估性与低估性词汇方面，样本公司的信息披露并不符合在风险因素部分需要披露出公司现实的和潜在的风险因素的要求，向投资者传递了过于乐观、过于高估性的意向。

从整体披露意向上看，Tone, 的均值约为 0.63，说明样本公司的招股说明书中更多地披露了积极性（或正面性）的信息。

3.3.4　风险因素类目词汇的回归分析结果

我们通过对有关财务指标、股票后市表现指标与相关的情感性词汇进行回归分析，对各假设进行检验。

（1）PN、OP、OU 与每股收益、净资产收益率的相关性检验。为了检验假设 H1，我们分别对 PN、OP、OU 与每股收益、净资产收益率之间的相关性进行检验。回归分析中共输出三个表格，分别是模型汇总、方差分析表和回归系数表。其中，表 3 – 11 和表 3 – 12 分别给出了模型汇总和方差分析的数据。

表3-11 模型汇总数据（Model Summary）

模型	R	R Square	Adjusted R Square	Std. Error of the Estimate
模型1（以 PN 为因变量）	0.065[a]	0.004	0.000	0.0942085
模型2（以 OP 为因变量）	0.032[a]	0.001	-0.003	0.1748062
模型3（以 OU 为因变量）	0.069[a]	0.005	0.001	0.0665672

a. 预测变量：（常量），净资产收益率，每股收益。

表3-12 方差数据（Anova[b]）

模型		Sum of Squares	Df	Mean Square	F	Sig.
模型1（以 PN 为因变量）	回归	0.018	2	0.009	1.005	0.367[a]
	残差	4.154	470	0.009		
	总计	4.171	472			
模型2（以 OP 为因变量）	回归	0.015	2	0.007	0.240	0.787[a]
	残差	14.301	470	0.031		
	总计	14.315	472			
模型3（以 OU 为因变量）	回归	0.010	2	0.005	1.126	0.325[a]
	残差	2.074	470	0.004		
	总计	2.084	472			

a. 预测变量：（常量），净资产收益率，每股收益。
b. 因变量：分别为 PN、OP、OU。

从表3-11和表3-12可以看出，各个模型中调整的判定相关系数较小，各模型拟合度不高；F检验统计量的观测值对应的概率P值较大，因此不能拒绝回归方程显著性检验的零假设，PN、OP、OU与每股收益、净资产收益率之间的线性关系均不显著，假设H1不成立。

PN、OP、OU和净资产收益率、每股收益之间的回归分析结果表明，样本公司风险信息披露中对其自身有利的情感性语言比例较高，但净资产收益率、每股收益两个财务指标并没有表现得较好。这说明招股说明书中风险因素部分向投资者传递的意向内容没能够预测相关财务指标的未来表现。由此可以推断，投资者无法利用风险因素部分的信息进行投资决策。

（2）$Tone_t$ 与资产负债率、速动比率的相关性检验。为了检验假设H2，我们对 $Tone_t$ 与资产负债率、速动比率之间的相关性进行检验。表

3 - 13、表 3 - 14 和表 3 - 15 分别给出了进行回归分析的模型汇总、方差分析和系数的数据。

表 3 - 13　　　　　　　　模型汇总数据（Model Summary）

模型	R	R Square	Adjusted R Square	Std. Error of the Estimate	Durbin - Watson
1	0. 257[a]	0. 066	0. 062	0. 0868932	1. 782

　a. 预测变量：（常量），资产负债率，速动比率。

　b. 因变量：$Tone_t$。

表 3 - 14　　　　　　　　　方差数据（Anova[b]）

模型		Sum of Squares	Df	Mean Square	F	Sig.
1	回归	0. 250	2	0. 125	16. 588	0. 000[a]
	残差	3. 534	470	0. 008		
	总计	3. 784	472			

　a. 预测变量：（常量），资产负债率，速动比率。

　b. 因变量：$Tone_t$。

表 3 - 15　　　　　　　　　回归模型的参数检验

模型		非标准化系数		标准系数	T	Sig.	共线性统计量	
		B	Std. Error	Beta			Tolerance	VIF
1	（常量）	0. 676	0. 009		77. 277	0. 000		
	速动比率	0. 000	0. 000	- 0. 091	- 1. 964	0. 050	0. 931	1. 074
	资产负债率	- 0. 001	0. 000	- 0. 266	- 5. 741	0. 000	0. 931	1. 074

　a. 因变量：$Tone_t$。

　　由表 3 - 13、表 3 - 14 和表 3 - 15 可知，模型中调整的判定相关系数较小，模型拟合度不高；但 F 检验统计量的观测值对应的概率 P 值为 0. 000，有关速动比率、资产负债率两个财务指标的回归系数显著性检验中检验统计量对应的概率值分别为 0. 050 和 0. 000，而这两个财务指标的非标准化回归系数分别为 0 和 - 0. 001，所以，可以认为资产负债率和 $Tone_t$ 之间存在某种相关关系。假设以 X_1 代表资产负债率，那么，回归方程式为：

$$Tone_t = 0. 676 - 0. 001X_1$$

由此回归方程可知，积极（或正面）类词汇与资产负债率之间存在着微弱的负相关关系。由于资金周转困难、急需资金是有的企业申请上市的正当原因，因此，高负债的企业没有因其负债率高而使用更多的积极性词汇进行辩解。

（3）$Tone_t$ 与总资产对数的相关性检验。为了检验假设 H3，我们对 $Tone_t$ 与总资产的对数之间的相关性进行检验。

表 3 – 16、表 3 – 17 和表 3 – 18 分别给出了进行回归分析的模型汇总、方差分析和系数的数据。

表 3 – 16 模型汇总数据（Model Summary）

模型	R	R Square	Adjusted R Square	Std. Error of the Estimate	Durbin – Watson
1	0. 309[a]	0. 096	0. 094	0. 0854242	1. 864

a. 预测变量：（常量），资产负债率，速动比率。
b. 因变量：$Tone_t$。

表 3 – 17 方差数据（Anova[b]）

模型		Sum of Squares	Df	Mean Square	F	Sig.
1	回归	0. 362	1	0. 362	49. 561	0. 000[a]
	残差	3. 422	469	0. 007		
	总计	3. 784	472			

a. 预测变量：（常量），资产负债率，速动比率。
b. 因变量：$Tone_t$。

表 3 – 18 回归模型的参数检验

模型		非标准化系数		标准系数	T	Sig.	共线性统计量	
		B	Std. Error	Beta			Tolerance	VIF
1	（常量）	1. 136	0. 072		15. 827	0. 000		
	总资产对数	− 0. 024	0. 003	− 0. 309	− 7. 040	0. 000	1. 000	1. 000

a. 因变量：$Tone_t$。

由表 3 – 16、表 3 – 17 和表 3 – 18 可知，模型中调整的判定相关系数较小，模型拟合度不高；但 F 检验统计量的观测值对应的概率 P 值为 0.000，有关总资产对数指标的回归系数显著性检验中检验统计量对应的概率值为 0.000，可以认为总资产对数和 $Tone_t$ 之间存在相关关系。假设

以 X_2 代表总资产对数，那么，回归方程式为：

$$Tone_t = 1.136 - 0.024X_2$$

由此回归方程可知，积极（或正面）类词汇与企业规模之间存在着一定的负相关关系。换言之，规模越大的企业，在社会上的影响力、企业知名度往往也越大，也就越不需要在其风险信息披露中使用较多的宣传性语言。与此相反，规模越小的企业，越有更多地使用积极性陈述的倾向。

（4）$Tone_t$ 与 IPO 初始收益率、周年收益率的相关性检验。为了检验假设 H4，我们对 $Tone_t$ 与 IPO 初始收益率、周年收益率之间的相关性进行检验。表 3 – 19、表 3 – 20 和表 3 – 21 分别给出了进行回归分析的模型汇总、方差分析和系数的数据。

表 3 – 19　　　　　　模型汇总数据（Model Summary）

模型	R	R Square	Adjusted R Square	Std. Error of the Estimate	Durbin – Watson
1	0.042[a]	0.002	– 0.002	0.0898397	1.771

a. 预测变量：（常量），IPO 初始收益率，周年收益率。
b. 因变量：$Tone_t$。

表 3 – 20　　　　　　　　方差数据（Anova[b]）

模型		Sum of Squares	Df	Mean Square	F	Sig.
1	回归	0.007	2	0.003	0.420	0.657[a]
	残差	3.777	470	0.008		
	总计	3.784	472			

a. 预测变量：（常量），IPO 初始收益率，周年收益率。
b. 因变量：$Tone_t$。

表 3 – 21　　　　　　　　回归模型的参数检验

模型		非标准化系数		标准系数	T	Sig.	共线性统计量	
		B	Std. Error	Beta			Tolerance	VIF
1	（常量）	0.630	0.006		108.136	0.000		
	初始收益率	0.000	0.005	– 0.006	– 0.126	0.900	0.830	1.205
	周年收益率	0.005	0.006	0.045	0.879	0.380	0.830	1.205

a. 因变量：$Tone_t$。

由表 3 - 19、表 3 - 20 和表 3 - 21 可知，模型中调整的判定相关系数为负数，F 检验统计量的观测值对应的概率 P 值较高，有关 IPO 初始收益率、周年收益率的回归系数显著性检验中检验统计量对应的概率值也较高，所以，IPO 初始收益率、周年收益率和 $Tone_t$ 之间不存在相关关系。换言之，新股发行的风险信息披露状况与相关股票的一级市场以及二级市场价格走势不存在关联关系，投资者难以将招股说明书中的风险因素内容作为投资获利的依据。

3.4 本章小结

通过对招股说明书中风险因素信息披露内容的意向分析，我们发现，风险信息中只有肯定性词汇的词频小于否定性词汇的词频，其他积极性（乐观性、高估性）的词频明显大于消极性（悲观性、低估性）的词频。其中，高估性词汇的词频远大于低估性词汇的词频。低估性词汇的词频是各类目词汇词频中最低的。各类目词汇词频中最高的是乐观性词汇词频。这说明，招股说明书中风险因素部分的信息披露有向投资者传递积极性意向的倾向，尤其是具有乐观性倾向。其中，中小板市场中的发行人更倾向于避开消极性词汇的使用。

发行人在其风险信息披露中体现出的积极性信息较多，是否意味着企业真的就没有许多消极性的风险因素呢？我们将招股说明书中体现出的各种意向情况与反映发行人盈利能力、资产规模、负债规模和偿债能力的四类财务指标以及 IPO 初始收益率和周年收益率进行了回归分析。结果发现：（1）尽管发行人在风险信息披露中透露出高比例的对其自身有利的情感性语言，但净资产收益率和每股收益两指标并没有相应的较好表现；（2）发行人风险信息披露的内容与其股票的价格走势未呈现显著相关关系；（3）急需资金、高负债率的发行人没有因此而更多地在其风险因素信息披露中使用积极性的词汇；（4）资产规模越大的企业没有在其风险信息披露中使用较多的宣传性语言。由这些回归分析结果可以看出，发行人没有能够对关系到其未来盈利能力以及关系到其未来股票价格走势的风险信息进行充分、有效的披露，招股说明书中风险因素部分的内容难以成为投资者进行投资决策的可靠依据。

第 4 章

新股发行风险信息的需求分析：
对投资者的问卷调查[①]

从发行人、投资银行角度对新股发行信息披露的分析，均是从新股发行信息供给的角度展开的。本部分研究的是新股发行的信息需求。通过向投资者发放调查问卷，了解大量投资者对新股发行信息需求的现实状况，掌握投资者的信息需求倾向，观察新股发行披露信息质量的反馈，验证新股发行风险信息供给的质量。

4.1 有关投资者问卷调查的研究回顾

证券投资的风险因素能够影响投资者的投资决策。研究投资者的投资决策行为的一个直接、有效的方式是进行问卷调查。

许多对投资者的问卷调查是考察投资者的投资决策行为（Lease、Lewellen & Schlarbaum，1976；Nagy & Obenberger，1994；Wang，Shi & Fan，2006；Veld & Veld - Merkoulova，2008；Clark，2008；Dimple & Ritu，2012）。相关的研究包括对不同年龄、不同性别等特征的投资者的证券投资行为进行比较，以及对机构和个人投资者投资决策的影响因素进行分析等。

不同的投资者对投资风险的判断往往是不同的。有学者通过问卷对巴林个人投资者风险容忍度的决定因素进行了调查，发现男性的风险容忍度

① 在此对所有帮助我们进行投资者问卷调查的准备、发放和回收工作的机构和个人表示衷心的感谢。收到问卷的投资者对问卷及时、认真的回复，使得本研究得以进一步地顺利开展，在此也表示衷心的感谢。

高于女性，高学历、更富有的投资者的风险容忍度更高，接近退休年龄的投资者的风险容忍度变低（Al‐Ajmi，2008）。另有学者对巴西44位职业投资者进行了问卷调查，发现不同性别、不同投资经历、不同学历等不同特征的投资者表现出的过度自信程度不同。男性投资者、已经成为父亲的投资者、投资时间5年以下的投资者、具有大学学历的投资者，更容易在投资时表现得过度自信（Sergio，Zindel，Menezes et al.，2010）。

尽管各国证券监管层均对证券信息披露有强制性的要求，但这也很难有效解决上市公司与投资者之间的信息不对称问题。许多投资者会认为只能从上市公司信息披露中获取有限的信息。有学者对印度各地200名投资者的问卷调查结果表明，上市公司对外披露的信息与投资者想要知道的信息之间存在着"信息缺口"（Khurana & Goyal，2010）。

我国有些学者对投资者进行了相关的问卷调查。在对会计信息需求状况的调查中，吴联生（2000）发现投资者更加需要了解上市公司将来的会计信息。在对我国投资者风险偏好的问卷调查中，马莉莉、李泉（2011）采用奥尔多投资研究中心《城市投资者行为调查问卷》进行调查，发现投资者的财富水平、受教育程度、健康状况、收入水平和是否抚养小孩都是影响投资者风险偏好的重要因素。张春霞、刘淳和廖理（2012）基于个人投资者问卷调查数据的实证研究发现，个体特征影响个人投资者的风险资产配置；年龄约为40岁、有本科学历、管理人员、高收入、性别为男性的投资者更偏爱风险较高的股票投资；投资者的非理性程度越高，其对风险较高股票的投资偏好也越高。

在我国投资者对证券信息披露的态度的问卷调查中，陆正飞、刘桂进（2002）的调查发现公众投资者认为最重要的披露质量特征是信息的真实性、及时性和充分性。周勤业、卢宗辉、金瑛（2003）的调查结果表明，投资者为获取公开信息所负担的费用较多；投资者认为极重要的公开信息包括招股说明书、年度报告、利润分配及转增股本实施公告等。潘琰、李燕媛（2006）调查了个人投资者对上市公司网上信息披露的利用状况及相关评价，发现现有信息，尤其是前瞻性信息不能满足个人投资者的需求。蒋义宏、陈辉发（2007）向投资者调查了上市公司年报披露及时性问题，投资者认为上市公司信息披露的及时性较差，这在一定程度上降低了信息的可利用价值。

在对我国投资者的投资行为及其影响因素的问卷调查中，刘玉珍、张峥金和徐信忠等（2010）对基金投资者的问卷调查显示，基金投资者的投资决策会受问题框架的影响，即存在框架效应；框架效应的程度与投资者的受教育程度、在职情况、收入水平、投资经验等因素有关，还受基金公司提供信息的全面性、表现形式影响。赵振华、刘淳和廖理（2010）考察了投资者基金投资收益与投资者自身属性之间的联系，发现投资者的家庭月收入、投资总年限等会影响其基金投资收益，而投资者的年龄、投资规模等对其收益无显著影响。

以上调查问卷大多是针对股票、债券、基金等二级市场中的投资者进行的。就我国的相关研究文献看，对新股发行人、中介机构如何披露信息的信息供给方面的研究较多，对于投资者信息需求的研究还很缺乏。我们选择证券一级市场的投资者作为调查对象，调查其对新股发行信息（尤其是风险因素信息）的需求状况。

4.2 问卷的设计、制作、发放与回收

我们进行问卷调查的主要工作步骤包括：首先，根据研究需要确定调查目标，即了解不同类型投资者对新股发行风险因素信息披露的关注、阅读以及判断等情况，考察投资者对新股发行信息的需求状况；其次，根据调查目标，进行问卷问题设计；然后，制作内容相同的纸制版和电子版的问卷，并通过直接发放、通过机构代理发放以及通过发送电子邮件等不同方式广泛地发送给投资者；最后，是回收已经由投资者填写好的问卷。

4.2.1 问卷调查的主要目标

本次问卷调查的目标是考察投资者对新股发行的信息需求状况，具体包括两大方面：我国证券一级市场中投资者的基本状况；这些投资者对新股发行信息披露（尤其是风险信息披露）的评判。

（1）考察在证券一级市场申购新股的机构和个人投资者的大致状况，包括对投资风险的态度、从事股票投资的时间、投资规模、投资收益等。

（2）考察投资者对相关信息的查阅、判断情况，包括申购新股时的决策依据；申购新股后的持股时间；是否阅读招股说明书；是否重点阅读招股说明书中所披露的风险因素；对风险因素的类型如何评价；以及认为我国招股说明书（尤其是其中的风险因素）信息披露的不足之处和相关的改

革建议等。

4.2.2　问卷的设计与主要内容

调查问卷需要获取的重点信息为投资者对新股发行的风险因素信息披露的关注和阅读情况，以及对此的判断和意见。与此相关的辅助信息包括投资者的不同类别、投资者的投资行为特征、投资者对招股说明书整体内容的阅读和判断、投资者对招股说明书中风险因素部分的阅读和判断等。辅助信息有助于我们更加全面地把握、剖析投资者对新股发行信息的需求状况。

根据调查问卷需要获取的重点信息和辅助信息，并考虑到投资者方便回答，我们设计了以封闭式选择题为主、以开放式填写题为辅的问卷。

调查问卷的设计包括了构思、形成初稿、征求有关专家意见、修改问卷、预调查、完善并成稿等过程。其中，有 6 位分别从事相关理论和实务工作的专家提供了修改意见；有 20 位代表不同类型的机构投资者和个人投资者的人员参加了预调查。

成稿的问卷题目定为《新股发行信息披露状况调查问卷》，包含了两大部分：（1）投资者的基本情况；（2）投资者对相关信息的查阅、判断情况。两个部分共含有 19 个选择题和问答题（问卷的详细内容见附录5）。

问卷的第一部分共设置 10 个问题，均为单项选择题，涉及投资者的类型（个人投资者、机构投资者），相关人员的性别、年龄、学历、职业、投资阅历、风险偏好、专业知识掌握情况、投资规模、投资收益等。①

这些信息不仅可以使我们掌握投资者基本资料，了解现阶段证券投资市场概况，更可以分析不同类型的投资者支出和收益的现实情况，为准确分析投资者风险信息需求打下基础。

问卷的第二部分共设置 9 个问题，包括单项选择题、多项选择题和问答题，涉及投资者对新股申购的决策、新股持有期限、招股说明书阅读状况（包括是否阅读招股说明书、对所披露的风险信息是否熟悉、重点阅读部分）、风险信息需求偏好、改善招股说明书的建议等。

其中，关于投资者风险因素信息需求的调查，根据中国证监会于 2006

---

①　这一部分的题目全部为单项选择题，无须投资者深入思考，方便投资者快速填答。经过前期预调查的观察与统计，第一部分的填答时间可控制在 2 分钟内。

年修订的《公开发行证券的公司信息披露内容与格式准则第 1 号——招股说明书》，结合招股说明书中实际披露的风险信息类型，将招股说明书中的主要风险因素分为 7 大类：（1）市场或行业变动风险；（2）企业生产经营风险；（3）企业财务风险；（4）企业技术风险；（5）募集资金投向或项目实施风险；（6）有关政策变动风险；（7）外部环境变化风险。采用李克特五点量表式（Likert Scale）设计，将所涉及的 7 大类风险因素从不重要到非常重要按程度划分为 5 个等级水平：0、1、2、3、4，由投资者按各风险因素的需求迫切程度填答，以此考察投资者对不同类型的风险因素的信息需求强度。

关于招股说明书信息披露的不足及改进建议，均设置为开放性的问答题，即需要投资者填写完成。

为保护投资者的隐私，并提高投资者回答问题的积极性和可靠性，所有问卷均设计为匿名填写，并且我们承诺为所有单份问卷的答复保密，仅对收回的问卷从整体上做学术研究使用。

4.2.3　问卷的制作、发放与回收

经过印刷厂排版设计，纸制问卷使用 A3 规格纸张，双面印刷，所有内容均在一张纸上，对折使用，方便投资者填写、回复。纸制问卷总共印刷了 1000 份。

为使调查问卷能够更加便捷地发出与回收，我们设计了内容相同的电子版问卷，并设置了专门用于发送问卷的电子邮箱。①

为保证调查结果具有广泛性、普遍性，调查对象包括了不同地区、不同群体的个人投资者，以及不同类型的机构投资者。

调查方式通过纸制问卷与电子问卷相结合、直接发放与委托发放相结合的方式进行。

问卷的发放工作于 2012 年 2 月正式开始。由于地域关系，纸制问卷的调查地点主要集中于山东省内。其中，部分问卷发放给了证券公司、投资公司等机构投资者；部分问卷发放给了交易规模较大的投资者；为收集中小投资者的情况，部分问卷发放给了经常到证券营业部进行交易的散户；部分问卷发放给了在证券公司等金融机构工作的专业投资者；部分问

---

① 为方便投资者通过电脑回答电子版的问卷，我们将问题选项进行了选项按钮设计，答卷者进行选项的选择时只需点击相应选项即可完成回答。

卷发放给了山东大学、山东财经大学、济南大学等高校不同院系的老师和学生；部分问卷在人群较多的地点进行了随机发放。

纸制问卷共发放 796 份，成功回收 674 份，回收率达 84.6%。经过将回收的问卷进行电子录入并筛选，剔除题目回答缺失数量占问卷中题目总数量的比例超过 20% 的问卷，最终得到的有效纸制问卷数量为 576 份。

电子版问卷的发送和回收是通过电子邮箱进行的，主要发送给了机构投资者。我们主要通过互联网搜集全国范围内的机构投资者的联系方式。信息的来源主要通过相关机构的官方网站，以及中国证券业协会网站中的有关信息等。涉及的机构主要包括证券公司、证券投资基金公司、信托投资公司、财务公司、保险机构投资者、合格境外机构投资者（Qualified Foreign Institutional Investors，QFII）、投资管理公司等。经过信息的搜集与整合（其中包括联系人姓名、单位名称、办公电话、邮箱地址等），最终筛选出符合条件的机构共 1027 家，涉及全国 18 个城市。其中，北京、上海、深圳等地的金融机构较为集中，调查对象也较集中。[①]

电子问卷邮件共发送 1027 份。因网络等问题，发送成功 967 份。电话寻访 967 户，电话成功接通 528 户。最终成功回收电子问卷回馈 229 份；电子问卷回收率为 23.7%。剔除题目回答缺失数量占问卷中题目总数量的比例超过 20% 的问卷，得到的有效电子问卷 227 份。

问卷调查工作于 2012 年 5 月初截止，我们最终获得的有效的纸制问卷和电子问卷共 803 份（有效纸制问卷 576 份与有效电子问卷 227 份之和）。其中，机构投资者回复的有效问卷为 193 份，占被调查投资者总数的 24.03%；个人投资者问卷共有 604 份，占全部有效问卷的 75.22%；有 6 份问卷未填写机构投资者还是个人投资者，但回答了所有其他问题。有 299 份问卷对开放式的问答题进行了回答，提供了投资者关于招股说明书信息披露不足的意见及改善建议。

4.3　问卷的信度检验及样本特征

为检验问卷的综合评价体系是否可靠，我们对问卷的内部一致性信度进行检验，并对收回的有效问卷所涉及的投资者的整体状况进行阐释。

---

① 我们对研究团队成员所熟悉的部分各类机构投资者和个人投资者通过电子邮件发放了问卷。多数调查对象的联系方式是通过相关的官方网站获得的。

4.3.1　问卷的信度检验

问卷的信度（Reliability）是指问卷的测度综合评价体系是否稳定、可靠。[①] 信度检验的方法包括内部一致性信度、重测信度及折半信度检验等。进行内部一致性信度（Internal Consistent Reliability）检验的目的是考察被评估的项目之间是否具有较高的内在一致性。进行内部一致性信度检验较为常用的系数即克朗巴赫阿尔法（Cronbach α）系数。该系数评价的是量表中各题项得分间的一致性，适用于意见式问卷的信度分析。我们进行问卷调查的目的是考察各类投资者对新股发行信息的现实需求状况，适于采用此信度系数检验问卷的内部一致性信度。

我们分别对问卷整体、机构投资者问卷和个人投资者问卷进行内部一致性信度检验（见表 4 - 1）。

表 4 - 1　　　　　　　　　　　问卷的信度检验结果

组别	克朗巴赫阿尔法 （Cronbach's Alpha）	问卷数量 （N of Items）
问卷整体	0.606	50
机构投资者问卷	0.505	48
个人投资者问卷	0.705	48

资料来源：根据 SPSS 输出结果整理。

首先，从问卷整体看，对所有数据统计涉及的 50 个变量进行信度分析，得到的克朗巴赫阿尔法为 0.606，本次问卷调查结果尚佳，属较可信问卷调查，反映出本次问卷调查的结果较稳定、可靠。

其次，对收回的 193 份有效的机构投资者问卷所涉及的变量进行信度检验。在问卷整体所涉及的 50 个变量中，只是针对个人投资者的题目有两个：个人投资者属性，以及个人投资者的工作类型。移除这两个变量后，对机构投资者问卷进行的信度分析共涉及 48 个变量。分析得出克朗巴赫阿尔法为 0.505，表明机构投资者问卷调查结果在可接受范围内，问

———————————

① 采用同样的方法对同一对象重复测量时所得结果的一致性程度就是信度；信度越高表示测验结果越可靠。

卷结果能够较客观地反映出所涉及问题的实际情况。

最后，对收回的 604 份有效的个人投资者问卷所涉及的变量进行信度检验。移除只是针对机构投资者的两个变量：机构投资者工作类型变量和机构投资者从事工作变量，剩余共 48 个变量。信度分析得出的克朗巴赫阿尔法为 0.705，表明个人投资者问卷信度分析结果理想，属于高信度问卷，反映了本次问卷调查结果稳定、可靠。

4.3.2　问卷的样本特征

在收回的有效问卷中，涉及的投资者类型分布状况如表 4 - 2 所示。

表 4 - 2　　　　　　　　　　　　投资者类型分布

		频率	百分比	有效问卷百分比	累积百分比
有效问卷	机构投资者	193	24.0	24.2	24.2
	个人投资者	604	75.2	75.8	100.0
	小计	797	99.3	100.0	
Missing		6	0.7		
总计		803	100.0		

注：Missing 表示在问卷中未回答此项问题的情况。

其中，机构投资者包括七大类：（1）证券公司；（2）证券投资基金；（3）证券投资公司、证券投资咨询公司；（4）QFII；（5）生产性企业；（6）信托公司、保险公司；（7）其他类型的机构投资者。接受问卷调查并提供有效反馈的机构投资者覆盖多个业务领域，具有比较广泛的代表性。

4.4　调查结果与数据分析

我们对收回的有效问卷中的答复内容逐一进行统计与分析。其中，问卷的第一部分主要涉及不同类型投资者特征的信息；问卷的第二部分主要涉及投资者对新股发行信息的需求状况，尤其是针对风险因素信息披露的态度。在统计与分析问卷调查结果的基础上，通过回归分析，考察招股说明书对投资者购买新股所获收益的影响情况。为进一步考察投资者对风险因素信息的需求状况，根据问卷中得到的投资者对不同种类的风险因素的判断，通过主成分分析，我们得到不同种类的风险因素按照需求强度的排序。

4.4.1　投资者特征的问卷调查结果及分析

问卷的第一部分是对投资者基本信息的调查。通过对问卷第一部分调查结果的统计，我们得到了投资者的业务领域或职业类型分布、年龄结构、性别结构、学历结构、专业知识掌握情况、投资规模以及风险偏好七个方面的信息。

1. 投资者的业务领域或职业类型分布

由于机构投资者多为金融领域的机构，而个人投资者广泛地分布于各个行业，所以，我们分别考察机构投资者与个人投资者的职业类型。

在接受调查并给予有效反馈的 193 份机构投资者问卷的从业人员中，证券公司从业人员最多，占机构投资者总数的26.4%；其次是证券投资公司、证券投资咨询公司从业人员，占比为13.5%；再次是信托公司、保险公司从业人员，占比为12.4%；证券投资基金和 QFII 从业人员合计占比为10.4%（见表4-3）。

表4-3　　　　　　　　机构投资者的业务性质构成

		频率	百分比	有效问卷百分比	累积百分比
有效问卷	证券公司	51	26.4	26.4	26.4
	证券投资基金	16	8.3	8.3	34.7
	证券投资公司、证券投资咨询公司	26	13.5	13.5	48.2
	QFII	4	2.1	2.1	50.3
	生产性企业	24	12.4	12.4	62.7
	信托公司、保险公司	21	10.9	10.9	73.6
	其他	51	26.4	26.4	100.0
总计		193	100.0	100.0	

在 604 份有效个人投资者问卷中，缺失职业数据的问卷有 6 份；在其余的问卷中，在金融领域工作的个人投资者数量最多，为 185 人，占个人投资者总数的 30.6%；其次是机关/事业单位的个人投资者，有 80 人，占个人投资者总数的 13.2%；离退休人员和自由职业者两者的总数为 89 人，占个人投资者总数的 14.8%（见表 4－4）。

表 4－4　　　　　　　　　　　个人投资者的职业情况

		频率	百分比	有效问卷百分比	累积百分比
有效问卷	金融领域	185	30.6	30.9	30.9
	机关/事业单位	80	13.2	13.4	44.3
	民营/个体劳动者	67	11.1	11.2	55.5
	离退休人员	39	6.5	6.5	62.0
	自由职业者	50	8.3	8.4	70.4
	其他	177	29.3	29.6	100.0
	小计	598	99.0	100.0	
Missing		6	1		
总计		604	100.0		

注：Missing 表示在问卷中未回答此项问题的情况。

2. 投资者的年龄结构

问卷调查结果的统计数据显示，在 803 份有效问卷中，有 11 份没有填写年龄；在其余的 792 份问卷中，26～35 岁年龄段的投资者（包括代表机构投资者回答问卷的机构从业人员）人数最多，有 298 位；其次是 36～45 岁年龄段的投资者，有 200 位。这两个年龄段的投资者人数合计占有效问卷总数的 62.0%（见表 4－5）。

表 4－5　　　　　　　　　　　投资者的年龄构成

		频率	百分比	有效问卷百分比	累积百分比
有效问卷	25 岁以下	156	19.4	19.7	19.7
	26～35 岁	298	37.1	37.6	57.3
	36～45 岁	200	24.9	25.3	82.6

		频率	百分比	有效问卷百分比	累积百分比
有效问卷	46～60 岁	99	12.3	12.5	95.1
	60 岁以上	39	4.9	4.9	100.0
	小计	792	98.6	100.0	
Missing		11	1.4		
总计		803	100.0		

注：Missing 表示在问卷中未回答此项问题的情况。

分别从机构投资者从业人员与个人投资者的年龄段看，机构投资者中，26～45 岁的投资者占比为 74.1%，明显高于个人投资者中的 26～45 岁的投资者占比（57.9%）。近 3/4 的机构投资者从业人员的年龄集中在 26～45 岁。换言之，26～45 岁的年轻人和中年人，是机构投资者从业人员中的主力军（见表 4－6 和表 4－7）。

相对于机构投资者，个人投资者中的年轻人更多。其中，个人投资者中 25 岁以下的投资者数量略多，占有效问卷总数的比例达 22.0%，而机构投资者的从业人员年龄在 25 岁以下的只有 11.9%（见表 4－6 和表 4－7）。

表 4－6　　　　　　机构投资者从业人员的年龄构成

		频率	百分比	有效问卷百分比	累积百分比
有效问卷	25 岁以下	23	11.9	12.1	12.1
	26～35 岁	81	42.0	42.6	54.7
	36～45 岁	62	32.1	32.6	87.4
	46～60 岁	23	11.9	12.1	99.5
	60 岁以上	1	0.5	0.5	100.0
	小计	190	98.4	100.0	
Missing		3	1.6		
总计		193	100.0		

注：Missing 表示在问卷中未回答此项问题的情况。

表 4 - 7　　　　　　　　　　个人投资者的年龄构成

		频率	百分比	有效问卷百分比	累积百分比
有效问卷	25 岁以下	133	22.0	22.3	22.3
	26~35 岁	212	35.1	35.6	57.9
	36~45 岁	138	22.8	23.2	81.0
	46~60 岁	75	12.4	12.6	93.6
	60 岁以上	38	6.3	6.4	100.0
	小计	596	98.7	100.0	
Missing		8	1.3		
总计		604	100.0		

注：Missing 表示在问卷中未回答此项问题的情况。

3. 投资者的性别结构分析

在 803 份有效问卷中，缺失性别数据的问卷有 21 份。对其余问卷的相关统计显示，男性投资者数量为 429 人，占有效问卷总数的 53.4%；女性投资者数量为 353 人，占有效问卷总数的 44%。男性投资者数量略高于女性投资者（见表 4 - 8）。

表 4 - 8　　　　　　　　　　投资者整体的性别构成

		频率	百分比	有效问卷百分比	累积百分比
有效问卷	男	429	53.4	54.9	54.9
	女	353	44.0	45.1	100.0
	小计	782	97.4	100.0	
Missing		21	2.6		
总计		803	100.0		

注：Missing 表示在问卷中未回答此项问题的情况。

个人投资者中，男性与女性投资者占比分别为 50% 和 48.2%，比例基本持平；而在机构投资者中，男性从业人员占比 63.7%，明显高于女性从业人员的 31.1%（见表 4 - 9 和表 4 - 10）。

表 4 – 9 机构投资者从业人员的性别构成

		频率	百分比	有效问卷百分比	累积百分比
有效问卷	男	123	63.7	67.2	67.2
	女	60	31.1	32.8	100.0
	总计	183	94.8	100.0	
Missing		10	5.2		
总计		193	100.0		

注：Missing 表示在问卷中未回答此项问题的情况。

表 4 – 10 个人投资者的性别构成

		频率	百分比	有效问卷百分比	累积百分比
有效问卷	男	302	50.0	50.9	50.9
	女	291	48.2	49.1	100.0
	小计	593	98.2	100.0	
Missing		11	1.8		
总计		604	100.0		

注：Missing 表示在问卷中未回答此项问题的情况。

4. 投资者的学历结构分析

在投资者的学历构成中，学历为大学的投资者数量为 369 人，占有效问卷总数的 46.0%；大专或大专以下的投资者数量与具有硕士学历的投资者数量相当，两者共占有效问卷总数的 45.1%；拥有博士学位的投资者数量 28 人，占有效问卷总数的 3.5%。可见，中等学历投资者是投资者群体的主力（见表 4 – 11）。

表 4 – 11 投资者整体的学历构成

		频率	百分比	有效问卷百分比	累积百分比
有效问卷	大专或大专以下	191	23.8	25.2	25.2
	大学	369	46.0	48.6	73.8
	硕士	171	21.3	22.5	96.3

续表

		频率	百分比	有效问卷百分比	累积百分比
有效问卷	博士	28	3.5	3.7	100.0
	小计	759	94.5	100.0	
Missing		44	5.5		
总计		803	100.0		

注：Missing 表示在问卷中未回答此项问题的情况。

机构投资者从业人员群体的学历明显高于个人投资者群体。学历为硕士的机构投资者从业人员与个人投资者占有效问卷总数的比例分别为42.0%和14.7%；拥有博士学位的机构投资者从业人员与个人投资者的占比分别为12.4%和0.7%（见表4－12和表4－13）。

表4－12　　　　　机构投资者从业人员的学历构成

		频率	百分比	有效问卷百分比	累积百分比
有效问卷	大专或大专以下	9	4.7	5.0	5.0
	大学	66	34.2	36.7	41.7
	硕士	81	42.0	45.0	86.7
	博士	24	12.4	13.3	100.0
	小计	180	93.3	100.0	
Missing		13	6.7		
总计		193	100.0		

注：Missing 表示在问卷中未回答此项问题的情况。

表4－13　　　　　　个人投资者的学历构成

		频率	百分比	有效问卷百分比	累积百分比
有效问卷	大专或大专以下	180	29.8	31.4	31.4
	大学	300	49.7	52.4	83.8
	硕士	89	14.7	15.5	99.3
	博士	4	0.7	0.7	100.0
	小计	573	94.9	100.0	
Missing		31	5.1		
总计		604	100.0		

注：Missing 表示在问卷中未回答此项问题的情况。

5. 投资者的专业知识掌握情况

在投资者的专业知识掌握方面，系统地学习过专业投资知识的投资者有 344 位，占问卷总数的 42.8%；参加过相关培训的投资者有 279 位，占总数的 34.7%；两者合计占 77.5%。这说明大多数投资者掌握一定的投资知识（见表 4 - 14）。

表 4 - 14　　　　　　　　投资者的专业知识掌握情况

		频率	百分比	有效问卷百分比	累积百分比
有效问卷	系统专业地学习过	344	42.8	43.1	43.1
	参加过某些培训班或讲座	279	34.7	35.0	78.1
	完全靠经验和感觉	175	21.8	21.9	100.0
	小计	798	99.4	100.0	
Missing		5	0.6		
总计		803	100.0		

注：Missing 表示在问卷中未回答此项问题的情况。

在机构投资者从业人员中，79.3% 的人具有系统专业学习的经历，远高于个人投资者 31.0% 的比例；有 27.6% 的个人投资者完全凭经验和感觉进行投资，这说明，个人投资者存在盲目投资的情况，其专业投资知识水平有待提高（见表 4 - 15 和表 4 - 16）。

表 4 - 15　　　　　　机构投资者从业人员的专业知识掌握情况

		频率	百分比	有效问卷百分比	累积百分比
有效问卷	系统专业地学习过	153	79.3	79.3	79.3
	参加过某些培训班或讲座	32	16.6	16.6	95.9
	完全靠经验和感觉	8	4.1	4.1	100.0
总计		193	100.0	100.0	

表 4 –16　　　　　　　　　个人投资者的专业知识掌握情况

		频率	百分比	有效问卷百分比	累积百分比
有效问卷	系统学习过	187	31.0	31.2	31.2
	参加过某些培训或讲座	245	40.6	40.9	72.1
	完全靠经验和感觉	167	27.6	27.9	100.0
	小计	599	99.2	100.0	
Missing		5	0.8		
合计		604	100.0		

注：Missing 表示在问卷中未回答此项问题的情况。

6. 投资者的投资规模分析

由于机构投资者与个人投资者的投资规模差异较大，二者之间的可比性很低，所以，我们分别对机构与个人投资者的投资规模状况进行分析。

在机构投资者中，投资规模为 1 亿 ~ 10 亿元的投资者最多，占机构投资者有效问卷总数的 23.8%；投资规模为 10 亿 ~ 50 亿元的机构投资者占12.4%；投资规模为 50 亿 ~ 100 亿元的机构投资者占 9.8%；投资规模为100 亿元以上的机构投资者占 7.3%。可见，机构投资者的投资规模较大。投资规模达 1 亿元以上的机构投资者占 53.3%，超过机构投资者总数的半数（见表 4 –17）。

表 4 –17　　　　　　　　　机构投资者的投资规模状况

		频率	百分比	有效问卷百分比	累积百分比
有效问卷	10 万元以下	13	6.7	6.8	6.8
	10 万 ~ 50 万元	5	2.6	2.6	9.4
	50 万 ~ 100 万元	7	3.6	3.7	13.1
	100 万 ~ 500 万元	12	6.2	6.3	19.4
	500 万 ~ 1000 万元	19	9.8	9.9	29.3
	1000 万 ~ 1 亿元	32	16.6	16.8	46.1
	1 亿 ~ 10 亿元	46	23.8	24.1	70.2
	10 亿 ~ 50 亿元	24	12.4	12.6	82.7

		频率	百分比	有效问卷百分比	累积百分比
有效问卷	50 亿 ~ 100 亿元	19	9.8	9.9	92.7
	100 亿元以上	14	7.3	7.3	100.0
	小计	191	99.0	100.0	
Missing		2	1.0		
总计		193	100.0		

注：Missing 表示在问卷中未回答此项问题的情况。

在个人投资者中，有 43.7% 的投资者投资规模在 10 万元以下；32.9% 的投资规模为在 10 万 ~ 50 万元；投资规模为 10 万元以上的占 23.3%。投资规模在 100 万元以下的占比为 87.7%。可见，绝大多数个人投资者的投资规模低于 100 万元（见表 4 - 18）。

表 4 - 18　　　　　　　　个人投资者的投资规模状况

		频率	百分比	有效问卷百分比	累积百分比
有效问卷	10 万元以下	264	43.7	43.7	43.7
	10 万 ~ 50 万元	199	32.9	32.9	76.7
	50 万 ~ 100 万元	67	11.1	11.1	87.7
	100 万 ~ 500 万元	26	4.3	4.3	92.1
	500 万 ~ 1000 万元	4	0.7	0.7	92.7
	1000 万 ~ 1 亿元	4	0.7	0.7	93.4
	1 亿 ~ 10 亿元	17	2.8	2.8	96.2
	10 亿 ~ 50 亿元	16	2.6	2.6	98.8
	50 亿 ~ 100 亿元	4	0.7	0.7	99.5
	100 亿元以上	3	0.5	0.5	100.0
总计		604	100.0	100.0	

7. 投资者的风险偏好状况

对投资者风险偏好的调查结果显示，有 474 位投资者属于稳健型的投资者，他们愿意承担有限的投资风险。这一类型的投资者占有效问卷总数的 59.0% 。换言之，半数以上的投资者为稳健型投资者。

其他风险偏好类型的投资者所占比例均不是很大，按从高到低排序为：愿意承担更大一点的风险的投资者（积极型），不愿承担风险的投资者（安全型），以及敢冒风险、愿意进行风险投资的投资者（激进型）（见表 4 - 19）。

表 4 - 19　　　　　　　　投资者的风险偏好状况

		频率	百分比	有效问卷百分比	累积百分比
有效问卷	不愿承担风险（安全型）	116	14.4	14.5	14.5
	愿意承担有限的风险（稳健型）	474	59.0	59.3	73.8
	愿意承担大一点的风险（积极型）	137	17.1	17.1	90.9
	敢冒风险，愿意风险投资（激进型）	73	9.1	9.1	100.0
	小计	800	99.6	100.0	
Missing		3	0.4		
总计		803	100.0		

注：Missing 表示在问卷中未回答此项问题的情况。

分别从机构投资者和个人投资者的风险偏好情况看，后者的风险偏好程度更低，投资行为更为谨慎、保守。个人投资者中风险偏好态度为稳健型和安全型的投资者数量占有效问卷总数的 81.2% ，远高于机构投资者中的稳健型和安全型投资者 51.3% 的占比；而机构投资者和个人投资者中的激进型投资者数量分别占有效问卷总数的 15% 和 7.2% （见表 4 - 20 和表 4 - 21）。这说明有些机构投资者的投资行为更为大胆、冒进。

表 4 - 20　　　　　　　机构投资者的风险偏好状况

		频率	百分比	有效问卷百分比	累积百分比
有效问卷	不愿承担风险（安全型）	14	7.3	7.3	7.3
	愿意承担有限的风险（稳健型）	85	44.0	44.0	51.3

续表

		频率	百分比	有效问卷百分比	累积百分比
有效问卷	愿意承担大一点的风险（积极型）	65	33.7	33.7	85.0
	敢冒风险，愿意风险投资（激进型）	29	15.0	15.0	100.0
总计		193	100.0	100.0	

表 4–21 　　　　　　　　个人投资者的风险偏好状况

		频率	百分比	有效问卷百分比	累积百分比
有效问卷	不愿承担风险（安全型）	102	16.9	17.0	17.0
	愿意承担有限的风险（稳健型）	386	63.9	64.2	81.2
	愿意承担大一点的风险（积极型）	70	11.6	11.6	92.8
	敢冒风险，愿意风险投资（激进型）	43	7.1	7.2	100.0
	小计	601	99.5	100.0	
Missing		3	0.5		
总计		604	100.0		

注：Missing 表示在问卷中未回答此项问题的情况。

4.4.2　投资者新股发行信息需求状况的问卷调查结果及分析

　　问卷的第二部分是针对投资者对新股发行信息的需求状况，尤其是针对风险因素信息的态度进行的调查。通过对问卷第一部分调查结果的统计，我们得到了投资者在新股申购时的信息获取状况、投资者申购新股后的持有期、投资者对招股说明书中风险信息的熟悉程度、投资者对招股说明书不同部分的阅读偏好、投资者获取新股发行信息的渠道、投资者对新股发行信息（尤其是风险因素）披露不足之处的评判以及投资者对新股发行信息披露提出的建议七个方面的信息。

1. 投资者在新股申购时的信息获取状况分析

投资者回复的 803 份有效问卷显示，有 284 位投资者阅读招股说明书全文，并查阅相关的资料，之后做出是否进行新股申购决策，其占有效问卷总数的比例为 35.4%；有 220 位投资者仅阅读招股说明书全文或摘要，不再查询其他信息，然后做出是否进行新股申购的决策，其占比为 27.4%；有 181 位投资者不阅读招股说明书或其摘要，但会简要查询其他的相关信息，然后做出是否申购的决策，其占比为 22.5%；不查询相关信息，直接申购新股的投资者有 98 位，其占比为 12.2%（见表 4 – 22）。

表 4 – 22　　　　　　　　　投资者新股申购时信息获取的整体状况

		频率	百分比	有效问卷百分比	累积百分比
有效问卷	阅读全文	284	35.4	36.3	36.3
	阅读摘要	220	27.4	28.1	64.4
	利用其他来源信息	181	22.5	23.1	87.5
	不阅读任何信息	98	12.2	12.5	100.0
	小计	783	97.5	100.0	
Missing		20	2.5		
总计		803	100.0		

注：1. Missing 表示在问卷中未回答此项问题的情况。

2. 为简洁起见，表中有关栏目的内容是对相关问卷问题的简化，例如，表中的"阅读全文"，在问卷中为："阅读招股说明书全文，并查阅相关的资料，之后做出是否进行新股申购的决策。"问卷的有关详细内容见附录5。

由表 4 – 22 中数据可以看出，对相关信息进行查阅的投资者占多数；但有一定比例的投资者在不进行信息搜寻的情况下就直接申购新股，属于较为盲目投资的行为，但是，不排除有这样的原因存在：（1）我国的 IPO 抑价率总体水平较高，新股申购的中签率较低，进行新股申购的风险较小，所以，有的投资者不做信息的搜集工作，干脆只要有新股发行就申购；（2）有的投资者认为招股说明书以及其他信息来源所披露的信息价值不高，投资者不愿进行搜寻和阅读。

图 4 – 1 给出了新股申购时机构投资者和个人投资者阅读招股说明书全文、阅读招股说明书摘要、查询其他相关信息以及不搜寻相关信息、直

接进行投资（盲目投资）的对比情况。从该图中可以看出，机构投资者比个人投资者更加重视信息的获取。约有半数的机构投资者会阅读招股说明书全文，其比例远高于个人投资者；不阅读招股说明书、但会简要的查阅其他来源的企业信息以及进行盲目投资的个人投资者比例均明显高于机构投资者。

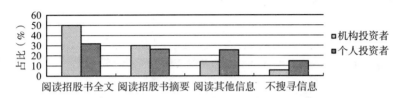

图 4 - 1　机构投资者与个人投资者在新股申购时的信息获取状况对比

2. 投资者申购新股后的持有期分析

在新股申购成功后，近半数的投资者在一周之内卖出股票；33.5% 的投资者持有期为一个季度。这两者合计占有效问卷总数的 79.2%，占了绝大多数。持有期为一年的投资者占 11.3%；持有期为一年以上的投资者只占 7.3%（见表 4 - 23）。可见，持股期长短与投资者数量多少呈反比。多数投资者申购到新股后就尽快抛出，反映出投资者对发行人信息掌握情况的不对称状态，以及投资者对新股中长期表现的不乐观预期，投资者的持股态度是尽快"卖出获利，落袋为安"。

表 4 - 23　　　　　　　　投资者申购到新股后的持股期统计

		频率	百分比	有效问卷百分比	累积百分比
有效 问卷	一周	367	45.7	46.7	46.7
	一季度	269	33.5	34.2	80.9
	一年	91	11.3	11.6	92.5
	一年以上	59	7.3	7.5	100.0
	小计	786	97.9	100.0	
Missing		17	2.1		
总计		803	100.0		

注：Missing 表示在问卷中未回答此项问题的情况。

对机构和个人投资者数据的分类统计结果显示，机构投资者的持股期为一个季度的占比略高于持有期为一周的占比，而个人投资者的持股期与投资者数量仍呈反比。机构和个人的持股期差别不很明显。机构持股期为一个季度的数量略多的原因之一应该是机构持股数量较多，在一定的时间段内需分次卖出，这样不至于导致股票价格的大幅下跌，更有利于机构获取较稳定的收益（见图4－2）。

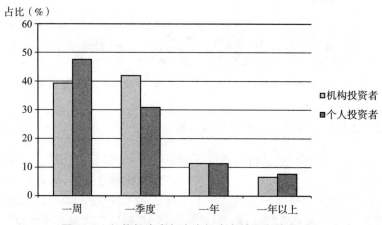

图4－2　机构投资者与个人投资者持股期情况对比

3. 投资者对招股说明书中风险信息的熟悉程度分析

关于投资者对招股说明书中风险因素部分的熟悉程度的统计结果显示，不同的投资者对此信息的了解、熟悉情况差别较大，各种熟悉程度的投资者都占一定比例。数量较多的是对其知道，但不熟悉。这类投资者有223位投资者，占有效问卷总数的27.8%。对其不太熟悉、有些熟悉、比较熟悉的分别占14.1%、13.6%和11.2%。对其一无所知和非常熟悉的均占6.2%。比较熟悉和非常熟悉的投资者合计仅占17.4%（见表4－24）。这表明，多数投资者对于招股说明书都是"一知半解"。招股说明书作为投资者了解新股发行的主要渠道及工具，投资者对其熟悉程度远远不够。

表 4 - 24　　　　　　投资者对招股说明书中风险信息的熟悉程度统计

		频率	百分比	有效问卷百分比	累积百分比
有效问卷	一无所知	50	6.2	7.9	7.9
	知道，但不熟悉	223	27.8	35.1	43.0
	不太熟悉	113	14.1	17.8	60.8
	有些熟悉	109	13.6	17.2	78.0
	比较熟悉	90	11.2	14.2	92.1
	非常熟悉	50	6.2	7.9	100.0
	小计	635	79.1	100.0	
Missing		168	20.9		
总计		803	100.0		

注：Missing 表示在问卷中未回答此项问题的情况。

对机构投资者和个人投资者分别统计的结果显示，机构投资者中，除去缺失数据，有 46.1% 的机构投资者对招股说明书中的风险信息熟悉程度达到有些熟悉、非常熟悉，远远高于个人投资者 8.3% 的比例。而在 "非常熟悉" 这一选项，机构投资者达到 22.8%，而选择该项的个人投资者仅为 0.8%（见表 4 - 25 和表 4 - 26）。分类数据的巨大差距表明个人投资者对于招股说明书的熟悉及重视程度远远低于机构投资者，在招股说明书中获取信息的动力和能力均严重不足。

表 4 - 25　　　　机构投资者对招股说明书中风险信息的熟悉程度统计

		频率	百分比	有效问卷百分比	累积百分比
有效问卷	一无所知	2	1.0	1.2	1.2
	知道，但不熟悉	27	14.0	16.0	17.2
	不太熟悉	12	6.2	7.1	24.3
	有些熟悉	39	20.2	23.1	47.3
	比较熟悉	45	23.3	26.6	74.0
	非常熟悉	44	22.8	26.0	100.0
	小计	169	87.6	100.0	
Missing		24	12.4		
总计		193	100.0		

注：Missing 表示在问卷中未回答此项问题的情况。

表 4 – 26　　　　个人投资者对招股说明书中风险信息的熟悉程度统计

		频率	百分比	有效问卷百分比	累积百分比
有效问卷	一无所知	48	7.9	10.4	10.4
	知道，但不熟悉	196	32.5	42.3	52.7
	不太熟悉	101	16.7	21.8	74.5
	有些熟悉	68	11.3	14.7	89.2
	比较熟悉	45	7.5	9.7	98.9
	非常熟悉	5	0.8	1.1	100.0
	小计	463	76.7	100.0	
Missing		141	23.3		
总计		604	100.0		

注：Missing 表示在问卷中未回答此项问题的情况。

4. 投资者对招股说明书不同部分的阅读偏好分析

根据中国证监会于 2006 年 5 月 18 日颁布的修订后的《公开发行证券的公司信息披露内容与格式准则第 1 号——招股说明书》，招股说明书中所披露的公司信息主要包括：重大事项提示、本次发行概况、风险因素、发行人基本情况、业务和技术、同业竞争与关联交易、公司治理结构、财务会计信息、管理层讨论与分析、业务发展目标、募集资金运用、股利分配政策及其他重要事项等。本次问卷调查按照以上信息要素分类，调查投资者对于招股说明书中所披露的信息因素的偏好情况。

此项调查的统计结果如表 4 – 27 所示。投资者阅读得最多的部分首先是"重大事项提示"，其次是"本次发行概况"，最后是"风险因素"。投资者对"风险因素"的关注超过了"发行人基本情况"、"财务会计信息"、"募集资金运用"等其他 11 个部分。可见，投资者对新股发行风险因素的信息需求强度还是比较高的。

表 4 – 27　　　　投资者阅读招股说明书各部分的偏好状况统计

项目类别	名称	计数	反应百分比	案例所占百分比
重大事项提示	部分 1	397	13.0	62.6
本次发行概况	部分 2	349	11.4	55.0

续表

项目类别	名称	计数	反应百分比	案例所占百分比
风险因素	部分 3	323	10.6	50.9
发行人基本情况	部分 4	282	9.2	44.5
业务和技术	部分 5	192	6.3	30.3
同业竞争与关联交易	部分 6	185	6.0	29.2
董事、监事、高管人员与核心技术人员	部分 7	169	5.5	26.7
公司治理	部分 8	147	4.8	23.2
财务会计信息	部分 9	274	9.0	43.2
管理层讨论与分析	部分 10	88	2.9	13.9
业务发展目标	部分 11	168	5.5	26.5
募集资金运用	部分 12	229	7.5	36.1
股利分配政策	部分 13	187	6.1	29.5
其他重要事项	部分 14	70	2.3	11.0
反应总数		3060	100.0	482.6

　　从表 4 - 28 和表 4 - 29 对机构投资者和个人投资者分别进行的统计结果看，机构投资者比个人投资者更加重视招股说明书中披露的"财务会计信息"和"发行人基本情况"等需要更多的专业知识、花费更多的时间去研读的部分。个人投资者更加倾向于阅读内容较为简洁、易懂的部分。这与前文所分析的机构投资者专业知识水平高于个人投资者的情况是吻合的。

表 4 - 28　　　机构投资者阅读招股说明书各部分的偏好状况统计

项目类别	名称	计数	反应百分比	案例所占百分比
重大事项提示	部分 1	114	12.0	68.7
本次发行概况	部分 2	105	11.1	63.3
风险因素	部分 3	91	9.6	54.8
发行人基本情况	部分 4	110	11.6	66.3
业务和技术	部分 5	86	9.1	51.8
同业竞争与关联交易	部分 6	49	5.2	29.5

项目类别	名称	计数	反应百分比	案例所占百分比
董事、监事、高管人员与核心技术人员	部分7	54	5.7	32.5
公司治理	部分8	37	3.9	22.3
财务会计信息	部分9	108	11.4	65.1
管理层讨论与分析	部分10	27	2.8	16.3
业务发展目标	部分11	48	5.1	28.9
募集资金运用	部分12	64	6.7	38.6
股利分配政策	部分13	33	3.5	19.9
其他重要事项	部分14	24	2.5	14.5
反应总数		950	100.0	572.3

表4-29　　　　个人投资者阅读招股说明书各部分的偏好状况统计

项目类别	名称	计数	反应百分比	案例所占百分比
重大事项提示	部分1	280	13.5	60.2
本次发行概况	部分2	241	11.6	51.8
风险因素	部分3	229	11.0	49.2
发行人基本情况	部分4	169	8.1	36.3
业务和技术	部分5	105	5.1	22.6
同业竞争与关联交易	部分6	133	6.4	28.6
董事、监事、高管人员与核心技术人员	部分7	114	5.5	24.5
公司治理	部分8	109	5.2	23.4
财务会计信息	部分9	165	7.9	35.5
管理层讨论与分析	部分10	60	2.9	12.9
业务发展目标	部分11	117	5.6	25.2
募集资金运用	部分12	162	7.8	34.8
股利分配政策	部分13	151	7.3	32.5
其他重要事项	部分14	43	2.1	9.2
反应总数		2078	100.0	446.9

5. 对投资者获取新股发行信息渠道的分析

关于投资者获取新股发行信息的渠道这一变量，我们通过复选题的形式，设计了六个选项，问卷调查结果如表 4 – 30 所示。

表 4 – 30　　　　　　　投资者获取新股信息的渠道统计

项目类别	名称	计数	反应百分比	案例所占百分比
网络	来源 1	383	26. 0	65. 6
报纸	来源 2	284	19. 3	48. 6
广播、电视	来源 3	217	14. 7	37. 2
股票行情软件	来源 4	254	17. 2	43. 5
投资经理介绍、推荐	来源 5	162	11. 0	27. 7
熟人、朋友的介绍、推荐	来源 6	175	11. 9	30. 0
反应总数		1475	100. 0	252. 6

通过表 4 – 30 我们可以看出，"网络"和"报纸"成为投资者最主要的信息来源渠道。通过"网络"、"报纸"、"广播、电视"、"股票行情软件"这四类直接信息获取渠道获取信息的投资者约占投资者总数的 77%。但是，"投资经理介绍、推荐"和"熟人、朋友的介绍、推荐"这两个选项被选的比例也比较高，两者合计为 23%。这说明有一定数量的投资者根据"道听途说"式的接受他人介绍、推荐的间接信息获取渠道进行新股申购。

对机构投资者和个人投资者数据的分类统计结果表明，比较便捷的"网络"是两类投资者均采用最多的信息获取渠道。但是，机构投资者更加倾向于关注"网络"、"报纸"、"广播、电视"、"股票行情软件"等获取直接信息的渠道，而个人投资者通过"投资经理介绍、推荐"和"熟人、朋友的介绍、推荐"的渠道获取间接信息的比例更高一些（见表 4 – 31 和表 4 – 32）。

表4-31   机构投资者获取新股信息的渠道统计

项目类别	名称	计数	反应百分比	案例所占百分比
网络	来源1	147	31.1	79.9
报纸	来源2	114	24.2	62.0
广播、电视	来源3	44	9.3	23.9
股票行情软件	来源4	102	21.6	55.4
投资经理介绍、推荐	来源5	38	8.1	20.7
熟人、朋友的介绍、推荐	来源6	27	5.7	14.7
反应总数		472	100.0	256.5

表4-32   个人投资者获取新股信息的渠道统计

项目类别	名称	计数	反应百分比	案例所占百分比
网络	来源1	383	26.0	65.6
报纸	来源2	284	19.3	48.6
广播、电视	来源3	217	14.7	37.2
股票行情软件	来源4	254	17.2	43.5
投资经理介绍、推荐	来源5	162	11.0	27.7
熟人、朋友的介绍、推荐	来源6	175	11.9	30.0
反应总数		1475	100.0	252.6

6. 投资者对新股发行信息（尤其是风险因素）披露不足之处的评判分析

在本次问卷调查中，除了调查投资者对新股发行风险信息的需求状况，还调查了投资者对新股发行信息（尤其是风险因素）披露不足之处的意见。此项调查设计为多选题，有多个选项供投资者选择。

调查结果如表4-33所示。表中给出的投资者对各选项被勾选的次数、反应值百分比和观察值百分比的分布较为均匀，说明在投资者看来，招股说明书中普遍存在着流于形式、不够全面、不够准确、没有突出重点、不够通俗易懂、缺少定量分析、缺少预测信息等问题。

表 4 – 33 投资者对招股说明书信息（尤其是风险因素）披露不足之处的评判统计

项目类别	名称	计数	反应百分比	案例所占百分比
流于形式	评判 1	422	14.2	53.5
不够全面	评判 2	441	14.9	55.9
不够准确、深入	评判 3	518	17.4	65.7
没有突出重点	评判 4	456	15.4	57.8
不够通俗易懂	评判 5	327	11.0	41.4
缺少定量分析	评判 6	432	14.6	54.8
缺少预测信息	评判 7	373	12.6	47.3
反应总数		2969	100.0	376.3

对机构投资者和个人投资者的分类统计结果表明，机构投资者更倾向于认为招股说明书的信息（尤其是风险因素）披露"不够深入、不准确"和"不够全面"，多数机构投资者不认为招股说明书"不够通俗易懂"（见表 4 – 34）。

表 4 – 34　　机构投资者对招股说明书信息（尤其是风险因素）披露不足之处的评判统计

项目类别	名称	计数	反应百分比	案例所占百分比
流于形式	评判 1	98	13.5	51.3
不够全面	评判 2	131	18.0	68.6
不够准确、深入	评判 3	137	18.8	71.7
没有突出重点	评判 4	104	14.3	54.5
不够通俗易懂	评判 5	30	4.1	15.7
缺少定量分析	评判 6	106	14.6	55.5
缺少预测信息	评判 7	121	16.6	63.4
反应总数		727	100.0	380.6

注：缺失样本数为 2，有效样本数为 191。

个人投资者更倾向于认为招股说明书的信息（尤其是风险因素）披露"不够深入、不准确"和"没有突出重点"。对于其他不足之处的选项，个人投资者的勾选分布较为均匀（见表 4-35）。

表 4-35 　　　　个人投资者对招股说明书信息（尤其是风险因素）
披露不足之处的评判统计

项目类别	名称	计数	反应百分比	案例所占百分比
流于形式	评判 1	320	14.4	54.1
不够全面	评判 2	309	13.9	52.2
不够准确、深入	评判 3	378	17.0	63.9
没有突出重点	评判 4	347	15.6	58.6
不够通俗易懂	评判 5	295	13.3	49.8
缺少定量分析	评判 6	323	14.5	54.6
缺少预测信息	评判 7	248	11.2	41.9
反应总数		2220	100.0	375.0

7. 投资者对新股发行信息披露提出的建议和分析

在本次问卷调查中，对投资者提出的新股发行信息披露改善建议设计为开放式题目，由投资者进行文字填写。在 803 份有效问卷中，共有 299 份问卷的填写人对本题进行了文字填写回答。我们根据题目回答情况，将投资者提出的改善意见归为八大类，包括：（1）提高信息披露的真实性；（2）突出重点信息（包括重要的风险信息）的披露；（3）增强新股发行信息披露的违规处罚，加强法律约束；（4）增加风险信息的定量分析，提高信息披露的准确性；（5）提高风险信息披露的完整性和详细程度；（6）突出对实际控制人情况的说明；（7）增加预测性信息的披露；（8）加强对招股说明书有关知识的宣传、信息披露语言更加通俗易懂、提高信息披露格式的统一性、细化募集资金使用情况的说明等其他建议。

其中，投资者对于信息真实性要求的反馈意见最多，占投资者所提建议总数的 26.8%；有 10.0% 的投资者要求提高招股说明书中信息的准确性；有 6.7% 的投资者提出需要加强新股发行信息披露的全面性，信息内容应该更加详细。有 8% 的投资者提出需要加强新股发行的审查力度和违规惩罚力度。可见，投资者对信息披露不真实、不准确、不完整等情况的意见比较大，反应也比较强烈。如何提高招股说明书信息的真实性、完整性，避免虚假信息披露，需要有关部门推出比较有效的发行体制改革措施（见图 4 – 3）。

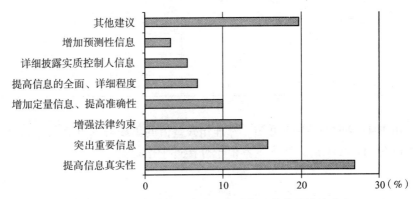

图 4 – 3 投资者所提各类建议占建议总数的百分比分布

有 15.7% 的投资者提出需要在招股说明书中风险因素部分突出披露的重点。根据招股说明书的格式要求，绝大多数发行人都能够在形式上进行风险因素的披露，但究竟哪些是真正关系到企业未来发展状况的因素，投资者仅从风险因素部分往往难以作出十分准确的判断。这需要发行人对其所掌握的重点风险因素进行更加明确的披露。

4.4.3 基于问卷调查结果的投资收益影响因素回归分析

影响投资者投资收益的因素很多，这里我们以问卷调查所得到的某些结果为解释变量和被解释变量，考察投资者进行新股申购所获得投资收益的影响因素。

根据 803 份有效问卷的调查结果，我们以投资收益（SYt）作为被解释变量，以投资风险偏好（TDt）、投资经验（JYt）、投资规模（GMt）以及从招股说明书中获取信息的状况（HQt）作为解释变量，进行回归分析，因为 SYt 与 HQt 两个变量相关的问卷题目所设置的程度序列与其他变量相反，所以首先进行变量转序设置，转序成功后进行线性回归分析。经筛选，得到有效样本数有 774 个，如表 4 – 36 所示。

表 4 – 36 样本总体描述性统计

	均值	标准差	样本数量
投资收益（SY_t）	4.45	1.812	774
投资风险偏好（TD_t）	2.22	0.802	774
投资经验（JY_t）	2.34	1.192	774
投资规模（GM_t）	3.21	2.636	774
招股书信息获取（HQ_t）	2.01	0.776	774

由图 4 – 4 和图 4 – 5 可知，标准化残差值的累积概率点大致分布在四十五度角的直线附近，样本观察值十分接近于正态分布。

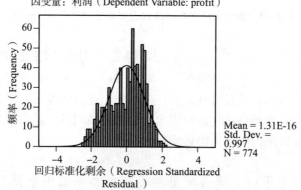

图 4 – 4 回归标准化残差直方图

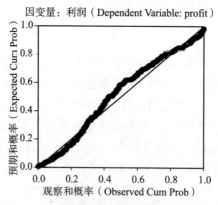

图 4 – 5 回归标准化残差的正态 P – P 图

　　表4-37给出了变量间的积差相关矩阵，各解释变量间相关系数均<0.7，即各解释变量不存在多元化线性关系。因此，可对所设定的被解释变量与解释变量进行多元线性回归分析。

表4-37　　　　　　　　　　变量间的积差相关矩阵

		投资收益	投资风险偏好	投资经验	投资规模	招股书信息获取
Pearson Correlation	投资收益	1.000	0.132	0.197	0.252	0.259
	投资风险偏好	0.132	1.000	0.202	0.242	0.058
	投资经验	0.197	0.202	1.000	0.406	0.103
	投资规模	0.252	0.242	0.406	1.000	0.186
	招股书信息获取	0.259	0.058	0.103	0.186	1.000
Sig. (1-tailed)	投资收益	0.0	0.000	0.000	0.000	0.000
	投资风险偏好	0.000	0.0	0.000	0.000	0.055
	投资经验	0.000	0.000	0.0	0.000	0.002
	投资规模	0.000	0.000	0.000	0.0	0.000
	招股书信息获取	0.000	0.055	0.002	0.000	0.0

　　通过方差分析，变异显著性检验的F值为26.935，显著性检验的P值为0.000，小于0.05的显著水平，表示回归模型整体解释变量达到显著水平（见表4-38）。

表4-38　　　　　　　　　　方差检验结果输出

模型		Sum of Squares	df	Mean Square	F	Sig.
1	回归	311.846	4	77.962	26.935	0.000（a）
	残差	2225.788	769	2.894		
	总计	2537.634	773			

　　表4-39给出了回归模型的回归系数及回归系数的显著性检验的结果。

表4-39 回归分析结果输出

模型		非标准化系数		标准化系数	T	Sig.	共线性统计	
		B	Std. Error	Beta			Tolerance	VIF
1	（常数）	2.434	0.246		9.904	0.000		
	投资风险偏好	0.139	0.079	0.062	1.761	0.007	0.929	1.077
	投资经验	0.149	0.057	0.098	2.641	0.008	0.823	1.215
	投资规模	0.108	0.026	0.157	4.132	0.000	0.789	1.267
	招股书信息获取	0.504	0.080	0.216	6.276	0.000	0.964	1.037

由此可得出标准化回归模型：

$$SY_t = 0.062TD_t + 0.098JY_t + 0.157GM_t + 0.216HQ_t \qquad (4.1)$$

由回归方程式（4.1）可知，四个解释变量的标准化回归系数值分别为 0.062、0.098、0.157 和 0.216，均为正数，解释变量对投资收益变量的影响均为正向，即如果投资者越敢于承担投资风险、投资经验越丰富、投资规模越大、越能够有效地从招股说明书中获取所需信息，那么其投资收益会越大。其中，HQ_t 变量的系数为 0.216，远大于其他解释变量的系数，说明投资者对招股说明书中所披露信息的获取状况对投资收益会产生较大的影响。

4.4.4 投资者对新股发行风险信息的需求强度分析

根据问卷调查得到的投资者对招股说明书中 7 类主要风险因素的重要性评分结果，去除数据缺失的样本，共得到 741 份有效样本。这些有效样本中的评分结果可以反映出投资者对各类风险因素信息的需求强度，其描述性统计如表4-40所示。

表4-40 投资者风险信息需求变量的描述性统计

	N	Sum	Mean	Std. Deviation	Variance
市场或行业变动风险	774	2207	2.85	1.211	1.467
企业生产经营风险	771	2366	3.07	1.029	1.059
企业财务风险	764	2386	3.12	1.020	1.041
企业技术风险	762	2153	2.83	1.019	1.038
募集资金投向或项目实施风险	765	2146	2.81	1.041	1.084
有关政策变动风险	773	2145	2.77	1.198	1.436
外部环境变化风险	772	1931	2.50	1.255	1.576

从表 4-40 中得到的关于投资者对 7 大类风险因素的重要性的评分结果看，投资者关注最多的是企业财务风险，其次是企业生产经营风险。这些风险属于发行人自身存在的风险，为内部风险。投资者关注最少的是外部环境变化风险，和有关政策变动风险。这些风险属于发行人自身之外的风险，为外部风险。

由于投资者对风险信息的评分结果较为接近，为了更精确地考察投资者对各风险因素的信息需求状况，我们通过主成分分析，根据各类风险因素的分值，对风险因素的需求强度进行排序。

为检验主成分分析在本研究中的适用性，我们首先对于 7 个变量进行相关性检验。以 X_1、X_2、X_3、X_4、X_5、X_6 和 X_7 分别代表：（1）市场或行业变动风险；（2）企业生产、经营风险；（3）企业财务风险；（4）企业技术风险；（5）募集资金投向、项目实施风险；（6）有关政策变动风险；（7）外部环境变化风险。各变量之间的相关系数矩阵如表 4-41 所示，各变量之间存在相关性，表明可以进行主成分分析。

表 4-41　　　　　　　　　　**各变量之间的相关系数矩阵**

		X_1	X_2	X_3	X_4	X_5	X_6	X_7
	X_1	1.000	0.666	0.352	0.241	0.219	0.335	0.283
	X_2	0.666	1.000	0.444	0.358	0.201	0.152	0.106
	X_3	0.352	0.444	1.000	0.527	0.219	0.020	0.054
Correlation	X_4	0.241	0.358	0.527	1.000	0.372	0.080	0.143
	X_5	0.219	0.201	0.219	0.372	1.000	0.470	0.397
	X_6	0.335	0.152	0.020	0.080	0.470	1.000	0.647
	X_7	0.283	0.106	0.054	0.143	0.397	0.647	1.000

假定 7 类风险因素变量是因子的线性组合，第一方差为最大方差，后续方差依次递减。选取提取特征值法进行主成分分析，并设定特征值大于 1。主成分分析的因子贡献率结果如表 4-42 所示。

表 4-42　　　　　　**主成分提取结果（Total Variance Explained）**

成分	初始单位根			提取因子的载荷平方和		
	总方差	方差百分比	累积百分比	总计	方差百分比	累积百分比
1	2.810	40.136	40.136	2.810	40.136	40.136
2	1.596	22.806	62.942	1.596	22.806	62.942

成分	初始单位根			提取因子的载荷平方和		
	总方差	方差百分比	累积百分比	总计	方差百分比	累积百分比
3	0.998	14.253	77.195			
4	0.547	7.818	85.013			
5	0.435	6.220	91.234			
6	0.321	4.585	95.818			
7	0.293	4.182	100.000			

因子贡献率结果共显示 2 个主成分因子，且累积贡献率约为 63%。其中，第一主成分对应的特征值为 2.810，解释了原始变量信息的 40.136%；第二个主成分对应的特征值为 1.596，解释了原始变量信息的 22.806%。

主成分载荷矩值如表 4 - 43 所示。

表 4 - 43　　　　　　主成分载荷矩阵（Component Matrix（a））

	成分	
	1	2
市场或行业变动风险 X_1	0.726	-0.162
企业生产经营风险 X_2	0.686	-0.428
企业财务风险 X_3	0.588	-0.550
企业技术风险 X_4	0.607	-0.373
募集资金投向或项目实施风险 X_5	0.641	0.310
有关政策变动风险 X_6	0.597	0.666
外部环境变化风险 X_7	0.574	0.637

a：提取 2 个因子。

由于第一成分因子函数中各变量的载荷十分接近，为了进一步分析风险因素的投资者需求偏好，我们使用方差极大旋转法获得旋转后的因子载荷矩阵，如表 4 - 44 所示。

表 4-44　方差极大旋转后的因子载荷矩阵（Rotated Component Matrix（a））

	成分	
	1	2
市场或行业变动风险 X_1	0.661	0.341
企业生产经营风险 X_2	0.801	0.112
企业财务风险 X_3	0.804	-0.045
企业技术风险 X_4	0.706	0.103
募集资金投向或项目实施风险 X_5	0.294	0.649
有关政策变动风险 X_6	0.031	0.894
外部环境变化风险 X_7	0.032	0.857

a：旋转在 3 次迭代收敛。

通过表 4-44 中的数据可以看出，主成分的构成因子的数值大小更加分化，这样更便于考察投资者风险信息需求的强度。主成分 f_1 在 X_2（企业生产经营风险）、X_3（企业财务风险）及 X_4（企业技术风险）上的载荷都很大，分别达到 0.801、0.804 和 0.706。成分因子 f_2 在 X_6（有关政策变动风险）及 X_7（外部环境变化风险）上的载荷都很大，分别达到 0.894 和 0.857。我们可以根据每个主成分代表的不同变量的不同属性，结合成分因子的综合评分及其对全部原始变量的贡献率来对各个风险因素的需求度排序。

根据表 4-45 的因子得分系数矩阵，得到如下因子得分函数：

$$f_1 = 0.263X_1 + 0.359X_2 + 0.382X_3 + 0.316X_4 + 0.051X_5 - 0.104X_6 - 0.099X_7$$
$$f_2 = 0.088X_1 - 0.049X_2 - 0.13X_3 - 0.041X_4 + 0.295X_5 + 0.457X_6 + 0.437X_7$$

其中，f_1 代表第一主成分；f_2 代表第二主成分。

表 4-45　　因子得分系数矩阵（Component Score Coefficient Matrix）

	成分	
	1	2
市场或行业变动风险 X_1	0.263	0.088
企业生产经营风险 X_2	0.359	-0.049
企业财务风险 X_3	0.381	-0.130
企业技术风险 X_4	0.316	-0.041
募集资金投向或项目实施风险 X_5	0.051	0.295
有关政策变动风险 X_6	-0.104	0.457
外部环境变化风险 X_7	-0.099	0.437

根据得分系数函数，代入投资者对原始变量的评分，可得到成分因子有效评分，再结合各成分因子的贡献率，可分析得到各成分因子相对于全体变量的综合总评分。各成分因子的综合评分如表 4-46 所示。

表 4-46　　　　　　　　各成分因子的综合评分

	N	Sum	Mean	Std. Deviation	Variance
第一成分因子得分	741	1060.01	1.4305	0.42010	0.176
第二成分因子得分	741	470.58	0.6351	0.27188	0.074

由表 4-46 可知，第一主成分得分明显高于第二成分因子。第一主成分因子所对应荷载最大的风险因素（企业生产经营风险、企业财务风险及企业技术风险），是投资者需求强度最高的风险因素。

然而，要得到各风险因子需求的具体排序，则需要进一步通过旋转后的因子模型，代入各成分因子的综合评分，得到各风险因子的评分，并以此进行排序。

根据表 4-46，可得到如下旋转后的风险因子模型：

$$X_1 = 0.661f_1 + 0.341f_2$$
$$X_2 = 0.801f_1 + 0.112f_2$$
$$X_3 = 0.804f_1 - 0.045f_2$$
$$X_4 = 0.706f_1 + 0.103f_2$$
$$X_5 = 0.294f_1 + 0.649f_2$$
$$X_6 = 0.031f_1 + 0.894f_2$$
$$X_7 = 0.032f_1 + 0.857f_2$$

将 f_1、f_2 的综合评分值代入风险因子模型中，得到代表各类风险因素需求强度的得分表，即表 4-47。

表 4-47　　　　　代表各类风险因素信息需求强度的得分

风险因子	X_1	X_2	X_3	X_4	X_5	X_6	X_7
因子得分	861.13	901.77	831.07	699.90	617.05	453.56	437.20

根据得分表 4-47，可对 7 类风险因素信息按照需求强度由高到低排序：（1）企业生产经营风险；（2）市场或行业变动风险；（3）企业财务风险；（4）企业技术风险；（5）募集资金投向或项目实施风险；（6）有

关政策变动风险；（7）外部环境变化风险。

通过以上代表风险信息需求强度的分值，我们可以清楚地看到投资者对哪些风险因素给予更多的关注，或者说，对哪些风险信息的需求更为迫切。投资者十分重视企业自身的生产经营等内部风险以及企业所处的市场、行业风险，而对有关政策变动风险、宏观环境变化所带来的风险等外部风险的重视明显减弱。

以上分析给予监管层、发行人以及有关中介机构等有关信息披露监管和信息供给各方的启示是，新股发行招股说明书中应着力提高企业内部风险因素以及市场、行业风险因素的披露质量，满足投资者对这些信息的需求。

4.5　本章小结

投资风险与投资收益可以说是一个问题的两个方面。对投资风险因素的判断能够极大地影响投资者的投资决策。因此，新股发行的风险信息披露对投资者来说具有极其重要的意义。从国内外的相关文献看，针对证券二级市场投资者的问卷调查相对较多，对一级市场投资者进行的问卷调查很少。我们以一级市场的投资者为研究对象，通过发放纸制版和电子版《新股发行信息披露状况调查问卷》，获得了投资者的特征及投资者对新股发行的信息（尤其是风险因素信息）需求状况。

接受问卷调查并给予有效反馈的投资者（包括代表机构投资者的工作人员）共有803位。问卷统计结果显示，接受问卷调查的机构包括证券公司、证券投资公司、证券投资咨询公司、信托公司、保险公司、证券投资基金、QFII、生产性企业以及其他类型的机构，接受问卷调查的个人投资者来自各个行业；26~45岁年龄段的投资者（包括代表机构投资者回答问卷的机构从业人员）人数最多，占有效问卷总数的62.0%，其中个人投资者中的年轻人更多一点；男性投资者数量略高于女性，其中机构投资者从业人员中的男性更多；具有大学学历的投资者人数最多，占有效问卷总数的46.0%；大专或大专以下的投资者数量与具有硕士学历的投资者数量相当，两者均占有效问卷总数的20%有余，有少数拥有博士学位的投资者，其中机构投资者从业人员群体的学历明显高于个人投资者群体；大多数投资者掌握一定的专业投资知识，其中机构投资者从业人员对专业投资知识的熟悉程度远高于个人投资者；投资规模达 1 亿元以上的机构投资者占 53.3%，而 76.6% 的个人投资者的投资规模在 50 万元以下；半数以上的投资者为稳健型投资者，其中个人投资者的投资行为更为谨慎、保守。

投资者对新股发行信息披露的关注程度不高，在进行新股申购之前，仅约 1/3 的投资者阅读招股说明书全文、并查阅相关的资料，约 1/3 的投资者仅阅读少量信息、甚至不阅读任何信息，其中进行少量阅读或不阅读任何信息的个人投资者所占比例较高；投资者申购新股后的持有期不长，近半数的投资者在一周之内卖出申购到的股票，约 1/3 的投资者持有期为一个季度，持有期为一年或一年以上的投资者仅占 18.6%；投资者对招股说明书中风险信息的披露状况不够熟悉，许多投资者（尤其是个人投资者）对于招股说明书是"一知半解"；投资者对招股说明书中各个部分的内容阅读得最多的部分是"重大事项提示"，其次是"本次发行概况"，再次是"风险因素"，其中机构投资者比个人投资者更加重视招股说明书中披露的"财务会计信息"和"发行人基本情况"等需要更多的专业知识、花费更多的时间去研读的部分；"网络"和"报纸"是投资者最主要的信息来源渠道，有一定数量的投资者根据"道听途说"式的接受他人介绍、推荐的间接信息获取渠道进行新股申购；投资者认为招股说明书中普遍存在着流于形式、不够全面、不够准确、没有突出重点、不够通俗易懂、缺少定量分析、缺少预测信息等问题，新股发行信息需求与供给之间的"信息需求缺口"比较大；投资者提出的改善新股发行信息（尤其是风险信息）披露的建议主要包括提高信息披露的真实性、突出重点信息（包括重要的风险信息）的披露、增强新股发行信息披露的违规处罚、增加风险信息的定量分析、提高信息披露的准确性、提高风险信息披露的完整性和详细程度、突出对实际控制人情况的说明、增加预测性信息的披露以及细化对募集资金使用情况的说明等。

根据问卷调查结果，通过对投资者收益影响因素进行回归分析，我们发现，投资者对招股说明书中所披露信息的获取状况对投资收益会产生显著影响，但是，许多投资者从招股说明书中获取的信息远远不足。

通过对问卷调查得到的投资者对招股说明书中 7 类主要风险因素的重要性评分结果的主成分分析，我们得到 7 类风险因素信息按照投资者需求强度由高到低排序：企业生产经营风险、市场或行业变动风险、企业财务风险、企业技术风险、募集资金投向或项目实施风险、政策变动风险以及外部环境变化风险。从排序情况可以看出，投资者十分重视企业自身的生产经营、财务状况等内部风险，对有关政策变动风险、宏观环境变化所带来的风险等外部风险的关注程度低于对企业内部风险的关注程度。

第 5 章

新股发行风险信息披露
过程的博弈分析^①

新股发行的过程也是一个多方博弈的过程，博弈方包括发行人、中介机构、监管机构以及不同类型的投资者等主体。通过博弈分析，可以阐释发行人如何披露其风险信息，投资者如何处理所获取的信息，监管机构如何对信息披露进行监管，并探讨如何规范相关主体的行为。

5.1　新股发行风险信息披露博弈过程问题的提出

证券首次公开发行市场中各主体之间的信息不对称问题往往比较突出。有关新股发行信息传递、博弈过程的理论研究涉及 IPO 的估值、定价、抑价、配售或发行机制等方面。国外的有关理论研究已经形成诸多流派，包括委托发行定价理论、投资银行声誉理论、抑价信号传递理论、动态信息捕获模型、簿记配售理论、信息提取理论、赢者诅咒理论以及信息生产理论等。这些理论从信息不对称、信息传递等角度，对新股发行的定价、不同主体的利益目标、发行过程以及发行机制等进行了研究。

在成熟股票市场中的注册制和询价制的背景下，在重复博弈的 IPO 活动中，承销商的新股发行询价活动可以得到有效开展，市场会根据不同类型企业的披露信息形成各自的均衡价格（Genoni，2002）。新股发行过程中存在投资银行对投资者的"限制参与之谜"（Participation Restriction

①　本文的核心部分被"2014 中国金融论坛·第五届《金融研究》论坛论文集"收录，详见：黄方亮、王骁、张浩. 新股发行风险信息披露：博弈分析与案例研究 ［A］. 见：2014 中国金融论坛·第五届《金融研究》论坛论文集（电子光盘版）［C］. 20141206.

Puzzle）的现象。将买卖双方的信息生产内生化的纯策略博弈分析显示，投资银行与投资者的信息生产之间存在着重要联系。由于将股票出售给不知情投资者可能会导致公开发行的不畅，所以，投资银行会构建对投资者搜寻相关信息有利的发行方案，甚至会限制某些投资者参与竞标（Yung，2005）。根据不同发行人进行新股发行申请时间的先后选择构建的信息溢出效应博弈模型指出，与新股发行先行者（Pioneers'IPOs）相比，新股发行追随者（Followers'IPOs）可以获得信息溢出效应。投资者对前者估值因素的判断信息会反映在前者的发行状况中，后者的新股发行定价因此而变得容易一些。不断有新股发行追随者出现，市场呈均衡积聚状态（Alti，2005）。由于成熟市场中的制度建设已经相对完善，所以，有些对有关 IPO 活动的研究是探索与之相关的其他层面，例如，考察 IPO 前后公司治理状况的变化，研究监管与公司治理之间的替代效应与互补效应（Booth，Cornett，Tehranian，2002；Adams & Ferreira，2008；Becher & Frye，2011）；考察新股发行定价过程和向机构投资者和个人投资者的配售过程（Jenkinson & Jones，2004；Gao & Ritter 2010；Boreiko & Lombardo，2011；McGilvery，Faff，Pathan，2012；Chahine & Goergen，2013；Bertoni & Giudici，2014）。

　　与许多成熟市场的证券发行制度不同，我国一方面对新股发行申请实行监管机构介入的核准制，这是政府介入市场干预的非市场化措施；另一方面，对于新股发行的定价，借鉴了成熟市场簿记机制的做法，通过对机构投资者进行询价来确定发行价格，这是市场化程度比较高的做法。针对我国的这种特殊情况，有学者对我国的 IPO 过程及相关制度进行了博弈分析。翁世淳（2006）的研究表明，假设完全市场经济条件下的信息不完全的，在信息披露是否完全的程度上，不同类别的新股发行企业所实现的是分离均衡；假设在非完全市场经济条件下的信息是不完全的，在获得证监会核准的前提下，不同类别的新股发行企业实现的是混同均衡。刘曼沁（2011）通过构建完美但不完全信息的博弈模型，指出若保荐机构选择违规策略所追加的成本很大，证监会将选择采用形式审核策略；若证监会进行实质审核所需额外投入的成本很大，保荐机构会采用违规保荐策略。

　　新股发行博弈过程效率的高低与相关的制度安排密切相关（黄秀海，2011）。在成熟市场的一些市场化的新股定价、配售等机制，能够很好地起到激励承销商、投资者等市场参与方之间的配合与约束作用。这些机制在我们国家由于出现寻租、串谋等情况而没有那么有效，有的博弈结果导致投机行为加剧（杨丹，2004；曾昭志，2007；刘晓峰和李梅，2009；黄晓磊，2009；张小成、孟卫东、熊维勤，2010；汪争平和管苹苹，2013）。

　　新股发行的风险信息披露的过程涉及发行人与投资银行等中介机构合作撰写招股说明书、政府监管机构对此进行审核、投资者获取风险因素的信息等诸多环节。我们以国内外有关新股发行理论研究为基础，运用博弈论的方法，专门对新股发行市场中风险信息披露的过程进行剖析。

　　鉴于在进行风险信息披露的准备过程中，发行人与投资银行等中介机构往往是合作展开准备工作、撰写招股说明书，所以，为简化分析，我们选择以发行人为风险信息披露的代表，略去投资银行等中介机构，着重考察发行人、投资者和监管机构三方的不完全信息动态行为。与抑价信号传递理论、信息提取理论以及杨丹（2004a）、容（Yung，2005）以及翁世淳（2006）等的分析方法类似，我们区分发行人的不同类型，将发行人的企业价值内生化，将信息披露的完整与否作为发行人向投资者发出的表明企业质地的信号。与他们不同的是，我们以发行人在其招股说明书中风险因素部分的信息披露为主要研究对象，分析与风险信息披露相关的市场主体的行为，并根据研究的需要调整了研究方法，从发行人风险因素信息披露的完整性、真实性和准确性等维度分析信息披露过程中存在的问题。

5.2　新股发行不完全信息动态博弈模型的构建

　　在股票 IPO 市场中，某一家发行人进行新股发行的博弈是一次性的，而投资者可多次参与新股发行与申购的博弈。投资者和发行人之间存在不完全信息的动态博弈。投资者对发行人的风险类型信息不完全，投资者根据发行人信息披露的完整性等因素推断发行人的风险类型。在博弈之初，投资者难以确切判断该发行人属于高风险还是低风险的风险类型，但是，投资者可以根据以往的投资经验、对发行人企业价值的判断以及对发行人整体信息披露质量的了解，估计出发行人风险类型的大致概率分布。在以后的新股发行中，其他的发行人会根据投资者之前的行动策略调整信息披露的策略，使自身效用最大化。之后，投资者也会做出相应的企业估值与投资策略调整。

　　完整、真实、准确是证券市场信息披露的主要原则。① 新股发行信息披露的质量可从信息披露的完整性、真实性和准确性三个维度来衡量。完整是指发行人提供给投资者判断证券投资价值的情况完全，没有隐瞒和遗漏。真实是指信息披露义务人所公开的情况与自身的客观实际情况相符，没有虚假成分。准确是指信息披露义务人公开的信息严格符合事实，不存在偏差。

　　我们应用博弈论的研究方法，分析发行人在招股说明书中进行风险因素信息披露的完整性、真实性和准确性，考察发行人、投资者等市场主体的动机和行为。

5.2.1　研究背景与模型假定

　　在博弈过程中，假设发行人风险信息披露状况以自身效用最大化为行动原则；发行人的效用包括融资收益效用和融资成本效用。此外，我们提出了十一个方面的模型假设条件。

1. 企业风险类型假设

　　假设一：我们的研究重点是招股说明书中所披露的风险因素，所以，我们假设 IPO 市场中存在两种风险类型的发行人：高风险发行人和低风险发行人。以 h 代表高风险发行人，l 代表低风险发行人。发行人对自身的风险类型拥有完全信息，而投资者和监管机构拥有的信息不完全。

2. 企业风险类型的概率分布假设

　　假设二：假设发行人是高风险企业的概率为 p，低风险企业的概率为 $1-p$。

3. 信息披露完整假设

　　假设三：以 λ 表示信息披露的完整程度，$\lambda \in [0, 1]$。$\lambda = 1$ 表示信息披露完整，$\lambda = 0$ 表示未披露任何信息，$\lambda \in (0, 1)$ 表示信息披露不完

---

　　① 我国《证券法》（2005 年修订）第二十条规定：“发行人向国务院证券监督管理机构或者国务院授权的部门报送的证券发行申请文件，必须真实、准确、完整。为证券发行出具有关文件的证券服务机构和人员，必须严格履行法定职责，保证其所出具文件的真实性、准确性和完整性”；第六十三条规定：“发行人、上市公司依法披露的信息，必须真实、准确、完整，不得有虚假记载、误导性陈述或者重大遗漏”。

整。$1-\lambda$ 表示信息披露的不完整程度。

4. 风险信息披露完整性的最低政策标准与发行人信息披露的完整性下限的假定

假设四：监管机构对招股说明书中风险因素部分信息披露的完整性制定了最低标准。如果信息披露完整性低于监管机构制定的最低标准，监管机构将对新股发行的申请不予受理或不给予审核通过的批复。假设监管机构规定风险信息披露完整性的最低标准为 b，监管机构受理新股发行申请时，发行人风险信息披露的完整性为 $\lambda \in [b, 1]$。

5. 发行人内在价值与发行价格的假定

假设五：与容（Yung，2005）的研究类似，我们将企业价值内生化。假定发行人的内在价值为 v。新股发行价格 p_0 受到包括投资者对发行人风险因素的判断等多种因素影响而偏离其内在价值 v。

对于招股说明书中的风险因素部分，如果发行人所披露的信息是真实和准确的，高风险企业的信息披露越完整，暴露的真实风险因素就越多。如果有关风险因素比较严重，则很可能会影响其顺利通过新股发行的审核。即使如果通过审核，也很可能会影响新股发行价格的确定。所以，高风险企业有信息披露不完整的潜在动力。

6. 发行人风险因素严重程度的同质性及投资者对风险因素数量的期望假设

企业的风险性主要体现在两方面：（1）不同的发行人一般面临着不同数量、不同种类的风险因素；（2）不同的风险因素一般具有不同的严重程度。

假设六：为分析方便，假设企业不同种类的风险因素具有相同的严重程度，即具有同质性，发行人的企业风险只体现在其风险因素的数量上。如果发行人面临的风险因素数量较多，则该企业为高风险企业；反之，则该企业为低风险企业。以 a_h 代表高风险企业的全部风险因素数量，以 a_l 代表低风险企业的全部风险因素数量，以 a_e 代表投资者对发行人全部风险因素数量的期望，则：

$$a_e = pa_h + (1-p)a_l$$

在信息披露不完整的状况下，发行人已披露的风险因素和投资者推断发行人未披露的风险因素均对新股发行价格产生影响。假设发行人在招股说明书中实际披露的风险因素数量为 a_0，投资者推断发行人未披露的风险因素数量为 a_1。

7. 信息披露完整性与风险因素数量之间函数关系假设

假设七：在信息披露真实、准确的状况下，发行人披露的风险因素数量与信息披露的完整性成正比例关系。同样，发行人未披露的风险因素与信息披露的不完整性成正比。在信息披露不完整的状况下，投资者推断发行人未披露的风险因素数量为：$a_1 = (1 - \lambda)a_e$。因此，投资者推断发行人全部的风险因素数量为：$a_0 + a_1$。

新股发行价格受到包括风险因素在内的多种因素影响而偏离其内在价值。假设新股发行价格为：$P_0 = \beta(v + \varepsilon)$

其中，设 $\beta = \dfrac{1}{a_0 + a_1}$ 为风险因素系数，表示投资者推断发行人全部的风险因素对新股发行价格的影响；ε 代表除风险因素之外的其他所有因素对新股发行价格的影响。

8. 新股发售股份数量与发行价格的假设

从发行人发售的股份数量看，其规模由新股发行价格 p_0 和新股发售的股份数 N_0 两个变量决定。发行人和承销商通过询价确定新股发行价格 p_0，招股说明书中披露的风险因素和投资者推断可能未披露的风险因素影响新股的发行价格。公司股票发行数量一般根据计划募集资金金额和预计股票发行价等数据进行测算，不会受发行人所披露的风险因素的影响。发行人、承销商根据新股的申购状况，有时会通过超额配售权调整新股的发售股份数 N_0，但通过超额配售权调整发行数量的比例一般不大。新股发行价格的变化通常比新股发行数量的变化要大。杨丹（2004b）、黄方亮（2008）认为新股的供给曲线一般是一条垂线，投资者对新股的需求决定着新股发行的均衡价格。所以，我们可以将发行数量视为一个常量。

假设八：假设不考虑超额配售等融资数量的变动情况，即在某一次 IPO 活动中，新股发行的数量是固定的，受供求等因素影响而发生变化的是发行价格。

9. 发行人进行新股发行准备等涉及的直接成本假设

发行人准备招股说明书等 IPO 申请文件以及进行信息披露会花费一定

的成本，如支付有关人员和机构的报酬和佣金、纸张和打印费、差旅费等。这些费用是在新股发行准备、提交申请等过程中直接耗费的。我们将新股发行准备、提交申请等过程中所直接耗费的成本称为直接成本。

假设九：高风险企业可能会披露虚假信息，这样可以规避自身真实风险因素的暴露，使监管机构和投资者误认为该企业是低风险企业。有些信息隐瞒、伪造的成本很低（如伪造某次董事会会议的决议，仅需打印出新的董事会决议，然后加盖公章即可），有的成本则较高（如伪造某些财务数据，可能涉及票据伪造等许多方面的造假行为）。这里假设发行人披露真实信息和虚假信息所涉及的直接成本差别为零。假定高风险企业和低风险企业的信息披露直接成本均为 C_1。

10. 发行人可能遭受潜在处罚的间接成本假设

发行人申请新股发行时须向监管机构提交申请文件，监管机构审核申请文件。如果审核通过，发行人才能发行新股。即使发行人通过审核，也可能在之后的某个时间（即事后）被发现存在违法违规行为，并遭受一定程度的处罚。[①]

假设十：监管机构根据信息披露违法违规的程度决定给予相应程度的处罚。我们将这种处罚作为发行人申请公开上市的间接成本。在高风险企业选择作假的情况下，形式上的信息披露越完整，相应的实质性的虚假信息也就越多，作假程度也就越严重。如果不考虑信息隐藏，只考虑信息伪造的情况，高风险企业披露虚假信息的处罚成本与信息披露形式上的完整性成正比。

假设高风险企业伪造虚假信息面临的潜在处罚的间接成本为 λC_2，其中，C_2 代表监管机构对发行人伪造虚假信息的最高惩罚。披露虚假信息

---

① 我国《证券法》（2005 年修订）第六十九条规定："发行人、上市公司公告的招股说明书、公司债券募集办法、财务会计报告、上市报告文件、年度报告、中期报告、临时报告以及其他信息披露资料，有虚假记载、误导性陈述或者重大遗漏，致使投资者在证券交易中遭受损失的，发行人、上市公司应当承担赔偿责任；发行人、上市公司的董事、监事、高级管理人员和其他直接责任人员以及保荐人、承销的证券公司，应当与发行人、上市公司承担连带赔偿责任，但是能够证明自己没有过错的除外；发行人、上市公司的控股股东、实际控制人有过错的，应当与发行人、上市公司承担连带赔偿责任"；第一百九十三条规定："发行人、上市公司或者其他信息披露义务人未按照规定披露信息，或者所披露的信息有虚假记载、误导性陈述或者重大遗漏的，责令改正，给予警告，并处以三十万元以上六十万元以下的罚款。对直接负责的主管人员和其他直接责任人员给予警告，并处以三万元以上三十万元以下的罚款。发行人、上市公司或者其他信息披露义务人未按照规定报送有关报告，或者报送的报告有虚假记载、误导性陈述或者重大遗漏的，责令改正，给予警告，并处以三十万元以上六十万元以下的罚款。对直接负责的主管人员和其他直接责任人员给予警告，并处以三万元以上三十万元以下的罚款。"

的高风险企业形式上信息披露越完整，招股说明书中包含的虚假信息就越多。

11. 监管机构监管策略和发行人违规选择的假设

假设十一：在监管机构对 IPO 申请执行严格的审核和事后监管的情况下，如果高风险企业如实披露自身的风险，则很可能由于达不到监管机构制定的发行标准而无法通过发行审核。高风险企业为了通过发行审核，可能选择隐瞒部分风险因素，仅达到有关的信息披露完整性的最低要求；同时，伪造部分虚假信息，以达到监管机构制定的发行标准。或者，某些企业在隐瞒信息和伪造信息两者之中选择其一。

5.2.2　发行人的效用函数

由上述假设可知，高风险企业与低风险企业的效用函数存在差异。高风险企业发行新股的效用函数为：

$$U_h = N_0 P_0 - C_1 - \lambda C_2 - C_3 = \frac{N_0(v+\varepsilon)}{\lambda a_l + (1-\lambda)a_e} - C_1 - \lambda C_2 - C_3 \quad (5.1)$$

在式（5.1）中，$N_0 P_0$ 代表了高风险企业的募集资金规模；C_1 代表高风险企业信息披露的直接成本；λC_2 代表监管机构对高风险企业违法违规行为的潜在处罚；C_3 代表高风险企业需要支付的其他成本。

低风险企业发行新股的效用函数为：

$$U_l = N_0 P_0 - C_1 - C_3 = N_0 \frac{v+\varepsilon}{\lambda a_l + (1-\lambda)a_e} - C_1 - C_3 \quad (5.2)$$

在式（5.2）中，$N_0 P_0$ 代表了低风险企业的募集资金规模；C_1 代表低风险企业信息披露的直接成本；C_3 代表低风险企业的其他成本。低风险企业不存在隐瞒其风险因素的动机，所以，我们可以认为低风险企业不进行虚假信息披露，不存在高风险企业所承担的潜在处罚的间接成本，即 $C_2 = 0$。

5.3　新股发行风险信息披露的博弈过程分析

由上述各假设条件以及发行人的效用函数可知，在面临不同严厉程度的监管机构违法违规处罚时，不同的发行人会做出不同的信息披露真实性和完整性选择，投资者也会做出不同的对企业的估值判断，由此形成相关主体之间的博弈过程（见图5－1）。

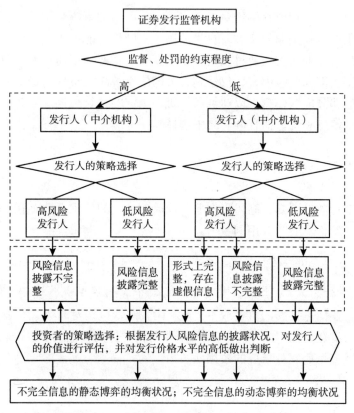

图5－1　我国新股发行主体间的博弈过程简图

　　投资者和发行人之间进行的博弈是不完全信息的动态博弈。我们首先分析不完全信息静态博弈中发行人风险信息披露的最优行为；然后分析发行人的该行为在不完全信息动态博弈过程中是否也满足最优条件，发行人和投资者之间的动态博弈是否能达到均衡状态。

5.3.1　不完全信息静态博弈中发行人效用函数的特征分析

　　在不完全信息静态博弈过程中，投资者不知道发行人的风险类型，发行人和投资者只进行一次博弈，该博弈过程即结束。发行人以期望效用最大化为原则。

1. 不完全信息静态博弈中高风险企业效用函数的特征分析

不完全信息静态博弈过程中，高风险企业风险信息披露以期望效用最大化为原则。高风险企业效用函数中的风险因素数量是投资者对该企业风险因素的期望，该效用函数是期望效用函数。对高风险企业的效用函数求关于信息披露完整性的一阶导数：

$$\frac{\partial U_h}{\partial \lambda} = N_0 \frac{(v + \varepsilon)(a_e - a_l)}{[\lambda a_l + (1 - \lambda) a_e]^2} - C_2$$

令 $\frac{\partial U_h}{\partial \lambda} = 0$，可得到高风险企业信息披露完整性的极值点。可以证明高风险企业效用函数关于信息披露的完整性的二阶导数大于零，该极值点是极小值点。高风险企业信息披露完整性的极小值点为：

$$\lambda_0 = \frac{a_e - \sqrt{\dfrac{N_0(v + \varepsilon)(a_e - a_l)}{C_2}}}{a_e - a_l}$$

该极值点在信息披露完整性的不同区间会影响高风险发行人的行为选择。据此，对高风险发行人行为的分析分为以下三种情况。

（1）高风险企业效用在信息披露完整性的可能性区间内单调递增。在 $\lambda_0 \leqslant b$ 的状况下，高风险企业的一阶效用函数关于信息披露完整性 λ 在区间 $[b, 1]$ 上大于零。高风险企业的效用函数关于信息披露完整性 λ 在区间 $[b, 1]$ 上单调递增，高风险企业在 $\lambda = 1$ 处获得最大效用。

如果达不到新股发行标准的高风险企业如实披露自身风险因素，则不能通过发行审核，因此，高风险企业为了通过发行审核会倾向于选择披露虚假信息以隐瞒自身的风险因素。在监管机构要求的标准之上，高风险企业的效用函数关于信息披露完整性递增。在此情况下，高风险企业形式上的信息披露越完整，则实质上披露虚假信息的程度就越严重。虚假信息使某些投资者产生错觉，投资者认为企业是低风险企业，对风险因素的挖掘和推断减少，投资者申购新股的积极性会更高，发行人的新股发行价格就越高。因此，发行人就越会选择完整地进行信息披露。虽然监管机构的监管可能会发现企业披露虚假信息，并对发行人作出相应的处罚，但如果处罚过轻，就不会对高风险企业起到阻止作用。

（2）高风险企业效用在信息披露完整性的可能性区间内单调递减。在 $\lambda_0 \geq 1$ 的情况下，高风险企业的一阶效用函数关于信息披露完整性 λ 在区间 $[b, 1]$ 上小于零。高风险企业的效用函数关于信息披露完整性 λ 在区间 $[b, 1]$ 上单调递增减，高风险企业在 $\lambda = b$ 处获得最大效用。高风险企业选择信息披露完整性达到监管机构制定的最低标准，并且尽可能降低信息披露的完整性，采取尽量不披露某些真实风险因素的做法。

基于监管处罚的震慑，发行人信息披露完整程度很可能只是达到监管机构规定的最低标准。在高风险企业的效用关于信息披露完整性递减的情况下，基于监管机构处罚的震慑作用，高风险企业尽可能减少信息披露以此来隐瞒风险因素，而不是通过披露虚假信息的策略来"美化"风险因素。

（3）高风险企业效用在信息披露完整性的可能性区间内非单调变化。在 $\lambda_0 \in (b, 1)$ 的情况下，高风险企业的一阶效用函数关于信息披露完整性 λ 在区间 $[b, \lambda_0]$ 上小于零，在区间 $[\lambda_0, 1]$ 上大于零。高风险企业的效用函数关于信息披露完整性 λ 在区间 $[b, \lambda_0]$ 上单调递增减，在区间 $[\lambda_0, 1]$ 上单调递增。高风险企业的效用最大值为 $MAX\{U_h(\lambda = b), U_h(\lambda = 1)\}$。

其中：

$$U_h(\lambda = b) = N_0 \frac{v + \varepsilon}{ba_l + (1 - b)a_e} - C_1 - bC_2$$

$$U_h(\lambda = 1) = N_0 \frac{v + \varepsilon}{a_l} - C_1 - C_2$$

如果 $U_h(\lambda = b) > U_l(\lambda = 1)$，则高风险企业信息披露完整性 $\lambda = b$ 时，自身效用最大，高风险企业选择信息披露形式上的完整程度达到监管机构最低标准即可，所以，高风险企业倾向于尽量减少信息披露来隐瞒自身存在的风险因素；如果 $U_h(\lambda = b) < U_h(\lambda = 1)$，则高风险企业信息披露完整性 $\lambda = 1$ 时，自身效用最大，高风险企业选择信息披露完整，并且通过披露虚假信息以掩饰自身的风险因素。

2. 不完全信息静态博弈中低风险企业效用函数的特征分析

不完全信息静态博弈过程中，低风险企业风险信息披露以期望效用最大化为原则。对低风险企业的效用函数求关于信息披露完整性的一阶导数：

$$\frac{\partial U_l}{\partial \lambda} = N_0 \frac{(v+\varepsilon)(a_e - a_l)}{[\lambda a_l + (1-\lambda) a_e]^2} > 0$$

低风险企业的效用函数关于信息披露完整性单调递增。低风险企业会选择信息披露完整，降低发行人和投资者之间的信息不对称性，减少投资者对发行人风险因素预期的影响，以此达到效用最大化。如果发行人信息披露不完整，投资者会推断发行人可能是高风险企业，会猜测其可能存在未披露的风险因素，并对新股发行价格的确定产生一定的影响。为了降低投资者和发行人之间信息不对称，低风险企业会选择进行完整的信息披露，以达到效用最大化。

在单次博弈中，低风险企业会完整地披露有关信息，向投资者发出信号，表明自身的风险类型和内在价值，并获得较理想的发行价格。在不同的状况下，高风险企业信息披露的完整性会有所不同。如果高风险企业利用披露的虚假信息隐瞒企业自身风险因素时所获得的效用最大，高风险企业就会选择形式上完整的信息披露；如果高风险企业信息披露达到最低标准时所获得的效用最大，高风险企业就会选择不完整的信息披露。

5.3.2　不完全信息动态博弈过程分析

在不完全信息静态博弈中，高风险企业信息披露形式上完整或者信息披露完整性仅仅达到监管机构制定的最低标准才有可能使自身效用最大化，而低风险企业信息披露完整时效用达到最大。在某一次 IPO 活动中，一家发行人往往只进行一次博弈，并以单次博弈效用最大化为行动原则。但是，投资者往往可以参与不同 IPO 活动的多次博弈。投资者在与不同的发行人博弈的过程中，会根据投资经验不断地调整自己对相似企业风险类型的判断，并使自己的期望效用最大化。后续的发行人根据投资者的预期也会相应地调整信息披露的方式，以最大程度吸引投资者。最终，投资者和发行人的博弈达到均衡状态或者处于非均衡状态。低风险企业倾向于在其招股说明书中完整地进行风险因素信息披露，高风险企业的风险信息披露在形式上可能是完整的，也可能是不完整的。最终的混合均衡和分离均衡的存在取决于高风险企业的行为选择。

1. 混合均衡

高风险企业和低风险企业均选择完整的信息披露时，对高风险企业真实信息不知情的投资者不能通过发行人发出的信号来判断企业的风险类型。投资者可能以发行人的平均风险因素状况做出投资决策，也就是投资者预期任何一家发行人的风险因素数量为均 a_e。当投资者预期任何一家发行人的风险因素数量为均 a_e 时，如果高风险类型发行人不改变信息披露的完整性，则混合均衡存在。但是，如果高风险类型发行人调整信息披露的完整性，则混合均衡不存在。下面我们验证高风险企业是否根据投资者的预期而作出有关信息披露完整性的调整，以此分析混合均衡存在与否。

在不完全信息静态博弈中，高风险企业信息披露完整时的效用最大化的条件为：

$$\lambda_0 \leqslant b \text{ 或者 } \lambda_0 \in (b,\ 1) \text{ 且 } U_h(\lambda = 1) > U_h(\lambda = b)$$

$$\lambda_0 \leqslant b \Rightarrow \frac{a_{e-}\sqrt{\dfrac{N_0(v+\varepsilon)(a_e-a_l)}{C_2}}}{a_e-a_l} \leqslant b \Rightarrow C_2 \leqslant \frac{N_0(v+\varepsilon)(a_e-a_l)}{[(1-b)a_e+ba_l]^2} \quad (5.3)$$

$$\lambda_0 \in (b,\ 1) \Rightarrow \frac{N_0(v+\varepsilon)(a_e-a_l)}{[(1-b)a_e+ba_l]^2} < C_2 < \frac{N_0(v+\varepsilon)(a_e-a_l)}{a_l^2} \quad (5.4)$$

$$U_h(\lambda=1) > U_h(\lambda=b) \Rightarrow C_2 < \frac{N_0(v+\varepsilon)(a_e-a_l)}{a_l[ba_l+(1-b)a_e]} \quad (5.5)$$

不等式（5.4）和不等式（5.5）的交集与不等式（5.3）的并集为不完全信息博弈中高风险企业信息披露完整的条件，其条件如下：

$$C_2 < \frac{N_0(v+\varepsilon)(a_e-a_l)}{a_l[ba_l+(1-b)a_e]}$$

在不完全信息动态的博弈中，如果高风险企业信息披露完整（伪造虚假信息）时的效用最大，下一阶段博弈中投资者会调整风险因素的预期，投资者认为发行人的风险因素数量均为 a_e。高风险企业的效用函数变为如下形式：

$$U_h^0 = \frac{N_0(v+\varepsilon)}{a_e} - C_1 - \lambda C_2 \quad (5.6)$$

低风险企业的效用函数变为如下形式：

$$U_l^0 = \frac{N_0(v+\varepsilon)}{a_e} - C_1 \quad (5.7)$$

通过观察式（5.6）可以发现，高风险企业信息披露的完整性会改变。信息披露越完整，相应的虚假信息越多，遭受潜在处罚的间接成本越高。高风险企业会因而做出信息披露策略调整，尽量不进行完整的信息披露，减少虚假信息披露的程度，借此减少可能面临的处罚间接成本。低风险企业效用函数和信息披露完整性无关，低风险企业随机在监管机构要求的信息披露完整性范围内选择信息披露状况。在下一阶段的博弈中，投资者认为信息披露完整的企业为低风险企业而积极申购，认为信息披露不完整的企业为高风险企业而不积极申购；在高风险企业对投资者的行为策略拥有完全信息的情况下，高风险企业倾向于形式上的完整信息披露。由此，发行人和投资者的博弈又回到了第一阶段，因此循环往复，混合均衡不能够持续存在。

监管机构的监管与处罚是导致混合均衡不存在的重要因素。投资者和发行人处在不断的博弈之中，不能持续处于均衡状态。

2. 分离均衡

假设投资者仅根据发行人披露风险因素的完整性来判断企业的风险类型，那么，当高风险企业选择信息披露只是达到最低标准时，投资者可以通过发行人发出的信号来判断企业的风险类型。如果发行人信息披露在形式上是充分、完整的，则投资者推断该企业是低风险企业，估计其风险因素数量为 a_l。如果发行人的信息披露不完整，则投资者判断该企业是高风险企业，估计其真实的风险因素数量为 a_h。如果投资者调整行为策略后，高风险类型发行人不改变信息披露完整性，则分离均衡存在；如果高风险类型发行人调整信息披露的完整性，则分离均衡不存在。下面验证高风险企业是否根据投资者的预期而作出有关信息披露完整性的调整，并分析分离均衡是否存在。

在不完全信息动态博弈中，第一阶段博弈的结果是：高风险企业信息披露不完整，低风险企业信息披露完整。在下一阶段博弈中，投资者调整自己的策略，对于信息披露完整的企业，投资者认为企业全部的风险因素为 a_l；对于信息披露不完整的企业，投资者认为企业全部的风险因素为 a_h。因此，高风险企业的效用函数变为：

$$U_h^1 = \begin{cases} \dfrac{N_0(v+\varepsilon)}{a_h} - C_1 - \lambda C_2 & \lambda \in [b, 1) \\[3mm] \dfrac{N_0(v+\varepsilon)}{a_l} - C_1 - C_2 & \lambda = 1 \end{cases} \tag{5.8}$$

信息披露完整性为 $\lambda = 1$ 或者 $\lambda = b$ 时的效用最大，高风险企业最大效用为：

$$MAX \{U_h^1(\lambda = b), U_h^1(\lambda = 1)\}$$

同理，低风险企业的效用函数变为如下形式：

$$U_l^1 = \begin{cases} \dfrac{N_0(v+\varepsilon)}{a_h} - C_1 & \lambda \in [\,b, \,1) \\[3mm] \dfrac{N_0(v+\varepsilon)}{a_l} - C_1 & \lambda = 1 \end{cases} \tag{5.9}$$

从低风险企业的效用函数可知，低风险企业信息披露完整时获得的效用最大。

在第一阶段博弈中，在不同风险类型的企业信息披露完整性不同的状况下，如果第二阶段博弈时，高风险企业信息披露为最低标准时的效用大于信息披露完整时的效用，则分离均衡存在。不同风险类型企业存在分离均衡的条件分为以下两种情况。

（1）发行人效用函数取值范围内单调递减的情况。在不完全信息静态博弈中，发行人效用函数在信息披露完整性的取值区间单调递减的状况下，发行人选择信息披露不完整，在不完全信息动态博弈中发行人依然选择信息披露不完整的条件如下：

$$\lambda_0 > 1 \text{ 且 } U_h^1 \,(\lambda = b)\; > U_h^1\,(\lambda = 1)$$

$$\lambda_0 = \frac{a_{e^-}\sqrt{\dfrac{N_0(v+\varepsilon)(a_e - a_l)}{C_2}}}{a_e - a_l} > 1 \Rightarrow C_2 > \frac{N_0(v+\varepsilon)(a_e - a_l)}{a_l^2}$$

$$U_h^1(\lambda = b) > U_h^1(\lambda = 1) \Rightarrow (1-b)C_2 > \frac{N_0(v+\varepsilon)(a_e - a_l)}{a_l^2}$$

上述两个条件合并可得：$C_2 > \dfrac{N_0(v+\varepsilon)(a_e - a_l)}{a_l^2(1-b)}$

（2）发行人效用函数取值范围内非单调递减的情况。在不完全信息静态博弈中，如果发行人效用函数在信息披露完整性的取值区间不是单调递减的，发行人依然选择信息披露不完整的条件如下：

$$\lambda_0 \in (\,b, \,1), \; U_h(\lambda = 1) < U_h(\lambda = b) \text{ 且 } U''_h(\lambda = b) > U''_h(\lambda = 1)。$$

$$\lambda_0 \in (\,b, \,1) \Rightarrow \frac{N_0(v+\varepsilon)(a_e - a_l)}{[\,(1-b)a_e + ba_l\,]^2} < C_2 < \frac{N_0(v+\varepsilon)(a_e - a_l)}{a_l^2} \tag{5.10}$$

$$U_h\,(\lambda = 1)\; < U_h\,(\lambda = b) \Rightarrow C_2 > \frac{N_0\,(v+\varepsilon)\,(a_e - a_l)}{a_l\,[\,ba_l + \,(1-b)\,a_e\,]} \text{ 且} \tag{5.11}$$

$$U_h^1\,(\lambda = b)\; > U_h^1\,(\lambda = 1) \Rightarrow C_2 > \frac{N_0\,(v+\varepsilon)\,(a_e - a_l)}{a_l^2\,(1-b)} \tag{5.12}$$

由式（5.10）、式（5.11）、式（5.12）三个不等式合并而得空集，说明第二种情况下不可能存在分离均衡。

综合上述两种情况得到满足分离均衡的条件如下：

$$C_2 > \frac{N_0(v+\varepsilon)(a_e - a_l)}{a_l^2(1-b)}$$

在分离均衡状态下，投资者可以准确地识别企业风险类型，低风险企业融资成本下降，资源得到合理配置。同时，分离均衡状态为监管机构有效监管创造了条件，如果发行人信息披露不完整，监管机构就对其信息披露行为进行重点核查。

5.4　新股发行风险信息披露博弈分析的现实检验

为检验上述博弈分析的结论，我们针对现实状况以及具体的新股发行案例，分别从监管者、发行人、投资者的角度，对新股发行风险信息披露进行进一步的分析。

5.4.1　发行人行为的现实分析

近些年新股发行信息披露隐瞒、造假案件频发，有些申请上市的企业受到证监会的公开行政处罚。从 2010 年初至 2013 年底，因信息隐瞒、造假行为而受到证监会公开行政处罚的案例共有 10 宗，包括通过发行审核委员会审核、但由于信息造假暴露而终止公开发行以及上市成功后由于信息造假暴露而受到证监会处罚的案例，其中也包括 2010 年前已经通过发行审核或成功上市但在此期间内受到证监会公开行政处罚的案例。如表 5－1所示。

表 5－1　　2010～2013 年因新股发行信息披露问题受证监会行政处罚案例

新股发行信息披露违规企业	证监会行政处罚时间	涉及的风险因素种类
新大地	2013.10	财务风险
万福生科	2013.10	财务风险
绿大地	2013.05	财务风险
天能科技	2013.10	财务风险

新股发行信息披露违规企业	证监会行政处罚时间	涉及的风险因素种类
胜景山河	2011.11	财务风险
康达新材	2013.01	财务风险
东吴证券	2013.01	财务风险
隆基股份	2013.01	财务风险
江苏三友	2011.12	管理风险
江苏恒久	2010.06	技术风险

资料来源：根据中国证监会网站上公布的行政处罚案例整理。

这些企业多在财务信息披露方面存在隐瞒、造假情况，而财务信息往往会影响到投资者的投资决策和投资收益，是关系到企业盈利能力等方面的非常重要的信息。所以，这些企业无疑属于前文理论分析中所定义的高风险企业。

下面我们从风险信息披露篇幅、风险信息披露数量、风险信息描述手段以及是否有针对风险的对策措施等方面分析这些企业在其招股说明书中所披露的风险因素的内容。在前文我们统计了 2007～2010 年四年间 625 家发行人招股说明书中风险因素部分的相关数据；在此我们仍然采纳相同的统计口径，对违规企业的相关数据进行统计，并与其他企业的情况进行对比分析。

第一，我们对高风险企业招股说明书中风险因素部分的字数做出统计，其结果如表 5-2 所示。

表 5-2　　　　　相关企业招股说明书中风险因素部分的字数

新股发行申请人	新大地	万福生科	绿大地	天能科技	胜景山河	康达新材	东吴证券	隆基股份	江苏恒久	江苏三友	平均
风险因素的字数	5677	5889	4333	3348	6165	5516	8595	9070	4930	19572	7310

资料来源：根据相关企业招股说明书中风险因素部分整理。

从表 5-2 可以看出，50% 的高风险企业招股说明书中风险因素部分的字数分布在 4000～6000 字，90% 的集中在 2000～10000 字。根据前文统计，发行人风险因素部分的字数主要集中分布在 4000～6000 字。因此从风险信息披露的篇幅上，高风险企业模仿了低风险企业的做法。

第二，对违规企业风险因素类别的数量进行分析。这些企业所披露的风险因素种类的数量及数量分布情况分别如表 5 - 3 和表 5 - 4 所示。

表 5 - 3　　相关企业招股说明书中披露的不同类别的风险因素的数量

新股发行 申请人	新大地	万福 生科	绿大地	天能 科技	胜景 山河	康达 新材	东吴 证券	隆基 股份	江苏 恒久	江苏 三友
不同类别的风 险因素的数量	18	16	15	12	14	12	25	17	18	22

资料来源：根据相关企业招股说明书中风险因素部分整理。

表 5 - 4　　相关企业招股说明书中披露的不同类别风险因素的数量分布

不同类别风险因素的数量	10 个以下	10 ~ 20 个	20 ~ 30 个	30 个以上
企业数量	0	8	2	0
企业占比	0%	80%	20%	0%

资料来源：作者整理。

有 80% 的违规企业风险因素披露数量在 10 ~ 20 个，20% 的在 20 ~ 30 个。前文的相关统计结果显示，有 81% 的企业风险因素披露的数量在 10 ~ 20 个；15% 的企业风险因素披露的数量在 20 ~ 30 个。两者相比，从不同类别风险因素的数量上看，违规企业的披露状况与其他企业的整体状况是相似的。

第三，从风险信息的描述手段看，在招股说明书中的风险因素章节，部分企业为了更直观地披露风险因素而采纳了表格和图片等辅助性描述方式。前文分析显示，2007 ~ 2010 年间发行人招股说明书中风险因素部分包含表格和图片等辅助性描述方式的占比为 50% 左右。新大地、万福生科、胜景山河、康达新材、隆基股份、江苏恒久、江苏恒久 7 家企业招股说明书中的风险因素部分包含了表格和图片等辅助性描述方式，占比为 70%。可见，违规企业风险信息披露在形式上是完整的，甚至从表面看上去更为直观、清晰，但遗漏或隐藏了实质性的风险因素，甚至在披露的风险信息中存在严重的故意造假行为。

第四，从发行人提供的风险对策进行分析。在招股说明书中，部分企业自愿披露了针对风险因素的应对措施，向投资者表明风险因素可控。新大地、万福生科、天能科技、胜景山河、康达新材、江苏恒久 6 家企业披露了针对风险因素的应对措施，占比为60%。而2007～2010年发行人招股说明书中风险因素部分包含有对策措施的占比不到40%。违规企业更倾向于向公众表明其披露的风险因素是可控的。

总之，从风险信息披露篇幅和风险信息披露的类别数量看，高风险企业倾向于模仿低风险企业的做法。从风险信息描述手段以及是否有针对性地提出风险对策措施等方面看，高风险企业更倾向于向投资者表明风险陈述是完美的，风险因素是可控的。而实际上，许多高风险企业遗漏、隐瞒了真实的风险因素。在风险信息披露上，不同的企业处于混合均衡状态。

5.4.2 监管者行为的现实分析

核准制下证监会注重对拟发行人一般条件、财务状况以及持续盈利能力做出实质性审核，这就要求拟发行人不能存在对财务状况、持续盈利能力有重大影响的风险因素。

风险信息披露的质量可以从三个维度做出评价，即风险信息披露的真实性、准确性、完整性。但由于市场中的信息不对称现象难以完全消除，所以，真实性、准确性、完整性在"事前"、"事中"审核的过程中难以有准确的判断标准。例如，风险信息披露的博弈模型假设发行人通过风险信息披露的完整性（即"λ"）向监管者、投资者发送信号，并假设监管者对风险信息披露的完整性有最低要求（即"$\lambda > b$"）。实际上，风险信息披露的完整性是一个难以在实务工作中去做出准确判断的抽象概念，证监会没有制定风险信息披露的完整性的评价标准，也没有对风险信息披露的完整性做出硬性的规定。监管人员只是凭借自身的专业知识去做主观判断，而这种判断的准确程度就因人而异了。

对风险信息披露违规行为的"事后"惩戒主要包含：行政处罚、民事赔偿以及刑事处罚。《证券法》、《首次公开发行证券并上市管理办法》以及《刑法》等法律法规的相关规定构成了发行人信息披露的责任体系。但是，监管者对风险信息披露违规行为的事后惩戒存在某些方面的缺陷，主要体现在以下方面。

首先，较多依赖行政处罚，而行政处罚的力度又十分有限。从已罚款的金额看，与巨大的募集资金额相比，行政处罚微不足道，违规成本几乎可以从发行人的效用函数中剔除。

如果剔除潜在的违规处罚成本，高风险企业的效用函数则变为：

$$U_h = N_0 P_0 - C_1 - C_3 = \frac{N_0(\nu + \varepsilon)}{\lambda a_1 + (1 - \lambda) a_\varepsilon} - C_1 - C_3 \qquad (5.13)$$

剔除潜在的违规处罚成本后，低风险企业效用函数不变，其效应函数为：

$$U_h = N_0 P_0 - C_1 - C_3 = \frac{N_0(\nu + \varepsilon)}{\lambda a_1 + (1 - \lambda) a_\varepsilon} - C_1 - C_3 \qquad (5.14)$$

高风险企业效应函数和低风险企业效应函数变得完全一样，高风险企业和低风险企业均选择信息披露形式上的完整，但是高风险企业披露虚假信息以掩饰真实的实质性风险因素。投资者不能通过风险信息披露的完整性判断企业风险类型，投资者博弈策略做出改变。所有的新股发行价格受风险因素的折价相同。

投资者不再以风险信息披露的完整性判断企业风险类型后，高风险企业的效应函数为：

$$U_h = N_0 P_0 - C_1 - C_3 = \frac{N_0(\nu + \varepsilon)}{a_\varepsilon} - C_1 - C_3 \qquad (5.15)$$

投资者不再以风险信息披露的完整性判断企业风险类型后，低风险企业的效应函数为：

$$U_h = N_0 P_0 - C_1 - C_3 = \frac{N_0(\nu + \varepsilon)}{a_\varepsilon} - C_1 - C_3 \qquad (5.16)$$

此时，高风险发行人和低风险发行人再次改变策略，均选择风险信息披露不完整，尽量少披露风险因素，只要达到监管者最低标准即可，以此提高发行审核通过率。而在这种情况下，投资者博弈策略没有改变，高风险企业和低风险企业形成风险信息披露不完整的混合均衡。

其次，从刑事处罚的相关规定看，处罚力度有限。《刑法》第 161 条规定了违规披露、不披露重要信息罪的刑事责任，最高量刑为对直接负责人员处 3 年以下有期徒刑或拘役，并处 3 万 ~20 万元罚金。与企业上市后相关方所能够获取的各方面的收益看，这种处罚力度十分有限，法律震慑力严重不足。

5.4.3　投资者行为的现实分析

由于受我国股票一级市场供给相对不足、需求相对旺盛的状况的影响，新股发行存在较高的抑价现象。许多投资者为获得近乎零风险的新股高收益，总是积极申购。投资者在申购新股时经常忽略企业的价值分析，也忽略企业的各种风险因素。在前文的博弈模型中，投资者会根据发行人披露的风险因素对新股发行价格进行折价估计，风险因素折价的计算如下：

$$\frac{1}{\lambda a_0 + (1 - \lambda) a_\varepsilon} \tag{5.17}$$

当折价足够大时，不需要过高的监管处罚成本，高风险企业和低风险企业也可以实现分离均衡。而在我国现实状况中，新股发行的市盈率一般较高，风险因素折价效应不明显，市场化的询价机制通常未起到应有的作用。一级市场较大的需求缺口、较高的发行价格对发行人在风险信息披露中的隐瞒、造假行为起到了激励作用。

5.4.4　新股发行风险信息披露现实考察的结论

从现实情况看，频繁发生的新股发行信息披露"伪装"、"化妆"案例表明，我国多年来所推行的"核准制"所起到的效果十分有限。如果反观核准过程中的监管者的行为，我们会发现，如果这些监管工作人员确实有能力仅靠发行人提供的书面申请文件就能够在审核过程中十分准确地判断企业信息披露的真实性、准确性和完整性，也就是说监管工作人员有能力对企业价值进行准确的判断，那么，也就不会出现那么多的新股发行问题案例了。

由于市场中的信息不对称现象总是存在，所以，真实性、准确性、完整性在"事前"、"事中"审核的过程中难以有准确的判断标准，换言之，"核准制"有效的一个重要条件是监管工作人员需要符合在审核相关新股发行申请文件时具有"无所不知的完全信息"和"无所不能的超级判断能力"假设，而事实上，这种潜在的假设是不成立的。不但不成立，有时还会存在比较大的"判断能力"问题。例如，证券监管机构集中了社会上对于资本市场十分精通的各类人才，但也不排除有的审核人员是刚从某些高等学府毕业的"新人"。尽管在监管机构有精干的"老人"管理、指导，但毕竟这些一线的"新人"担负着去阅读大量的申请文件、对申请文件中的各项内容进行判断的重担。这种重担在缺乏相关法律工作、审计工作等经验的情况下，难以发现发行人的信息隐藏或信息伪造问题。有时即使是由业务熟练的"老人"对发行人进行实地调查，也难以挖掘出隐藏较深的问题。发行人在发行申请过程中均经过层层严格把关，但有些企业上市后不久就业绩"变脸"，隐藏的问题直接或间接地暴露出来。所以，核准制能够有效实施的潜在"前提"不成立，核准制实施的低效率也就在所难免了。

我国新股发行的现实状况印证了新股发行风险信息披露博弈分析的结论。高风险企业模仿低风险企业披露风险因素，甚至高风险企业所披露的风险因素的内容看上去更加直观、清晰，高风险企业和低风险企业处于混合均衡状态。通过对监管者行为的分析发现，监管处罚力度过轻，高风险企业基本可以忽略监管处罚成本，其效用函数与低风险企业的效用函数混同，因此，现实中的高风险企业和低风险企业能达到混合均衡。只有通过各种形式提高发行人的违规处罚成本，高风险发行人和低风险发行人才可能达到分离均衡。而对发行人进行违规后的处罚是一种"事后监管"措施，这正是实施"注册制"的重要特点。

5.5　本 章 小 结

我们借鉴国际上有关新股发行信息传递的经典理论，在国内有关新股发行博弈分析的理论成果的基础上，针对 IPO 招股说明书中风险因素部分的信息披露进行了博弈分析，并结合具体的现实情况对理论分析进行了检验。

我们首先提出了博弈分析的前提假设，构建了发行人效用函数，考察了投资者和发行人之间的不完全信息动态博弈过程；然后从新股发行违规案例等具体现实情况的层面，结合理论分析结论对风险信息披露进行了更进一步的讨论。从前文的博弈与现实分析中，我们可以得到四个方面的主要结论和推论：足够高的潜在处罚间接成本对高风险发行人风险信息披露能够构成较为有效的威慑；事后监管力度是实现有效事后监管的前提条件；较高的新股发行标准与严厉违规处罚措施必须是"相伴而生"的；储架发行（Shelf Offering）制度有助于约束发行人的信息披露行为。

第一，足够高的潜在处罚间接成本可以对高风险发行人的风险信息披露行为构成较为有效的威慑。

投资者和发行人之间的博弈最终会形成两种状态：分离均衡和非均衡状态。在分离均衡状态下，资源配置达到最优。实现分离均衡的前提是发行人承担的潜在的遭受处罚的间接成本足够高。在非均衡状态下，投资者受到高风险企业发出的信号干扰，不能总是准确识别低风险企业，所以，在某些阶段，投资者认为企业的风险数量均为 a_e，在投资者受到干扰的情况下，发行人的效用为 $N_0 \dfrac{v+\varepsilon}{a_e} - C_1$。在分离均衡状态下，发行人的效用为 $N_0 \dfrac{v+\varepsilon}{a_l} - C_1$，非均衡状态下低风险发行人的可能损失为 $\left(N_0 \dfrac{v+\varepsilon}{a_l} - C_1 \right) - \left(N_0 \dfrac{v+\varepsilon}{a_e} - C_1 \right)$。所以，监管机构要做的工作是制定并实施一定的违规处罚力度，使高风险企业和低风险企业实现分离均衡，投资者能较为准确地识别企业的风险类型。在惩罚足够严厉的情况下，高风险的发行人会尽量减少因信息披露造假而导致的潜在处罚间接成本；同时，低风险企业倾向于披露完整的风险因素信息来表明自身的风险类型，市场达到最优状态。在这种信息披露真实性、准确性提高的状况下，监管机构可以根据发行人信息披露完整性的信号，判断发行人的风险类型，重点监管信息披露不完整的发行人。

第二，在事后监管力度足够大的前提下，仅通过事后监管也可实现监管目标。

在监管机构的事后监管处罚力度达到一定程度后，市场分离均衡得以实现，投资者可以较容易地识别企业的风险类型。投资者会积极申购信息披露完整的发行人的股票，这样可以提高资源配置的效率。如果事后监管更为严厉，某些高风险发行人的效用变为负数，这些企业将选择不进入发行市场。

在分离均衡状态下，如果监管机构加强事前监管，对信息披露不完整的发行人不允许发行新股，那么发行人要么选择伪造虚假信息，达到形式上信息披露完整，要么选择不进入发行市场。如果高风险发行人选择不发行新股，就会提高发行人的整体质量，低风险企业融资成本下降，资源配置效率提高。如果高风险发行人选择伪造虚假信息骗取上市融资的资格，那么投资者将会调整策略，认为所有企业的风险因素数量均为 a_e，低风险企业融资成本相对上升。

高风险企业选择不进入发行市场的效用为零。因此，高风险企业选择不进入发行市场的条件为：

$$\frac{N_0(v+\varepsilon)}{ba_l + (1-b)a_e} - C_1 - C_2 < 0 \Rightarrow C_2 > \frac{N_0(v+\varepsilon)}{ba_l + (1-b)a_e} - C_1$$

如果只采取事后监管措施来实现分离均衡，则对事后监管处罚力度的要求为：

$$C_2 > \frac{N_0(v+\varepsilon)(a_e - a_l)}{a_l^2(1-b)}$$

在绝大多数情况下，企业上市的直接成本 C_1 相比融资规模而言较小，高风险企业申请上市的情况经常发生。可以证明监管机构采取事前监管后，要达到与分离均衡相同的监管效果，事后的处罚力度必需更高。因此，只要事后监管处罚足够严厉，可以达到比较有效的监管效果。这从许多发达国家和地区的成熟市场中有效推行注册制的做法中也可以得到证实。

严格的事后监管可包含两层含义：（1）信息披露作假行为被发现的概率较高；（2）作假行为遭受的惩罚力度较高。如果对新股发行实行注册制，可将上市企业的信息对社会公众充分公开，由社会公众参与到上市企业的监督审核中。即使企业发行成功，上市企业风险信息作假最终会使股票处于长期弱市中，遭受损失的投资者有动力收集信息揭露企业风险信息作假行为。此时，监管机构对风险信息披露作假的企业处以高额惩罚来弥补投资者的损失，这样再次激励投资者的自发监督行为。在信息高度不对称、寻租严重等现象普遍存在的情况下，实施核准制是难以有效地遏制新股发行信息欺诈行为的发行的。如果核准制的实施一直达不到高效率，那么，注册制则是一种需要考虑的选择。[①] 当然，注册制是否能够有效实施，更是需要审慎考虑的一个问题。

第三，较高的新股发行标准需要有与之匹配的严厉违规处罚措施作为保障。

不仅在较低的新股发行标准背景下需要较为严厉的违规处罚措施，在较苛刻的新股发行标准下，仍然需要保持一定的违规处罚力度。通过观察分离均衡的条件 $\left(C_2 > \dfrac{N_0(v+\varepsilon)(a_e - a_l)}{a_l^2(1-b)}\right)$ 可知，监管机构制定的信息披露标准 b 越高，要求监管机构对违规的处罚越严厉。给定最高的监管处罚力度，监管机构制定的信息披露标准越高，分离均衡越难以实现。同时，新股发行通过审核容易给投资者造成错觉。投资者基于对监管机构的信任，

---

① 关于我国是否推行注册制，目前学术界和实务界仍有争论。据《人民日报》（2013 年 6 月 28 日第 10 版）记者许志峰报道，中国证监会新闻发言人指出，我国实行审核符合有关法律规定；即使是注册制，也并非是简单的备案制。另外，付彦和邓子欣（2012）强调了推行注册制的法律责任体系建设；有的学者提出设立"注册板"，进行注册制的试点（顾连书、王宏利和王海霞，2012）。

对通过审核的发行人预期的风险因素减少，可能会导致新股价格偏高。因此，投资者的错觉是激励高风险发行人披露虚假信息的一种动力。因此，监管机构制定较高的标准来提高发行人质量的前提是监管机构必须加强对违规处罚的力度。

另外，新股发行数量 N_0 越大，高风险企业和低风险企业分离均衡越不容易实现。监管机构对违规行为的处罚力度一定时，新股发行数量 N_0 越大，也就是发行人的融资规模越大，信息造假的成本相对下降，从而激励高风险发行人披露虚假信息，提高信息披露形式上的完整性，获得更大的融资额。监管机构最好不设置监管处罚的上限，或大大提高处罚上限，以保持对发行人的足够震慑。

第四，能够将新股发售由一次博弈行为变为多次博弈行为的储架发行制度有助于约束发行人的信息披露行为。

在美国等发达国家的证券发行市场实行储架发行制度，即允许发行人在其招股说明书生效后连续多次发行证券，这可以简化注册程序，提高融资灵活性，降低融资成本，提高证券市场的融资效率（杨文辉，2006；吴前煜，2011；马洪雨，蒋学跃，2012）。[①] 不仅如此，从前文的博弈分析可以看出，储架发行制度可将发行人的新股发售由一次博弈变为多次博弈，从而加强对发行人信息披露行为的约束。在多次发行过程中，投资者和发行人之间的信息不对称程度会倾向于减弱。随着时间的推移，高风险发行人隐瞒、伪造的风险信息可能会逐步暴露出来，这样，投资者会有更多的机会去识别、判断发行人的风险类型；同时，由于新股发行数量 N_0 越大，高风险企业和低风险企业分离均衡越不容易实现，所以，储架发行制度的实施相当于将总的股票数量进行了拆分，从而降低了每一次的发行数量。对于高风险发行人来说，第一次的发行成功并不意味着后续发行的成功，因此，发行人第一次股票发行的融资规模越低，越有利于约束其信息披露中的违规行为。

---

① 储架发行制度多在实行新股发行注册制的市场中实施，但在核准制市场中也可推行（杨文辉，2006）。

第 6 章

新股发行风险信息披露
机制的优化与改进

新股发行市场是证券市场的源头，源头的质量影响着证券市场的质量，所以，新股发行受到监管层和投资者等市场主体的极大关注。从对我国新股发行风险因素信息披露的多维分析可知，风险因素信息披露中存在诸多问题，股票一级市场中的信息传递效率不高。所以，需要结合信息披露中具体问题，对新股发行风险因素信息披露以及新股发行的制度安排等方面进行优化与改进。

6.1 新股发行风险信息披露的主要问题回顾

由于我国股票市场的建设时间尚短，所以，股票发行审核制度与信息披露制度的健全、完善一直在探索之中。[①] 其中，中国证监会制定的《证券发行与承销管理办法》经历了多次修订。在此管理办法 2012 年的修订版中规定，"发行人和承销商在发行过程中披露的信息，应当真实、准确、完整，不得片面夸大优势，淡化风险，美化形象，误导投资者，不得有虚

---

① 我国政府有关部门曾前后出台多部与新股发行相关的法律法规，并且根据证券市场的发展演变情况对其中某些法律法规进行了修订。这些法律法规主要包括：《证券法》、《首次公开发行股票并上市管理办法》（2006 年，证监会令第 32 号）、《证券发行与承销管理办法》、《证券发行上市保荐业务管理办法》（2009 年，中国证监会主席令第 63 号修正）、《关于进一步加强保荐业务监管有关问题的意见》、《关于进一步深化新股发行体制改革的指导意见》、《关于进一步提高首次公开发行股票公司财务信息披露质量有关问题的意见》，以及一系列的信息披露内容与格式准则等文件。

假记载、误导性陈述或者重大遗漏"。① 中国证监会于2012年出台的《关于进一步深化新股发行体制改革的指导意见》指出："发行人和各中介机构应按法规制度履行职责，不得包装和粉饰业绩"。② 然而，在取得显著的改革成绩的同时，仍暴露出一些问题。"化妆"、"包装"其至"伪装"上市，上市后企业业绩急速"变脸"等情况屡见不鲜。通过对招股说明书中风险因素部分的规范性分析、比较分析、趋势分析、意向分析，以及主成分分析和问卷调查，我们发现如下方面的主要问题：风险信息披露的口径不够统一；内部风险披露不足；风险信息披露明显呈现乐观性、高估性意向的"误导"倾向；风险信息的披露意向与公司的盈利能力和后市表现不相关；风险因素的主成分与公司财务指标的变化率不相关；新股发行信息披露未能引起投资者的充分关注；新股申购后短期内抛售，投资者对新上市企业信心不足；投资者认为新股发行信息披露不够准确，也不够深入。

6.1.1 风险信息披露的口径不够统一

从整体上看，发行人遵循了证监会的有关要求，披露了有关规定中所需要披露类别的风险因素；不同特征的发行人，也披露了所面临的不同特征的风险因素，没有明显的"比着葫芦画瓢"式的披露情形。从形式上看，新股发行风险信息披露较为规范。

但是，现有的信息披露中也暴露出如下问题：风险因素信息披露的类别标准不够统一，同样小类别的风险因素，分别披露在了不同的大类别中。这样不利于更为清晰、更为有条理地向投资者传递信息。

6.1.2 企业内部风险信息披露不足

通过对不同年份风险因素信息披露的趋势分析，我们发现，许多小类别风险因素的披露频率呈现出逐年增加的趋势，表明风险信息披露越来越细化、深入。但是，从风险因素部分的信息披露篇幅看，风险因素的内容增多趋势与招股说明书全文的篇幅增多的趋势是相吻合的，换言之，发行

---

① 参见自2012年5月18日起施行的《证券发行与承销管理办法》（2012年修订，中国证监会令第78号）第五十三条中的相关规定。

② 参见《关于进一步深化新股发行体制改革的指导意见》第一条中的相关内容。

人并非刻意细化风险因素部分的文字描述。不管怎样，这反映出监管层对新股发行信息披露的政策要求和审核监督越来越成熟，信息披露的内容越来越细化、具体。

从内部与外部风险信息所包含的小类别风险因素的频率趋势看，主要呈现出如下两个问题：

（1）发行人更倾向于披露外部风险因素，外部风险信息的披露频率远超过内部风险信息的披露频率，前者是后者的近 2 倍。

（2）内部风险信息的出现频率呈逐年略微增加的趋势，而外部风险信息的出现频率逐年增加的趋势较为明显。

6.1.3　风险信息披露明显呈乐观性、高估性意向的"误导"倾向

通过采用内容分析法中的语调分析方法，根据我国招股说明书中风险因素部分的用词特点，我们将招股说明书中的有关情感性词汇分为两大类：积极性（或正面性）的词汇；消极性（或负面性）的词汇，然后将这两大类分为三组：肯定、否定；乐观、悲观；高估、低估。通过考察这六小类词汇在招股说明书中出现的频率情况，我们判断新股发行风险信息披露中是否存在具有情感性导向的语言，即其"言外之意"是什么。意向分析的结果显示出以下三个方面的问题。

（1）从整体披露意向上看，新股发行风险信息披露中更多地传递了积极性（或正面性）意向的信息。由于我们考察的对象是招股说明书中的风险因素部分，此部分应该反映发行人面临的各种风险，应该透露发行人的消极性（或负面性）信息。但是，事实并非如此，积极性（或正面性）词汇占所有情感性词汇总数比例的均值约为63%，超过了积极性和消极性词汇总数的一半。

（2）新股发行风险信息披露明显具有向投资者传递乐观性、高估性意向的倾向。从各类目词汇词频的统计结果看，除肯定性词汇的词频小于否定性词汇的词频之外，其他类目的词频，均是积极性（或正面性）的明显大于消极性（或负面性）的。各类目词汇词频中最高的是乐观性词汇的词频，最低的是低估性词汇的词频。高估性词汇的词频是低估性词汇词频的45 倍。

（3）从主板市场和中小企业板市场的对比情况看，中小板市场中风险

信息披露的否定性、悲观性、低估性词汇的词频均值均低于主板市场，说明中小板市场中的风险信息披露更加避免消极性意向的传递。

6.1.4　风险信息的披露意向未能预测发行人的盈利能力和后市表现

许多企业在申请上市时，披露了低风险、高盈利能力的信息，但上市后的业绩表现、股票价格走势却很一般，甚至上市后很短的时间内出现亏损，"业绩变脸"的情况并不少见。尽管"业绩变脸"可能是由于行业不景气或宏观经济低迷等企业外部的因素所导致，但是，即使"业绩变脸"的确是由企业外部因素所导致，在此情况下，发行人在进行信息披露时，也是需要将行业和宏观变化的风险因素进行充分披露、并且是重点披露的。

为检验风险信息披露的意向是否真实、准确，对于投资者来说是否可以成为投资决策的依据，我们对各类别情感性词汇与相关的财务指标、股票后市价格表现指标进行了回归分析。回归结果主要显示出以下三个方面的问题。

（1）风险信息披露中对发行人有利的乐观性、高估性陈述比例较高，但发行人净资产收益率和每股收益两个体现企业盈利能力的指标并没有较好表现。

（2）积极（或正面）性披露与 IPO 初始收益率、周年收益率之间不存在相关关系。这表明，招股说明书中所披露的风险因素的内容对于投资者来说不具有赖以进行投资决策的价值。

（3）企业规模越小，使用的积极（或正面）性陈述越多。小企业在社会上的影响力、企业的知名度往往有限，与大型企业相比，更倾向于在信息披露中渲染自己的优势，想方设法将"风险信息披露"陈述演变为"宣传式陈述"。

6.1.5　风险因素的主成分未能预测发行人财务指标的变化率

发行人在上市前所披露的风险因素的状况是否能够反映出其上市后财务指标的变化趋势？由于各个行业风险因素的种类较多，并且不同行业的企业的风险因素差别较大，所以，我们选取上市数量最多的机械、设备和仪表业的企业作为研究对象，对其招股说明书中披露的风险因素进行主成分分析，并将各主成分与公司上市一年后的财务指标与上市前一年的财务指标之间的变化率进行回归分析。研究发现的主要问题如下：

（1）样本公司上市一年后的盈利能力、资产管理能力和现金流量等指标与上市前相比，均出现了下滑的趋势。其中，有比较合理的下滑理由的财务指标包括每股收益、每股经营性现金流量、每股现金流量、净资产收益率和资产负债率，企业公开发行股票后股本规模扩大、净资产大幅增加会导致这些指标出现大幅变化。其他财务指标如主营业务利润率、总资产周转率和存货周转率的下滑趋势则反映出我国新股发行中存在着上市前业绩"包装"、上市后业绩下滑、企业实际质地不良的问题。

其实，企业上市后由于其盈利水平受到公众的关注与约束，管理层迫于压力，会更加注重公司财务指标短期内的改善（Kraus & Strömsten，2012）。由此推理，公司在上市后较短的时期内，效益水平应该出现提升的趋势。而事实上我们研究得出的结论正好相反，这更加证明有些发行人、中介机构等相关方把精力用在了关注企业上市前如何在表面上提升盈利能力，为了获取上市资格不惜"造假"一搏。

（2）各财务指标变化率和各风险因素主成分之间的线性关系不显著，说明风险信息披露的内容没有能够很好地反映出财务指标的变化趋势，风险因素部分的信息难以起到成为投资决策依据的作用。

6.1.6 新股发行信息披露未能为投资者提供可靠的投资决策依据

通过向投资者发放调查问卷，我们从新股发行信息需求的角度，考察了风险信息披露的状况。在投资者风险偏好、对新股发行信息披露的熟悉程度、获取信息的渠道方面，我们发现以下主要问题。

（1）多数投资者的投资风格稳健，是比较理性的，但新股发行信息披露的内容对投资者吸引力不大，许多投资者对新股发行信息披露的关注有限。从投资者的风险偏好状况看，在安全型、稳健型、积极型和激进型四类投资者中，近60%的投资者属于稳健型投资者；激进型投资者占比约为9%，是占比最低的。而从机构和个人两大类投资者的风险偏好情况看，后者的风险偏好程度更低，投资行为更为谨慎、保守。

但是，从投资者对新股发行有关信息的关注程度看，在决定申购新股前阅读招股说明书全文、并查阅相关的资料的投资者，占被调查投资者总数的比例约为35%；不阅读招股说明书或其摘要、但会简要查询其他相关信息的占投资者总数的比例约为23%；不查询相关信息、直接申购新股的投资者的占比竟达12%有余。对于招股说明书中披露的风险信息，投资者对此知道、但不熟悉的占投资者总数的比例近1/3；对此比较熟悉和非常熟悉的投资者合计占比不到1/5，且以机构投资者居多。

尽管投资者在申购新股前不充分获取相关信息会有多种原因，并且问卷调查统计和分析的结果显示，投资者越敢于承担投资风险、投资经验越丰富、投资规模越大、越能够有效地从招股说明书中获取所需信息，其投资收益则越高，但是，投资者整体上是比较理性的，他们对发行人所披露信息的关注不够，从某种程度上能够说明发行人所披露的信息的价值对投资者来说是有限的。

（2）从投资者获取新股发行信息的渠道看，有部分投资者依靠"投资经理介绍、推荐"和"熟人、朋友的介绍、推荐"获取间接信息，尤其是个人投资者。尽管超过70%的投资者通过"网络"、"报纸"、"广播、电视"、"股票行情软件"这四类直接信息获取渠道获取信息，但仍然有超过20%的投资者根据"道听途说"式的间接方式获取信息进行新股申购。这说明报纸、网络等媒体刊登的招股说明书等信息，未能充分引起证券一级市场投资者的关注，离成为所有投资者进行投资决策的信息依据尚有一定距离。

6.1.7　许多投资者对新上市企业信心不足，在新股申购后短期内抛售

对投资者在申购到新股后的持有期限的调查数据显示，尽管投资者申购新股的热情很高，但投资者对新上市企业的信心不足，许多投资者申购到新股后的持有期很短。

我国新股申购的中签率很低，投资者对新股十分追捧。但是，这并非由于新股的投资价值高。在申购到新股后，近1/2的投资者在一周之内卖出股票；约1/3的投资者持有期为一个季度。这两者合计占投资者总数的80%左右。可见，绝大多数投资者追捧的只是IPO的短期收益，并非新上市企业的投资价值。换言之，许多投资者未能够依据其所获取的信息判断

企业具有中长期投资价值。①

6.1.8 投资者认为新股发行信息披露不够准确、不够深入

我们在问卷中调查了投资者对新股发行信息（尤其是风险因素）披露不足之处的意见，并向投资者征集了关于改善新股发行信息（尤其是风险因素）披露质量的建议。调查的主要结果如下：

（1）投资者认为，新股发行招股说明书中存在着流于形式、不够全面、不够准确、没有突出重点、不够通俗易懂、缺少定量分析、缺少预测信息等问题。其中，机构投资者主要认为招股说明书的信息（尤其是风险因素）披露"不够深入、不准确"和"不够全面"；个人投资者主要认为招股说明书的信息（尤其是风险因素）披露"不够深入、不准确"和"没有突出重点"。

（2）投资者对新股发行信息（尤其是风险因素）披露提出的主要要求和建议包括：提高信息披露的真实性；突出重点信息（包括重要的风险信息）的披露；增强新股发行信息披露的违规处罚，加强法律约束；增加风险信息的定量分析，提高信息披露的准确性；提高风险信息披露的完整性和详细程度。其中，投资者对信息披露的真实性、准确性、完整性的需求强度比较大。有约27%的投资者提出要提高信息披露的真实性；有约10%的投资者要求提高信息披露的准确性；有约7%的投资者提出信息披露的完整性，信息内容应该更加详细。另外，部分投资者希望加大监管和处罚力度。有约8%的投资者提出需要加强新股发行的审查力度和违规惩罚力度。

6.2 新股发行风险信息披露的制度完善

随着我国证券市场的发展，新股发行改革也一直在不断推进。然而，从新股发行风险信息披露的角度观察，信息披露中没有明显的"比

---

① 由此可见，并非我国投资者群体价值投资的理念不足，而是缺乏能够进行价值投资的信息渠道。要想树立起市场的价值投资理念，需要先保障投资者能够拥有获取有价值的投资信息的通畅渠道。另外参见：谢卫群．倡导价值投资，先得完善制度［J］．人民日报，2012，2（28）：10.

着葫芦画瓢"的情况，形式上比较符合有关要求，但是，实质内容上的偏差显著存在。针对有关问题，结合我国目前的有关新股发行监管状况，我们从风险信息披露的类别口径、风险因素实质性内容的披露、信息披露追溯监管机制以及投资者对新股发行的监督等五个方面提出了制度完善建议。

6.2.1　统一风险信息披露的类别口径

针对同样或类似的风险因素在不同的风险类别中披露的问题，这尽管不影响投资者对披露内容的阅读，但毕竟披露口径不够统一，监管层需要细化披露类别的标准，将大、小类别风险因素的具体归类作出明确规定，使不同发行人风险信息的陈述更加统一。

6.2.2　强化企业内部风险因素的信息披露

招股说明书中风险因素部分的定量分析和内部风险的内容偏少，这既是我们进行内容分析发现的问题，也是投资者在调查问卷中指出的问题。与外部风险信息相比，内部风险信息是投资者更难获取的，也是对投资者具有极大投资决策依据意义的，应该成为发行人进行风险信息披露的重点内容。针对内部风险信息披露不足的问题，监管机构在受理并审核相关企业的申请文件时，要特别强调企业内部风险信息的披露。

6.2.3　强化实质性风险因素的披露，避免"变相宣传"式的误导披露

新股发行招股说明书中的风险因素部分不但没有体现出企业的实质性风险，反而出现了乐观和高估的积极性（或正面性）披露倾向。在相关制度规定中，需要对此类现象进行限制。但是，由于许多披露内容为隐性内容，并且不同企业的情况千差万别，制度规定难以考虑进去各种细微的情况，所以，有关证券发行监管机构在审核发行文件时，需要对此加以关注，重点审核。

根据问卷调查中发现的投资者的需求状况，投资者希望招股说明书不要流于形式，需要全面、准确和深入，提高信息披露的真实性，并且需要

突出重点。监管层需要强调发行人实质风险的披露，而非形式上的披露完整、细致。

6.2.4　跟踪企业上市后的表现，建立信息披露追溯监管机制

发行人披露的风险因素的主成分与公司上市前后的财务指标变化率不相关，风险信息没有能够准确地反映出企业上市后财务指标的变化趋势。针对这个问题，建议监管层跟踪企业上市后的表现，建立信息披露追溯监管机制。

由于跟踪企业上市后的表现需要花费较多的人力和物力，所以，可以规定企业在上市后的一段时间之内，例如上市后 3 年内，定期向监管层报告并向社会披露其上市后的业绩变化情况，由上市公司进行自我跟踪、自我检查，监管人员对此进行监督，这样既节省监管成本，又可提高企业上市时信息披露的规范意识。

对于在跟踪企业上市后表现的过程中发现问题的，需要查阅企业上市前的信息披露文件，追溯其上市前信息披露的真实性、准确性和完整性，并追究相关方的责任。如果发行人已经真实、准确地进行了披露，对上市后出现的问题进行了充分的风险提示，则可以免责。如果有隐瞒披露、披露不充分或虚假披露等情况，则根据披露的违规程度给予相应的处罚。处罚措施包括企业公开道歉、行政处罚，乃至相关方的刑事责任。

监管层可以针对企业上市前所信息披露的内容与上市后表现的吻合程度，进行量化评分，建立企业诚信档案，并定期向社会公布。

6.2.5　加强投资者对新股发行过程的监督，构架信息供求桥梁

随着我国证券市场的快速发展，越来越多的企业打算进入资本市场，监管层的审核、监督工作量也越来越重。如果将社会监督力量有效利用起来，将有利于减轻监管层的工作负担，提高监管效率。同时，社会监督还可以为新股发行的信息供给和需求架起一座有利于供求双方便捷沟通的桥梁。

为提高新股发行监管工作的透明度，中国证监会在其网站公布了

IPO 审核工作流程。审核流程包括的主要环节有：申请材料受理、召开见面会、发行监管部问核、召开审核意见反馈会、申请文件预先披露、召开初审会、召开发审会、申请文件封卷、发审会之后的事项、证监会核准发行等。在各个审核环节中，尚未将投资者监督设为一个单独的环节。①

我国投资者数量众多，并且投资者整体上是理性的，多数属于风险规避型，专业投资者的数量也已经比较可观。有效利用投资者的社会监督能够对新股发行的信息披露起到比较有效的约束。将投资者的监督纳入监管体系，也能够有效地解决新股发行的信息供求矛盾问题，有利于消除信息供需缺口。

通过完善社会监督机制，还能够吸引投资者对招股说明书等公开信息渠道的关注。公开信息的价值提高了，投资者自然就不需要打听"小道消息"了，证券市场的效率也就提高了。

投资者参与到监督新股发行过程的具体措施可以包括：在新股发行信息预披露阶段，有关监管机构接受投资者质询，并给予投资者反馈；需要列入招股说明书中的内容，列入招股说明书。② 对于投资者发现的比较严重的问题，监管部门还要给予一定的奖励，以此作为一种激励措施。如果激励措施得当，甚至可以促使社会监督群体中出现"打假"专业户，形成抑制新股发行信息披露造假行为的强大辅助力量，迫使发行人提高信息披露的质量。

6.3　新股发行的机制优化：基于信息披露的视角③

对于解决新股发行风险信息披露问题，只是在风险信息披露方面进行

---

① 参见：中国证监会研究中心. 中国证监会发行监管部首次公开发行股票审核工作流程 [EB/OL]. [2013 - 07 - 05]. http：//www. csrc0. gov. cn/pub/zjhpublic/G00306202/201307/t20130705_ 230366. htm? keywords = 审核工作流程.

② 《关于进一步提高首次公开发行股票公司财务信息披露质量有关问题的意见》第三条第 (四) 款规定，证监会将"加大社会监督力度，不断提升新股发行透明度，形成合力，共同促进信息披露质量的提高"，但是，至于如何加大社会监督力度，还需要进一步的细化措施。

③ 信息传递的效率决定着证券市场的效率，我们强调从信息披露监管的视角探讨新股发行机制的优化路径；有的研究则是从发行定价机制、新股配售的市场化以及新股发行过程中的政府管制行为等其他视角展开的，例如张航和刘艳妮 (2009)、田利辉 (2010)、邹斌和夏新平 (2010)、周正义 (2012)、郭杰和张英博 (2012)、王冰辉 (2013)，以及田利辉、张伟和王冠英 (2013) 等的研究。

改善还是不够的，要保障风险信息披露的真实性、完整性，还应在信息披露制度乃至新股发行机制方面进行更进一步的改革、优化。

我国的新股发行体制改革在不断深化。从政府与市场在我国新股发行中所起的作用看，市场的作用在不断加强，但市场化经历着一个较长的过程。回顾新股发行的审核制度，在 2001 年 3 月以前，我国实行的新股发行制度给予政府的行政审批权力很大，市场能够起到的作用很小。2001 年 3 月至今，推行的是市场与政府均起作用的核准制。[①]目前改革的重要方向是市场化，逐步突出市场各方的作用，并逐步减少政府对某些方面的规制。作为消除市场参与各方信息不对称现象的信息披露应该是市场化改革的核心，在信息披露方面的改革措施应该加强。[②]

以提高证券一级市场的信息完全程度为目标，结合考虑新股发行风险信息披露中出现的问题，以及信息披露所涉及各方的博弈行为，我们提出新股发行信息披露制度改善与机制优化的如下目标与路径：（1）拓宽发行人信息披露的范围，提高发行人申请、监管机构审核和批复全过程的透明度。（2）提高发行人和中介机构等相关方的违规成本，这种事后约束是监管层亟待去做的一项工作。（3）将新股发行"入口"中出现的信息披露严重违法违规问题纳入到退市标准中，拓宽退市"出口"。（4）推行储架发行制度，将发行人的行为由一次博弈变为多次博弈。（5）未来选择合适的时机降低新股发行事前审核"准入"门槛，让更多的想通过资本市场谋求快速发展的企业有机会进入资本市场；[③] 选择适当的时机全面推行新股发行注册制。[④]

---

① 参见：中国证监会研究中心 . 我国股票发行审核制度的演进历程［EB/OL］.［2013 - 07 - 03］. http://www.csrc.gov.cn/pub/newsite/ztzl/xgfxtzgg/xgfxbjcl/201307/t20130703_230251.htm。

② 新股发行风险信息披露的问题，实际上可归纳为新股发行中发行人和投资者等各方之间信息不对称的问题。对新股发行的审核也需要由对企业的价值判断转向以信息披露为核心（廖士光，2012）。中国证监会于 2012 年出台的《关于进一步深化新股发行体制改革的指导意见》提出："要进一步推进以信息披露为中心的发行制度建设，逐步淡化监管机构对拟上市公司盈利能力的判断"；"落实发行人、各中介机构独立的主体责任，全过程、多角度提升信息披露质量"。

③ 目前我国的新股发行门槛较高，这一方面没有对实际上不符合发行与上市标准的企业形成实质性的阻碍，另一方面却将一些具有良好的商业运营模式、具有长远的成长潜力、并具有较强市场竞争实力的企业阻挡在资本市场的大门之外，有的企业甚至不得不寻求到境外资本市场去挂牌上市。

④ 关于注册制改革措施的相关讨论，另外参见：陈淮和顾连书（2012）；顾连书、王宏利和王海霞（2012）；王啸（2013）；以及田利辉、张伟和王冠英（2013）。

6.3.1　拓宽信息披露的范围，提高申请与审核全过程的透明度

目前在新股发行过程中实施预先披露的措施。本着信息"公开"的原则，可以考虑将新股发行的全过程进行网上披露，做到过程透明。

互联网技术的发展，为提高信息传递的效率提供了廉价、便捷的渠道。将中介机构入场、保荐机构辅导、提交申请文件、监管层审核、发行人（和中介机构）与监管之间的沟通、投资者提出的问题与答复、发审委审核的过程等各个环节通过中国证监会网站向社会公开，接受全社会各界的监督。这样的过程"透明化"，有利于防止寻租、造假等行为的发生。发行人等市场参与方自始至终的行为，被记录在公开披露的文件中。文件中的内容若前后有所变化，相关方要有合理的解释。

拓宽信息披露的范围，有利于投资者掌握企业申请股票公开发行并上市的来龙去脉。即使有的"劣质"企业侥幸获得监管部门的批复，在其公开发行时，投资者仍然可以采取"用脚投票"的办法，不申购新股，或以很低的价格去申购，这就会导致发行价格很低，或发行数量有限，甚至发行不成功。

6.3.2　强化新股发行事后约束，提高相关方的违规成本

提高发行人、中介机构等相关方的违规成本，是新股发行中的一种事后约束。我们对新股发行过程的博弈分析显示，较高的新股发行标准需要有与之相匹配的严厉违规处罚措施作为保障。

没有足够高的事后处罚，违规收益大于违规成本，就无法对违规行为构成有效的震慑，违规行为的发生就成了情理之中的事情。

我们问卷调查的结果显示，有些投资者提出需要加强新股发行的审查力度和违规惩罚力度。我国实行新股发行核准制，在企业申请、监管机构审批的环节，监管层的审查力度比较大。但是，监管过程中仍然存在一些权力寻租"灰色地带"，事后的处罚力度远远不够。

就当前新股发行企业问题频出的状况看，强化事后约束是监管层亟待去做的一项重要工作。只有提高违规成本，才能够有效遏制"圈钱"行为，遏制新股发行的一次性博弈行为。

尽管中国证监会在对违法违规行为的监管和处罚方面一直不断努力,[①] 但我国目前的法律法规对有关的违法违规行为的处罚力度仍然不够大,并且执法过程中也存在"大事化小"、"小事化了"的情况。根据中国证监会主席肖钢(2013)在《求是》杂志发表的文章,自 2009 年至 2012 年间,每年证监会处理的案件数量增幅平均达 14%。其中,欺诈发行、虚假信息披露案件增速较快。[②] 由于人情等各种各样的原因,导致有些案件的责任追究不到位。近年来每年出现的涉刑案件有 30 余宗,有超过 50% 的案件处理最后出现不了了之的结果。

我国的《证券法》是由国家最高立法机构组织起草的证券领域的一部系统性法律。《证券法》(2005 年修订、2006 年实施)对有关违法违规行为的处罚规定包括:"发行人不符合发行条件,以欺骗手段骗取发行核准,尚未发行证券的,处以三十万元以上六十万元以下的罚款;已经发行证券的,处以非法所募资金金额百分之一以上百分之五以下的罚款。对直接负责的主管人员和其他直接责任人员处以三万元以上三十万元以下的罚款";[③] "发行人、上市公司或者其他信息披露义务人未按照规定披露信息,或者所披露的信息有虚假记载、误导性陈述或者重大遗漏的,由证券监督管理机构责令改正,给予警告,处以三十万元以上六十万元以下的罚款。对直接负责的主管人员和其他直接责任人员给予警告,并处以三万元以上三十万元以下的罚款"。[④]

对于一次能够募集几亿、几十亿乃至上百亿元资金的融资活动以及许多企业高管的高收入来说,上面的规定显得十分"仁慈"。

《证券法》对保荐人的有关违法违规处罚规定是:"保荐人出具有虚假记载、误导性陈述或者重大遗漏的保荐书,或者不履行其他法定职责的,责令改正,给予警告,没收业务收入,并处以业务收入 1 倍以上 5 倍以下的罚款;情节严重的,暂停或者撤销相关业务许可。对直接负责的主管人员和其他直接责任人员给予警告,并处以 3 万元以上 30 万元以下的

---

① 中国证监会行政处罚委员会于 2012 年开出的处罚、没收款共 4.37 亿元,是自行政处罚委员会设立之后罚没金额的最高值。参见:中国证监会. 中国证券监督管理委员会年报(2012 年)中国证券监督管理委员会年报(2012 年)[M]. 中国财政经济出版社,2013。

② 中国证监会行政处罚委员会于 2012 年共审结证券期货领域违法违规案件 82 宗,其中有 34 宗属于信息披露违法案件,占案件总数的近一半。参见:中国证监会. 中国证券监督管理委员会年报(2012 年)[M]. 中国财政经济出版社,2013。

③ 《证券法》第一百八十九条。

④ 《证券法》第一百九十三条。

罚款；情节严重的，撤销任职资格或者证券从业资格"。① 相关处罚对于相关机构和个人的收入来说，并不算多么严厉。而从有关的处罚案例看，给予有关机构和个人警告处分的较多，撤销相关业务许可的很少，而业务收入 1 倍以上 5 倍以下罚款的则更为少见。

中国证监会于 2006 年颁布并实施《首次公开发行股票并上市管理办法》，规定发行人的申请文件有虚假记载、误导性陈述或者重大遗漏等情况的，证监会将终止审核并在 36 个月内不再受理发行人的上市申请。② 这对于敢于冒一次风险、在上市申请决策时决定冲一冲（即进行一次性博弈）的企业来说，也起不到阻止其在信息披露中进行造假的作用。

中国证监会颁布的《证券发行上市保荐业务管理办法》（2009 年修订并实施）以及《证券发行与承销管理办法》（2012 年修订）对于保荐机构、保荐代表人、承销商在新股发行过程中向证监会提交文件有虚假记载、误导性陈述或者重大遗漏等情况做出了处罚规定，但处罚主要限于在一定时间内不受理违规方的相关业务；暂停有关的业务资格；情节特别严重的，才考虑撤销其有关业务资格。③ 在现有的处罚中，比较轻微的处罚居多，撤销有关业务资格，尤其是撤销保荐机构资格的案例很少。

在国际上成熟的证券市场，企业公开上市的违法违规成本极高，许多企业受到相关处罚的后果就是被迫破产，相关责任人还要接受刑事调查。即使问题没有那么严重，只要有监管机构或投资者提起质疑或指控，上市公司就必须做出回应或应诉，其成本也很高。

中国证监会于 2012 年公布的《关于进一步深化新股发行体制改革的指导意见》指出，证监会将"严格执行法律法规和相关政策，加大监管和惩治力度"。④ 此项规定所指出的，其实只是加大执法力度，而没有提出改革现有的相关规定，没有涉及在处罚措施上更加严格、提高违法违规成本的问题。而从现有制度的处罚力度不够的情况看，进行违法违规制度上的改革，是有关政府部门需要做的更为急迫和更为重要的一件工作。

---

① 《证券法》第一百九十二条。

② 见《首次公开发行股票并上市管理办法》（2006 年颁布）第六十四条的相关规定；此外，第六十八条规定，发行人披露盈利预测的，如果利润实现数未达到盈利预测的 80%、50% 等情况的，证监会将给予某种处罚。实际上，证监会并没有强制要求发行人披露盈利预测，所以，实际上鲜有发行人进行盈利预测，相应的处罚措施也就形同虚设了。所以，在我国新股发行信息披露中增加强制性盈利预测的规定，是需要考虑的一个议题。

③ 见《证券发行上市保荐业务管理办法》（2009 年修订并实施）第六十五条至第七十九条的相关规定；以及《证券发行与承销管理办法》（2012 年修订）第六十二条的相关规定。

④ 见《关于进一步深化新股发行体制改革的指导意见》第六条的相关规定。

6.3.3　拓宽"退市出口"，将新股发行违法违规信息披露纳入退市标准

我国监管层对于上市公司"退市"的出口规定得十分狭窄，不利于淘汰"劣质"上市公司，不利于"上市资源"的优化配置。尽管通过并购重组的方式也可以向证券市场引入优质资产、淘汰劣质资产，但是，毕竟并购重组只是淘汰劣质资产的途径之一，并且并购重组成功与否会受很多因素的制约。① 随着上市的企业越来越多，而被淘汰的企业少之又少，证券市场中的"劣质"企业就会积累起来，这会降低证券市场的整体质量和运作效率。②

退市是国际上成熟证券市场的常见做法，每年都有一定数量的上市公司由于不再符合证券交易所的上市交易标准而被迫退市。据粗略统计，纽约证券交易所每年大约有6%的上市公司被摘牌，其中约1/3属于被强制摘牌；纳斯达克市场中每年有约8%的公司被摘牌，其中约1/2属于被强制摘牌。③ 近年来，我国有些企业在境外上市过程中以及上市之后出现欺诈等情况，而被迫摘牌退市，甚至出现了"退市潮"。

目前我国有关退市的要求比较宽松，并且业绩不好的上市公司总是设法绕过退市条件，避免被强行摘牌。④ 将企业上市之前的信息披露与上市之后的表现结合起来考察，并且作为"退市"的条件之一，是有关部门在完善退市规则时应当考虑的问题。如果上市之前的信息披露中存在较为严重的造假行为，上市之后，不管何时发现，均须退市。这样，

---

① "劣质"上市公司的并购重组进程不但受并购方和被并购方双方意愿等的影响，还受证监会有关上市公司并购重组政策的约束。有的"劣质"上市公司在上市后不久就"业绩变脸"，由于各种原因未进行重组或重组未果，多年经历着 ST、SST、PT 等处理，其股票成为证券市场中的垃圾股。垃圾股的存在还导致了证券市场中投机气氛的加重，有些投资者炒作垃圾股的重组题材，加大了市场的风险。

② 根据21世纪经济报道的统计数据，在 A 股设立后的21年里，除吸收合并、分立等情况外，因不符合上市条件而退市的企业仅42家，并且在 2001 年才首次出现退市企业，即 PT 水仙。在 2004 年和 2005 年退市的企业共有 19 家，占到退市企业总数的近一半。而 2004 年和 2005 年出现集中退市现象的主要原因是当时证券市场低迷，市场缺乏融资功能，通过借壳进入资本市场的企业较少。详见：郑世凤. A 股退市机制反思：21 年仅摘牌 42 家公司［EB/OL］.［2011 - 12 - 03］http：//www. 21cbh. com/HTML/2011 - 12 - 3/3NMzA3XzM4NTM3NA. html。

③ 参见：黄明，陈强兵，张冬峰. 美国主要证券交易所退市制度简介［EB/OL］.［2013 - 03 - 18］http：//stock. eastmoney. com/news/1445，20130318279660370. html。

④ 有的上市公司接近退市的边缘，并且被暂停交易多年，但最后还是通过资产重组而复牌，从而避免了被强行摘牌。

更有利于遏制"源头"上的造假行为的发生。因此，拓宽"退市出口"，让退市"常态化"，可以看做是新股发行的另外一种较强的事后约束措施。

　　尽管加强退市管理会让持有面临退市处理的公司股票的投资者感到"切肤之痛"，但是，有的顽疾必须进行手术，局部的"痛楚"有利于证券市场全局的、长期的稳定发展。对于投资者而言，执行严格的退市制度，会使投资者的投资决策更为谨慎，能够抑制一些投资者炒作"劣质"上市公司不良现象的发生。

　　在上市公司符合"退市"条件时，有关监管机构不但要启动退市程序，而且要追究相关方的责任，并且需要考虑制定由相关责任方负责对持有"退市"股票的投资者进行赔偿的方案，保护投资者的利益。

6.3.4　推行储架发行制度，将发行人的一次博弈行为变为多次博弈行为

　　对于发行人在获得申请批复后公开发行股票的活动来说，储架发行制度可以为其提供选择合适的市场窗口进行融资的机会。储架发行制度在这个意义上说是一种股票公开发行市场化的举措。同时，储架发行制度可将新股发行一次博弈变为多次博弈，从而会迫使发行人更加注重自己的信誉，更加注重其信息披露行为。随着时间的推移，高风险企业所隐瞒、伪造的风险更有可能被暴露出来。如果有的企业在上市后一段时间内"业绩变脸"，那么，其后续的发行就会失败，前期发行所募集的资金又有限，这样的企业通过虚假信息披露进行"圈钱"的目的就不能够完全实现。

6.3.5　降低新股发行事前门槛，完善实施注册制的条件①

　　上述四个方面问题的解决会为新股发行审核制度向注册制的转向提供

---

①　我们是从信息披露这一证券市场的核心问题出发论述注册制在我国的引入的。有的研究是从其他角度展开的，例如，有的视角是推行注册制所需的法制环境，参见：付彦，邓子欣. 浅论深化我国新股发行体制改革的法制路径——以注册制与核准制之辨析为视角 [J]. 证券市场导报，2012（5）：4－16；刘兴祥. 法制建设是 IPO 改革的基础 [N]. 证券时报，2013，2（26）：A03。

良好的前提条件，即：（1）新股发行信息披露的范围拓宽到从申请到批复的各个环节，新股发行的全过程透明，社会监督到位；（2）市场参与方的违规成本足够高，对隐瞒信息、披露虚假信息等行为构成有效威慑；（3）即使企业上市成功，如果被发现上市前存在信息披露上的严重问题，仍然有被强制退市的可能；（4）通过储架发行制度，将新股发行一次博弈变为多次博弈，从而约束其信息披露行为。在这样的环境下，证券一级市场的违法违规行为会受到极大遏制，发行人、中介机构等市场主体的信誉观念逐步树立起来，投资者进行新股投资会更加谨慎，"用脚投票"的机制会更加有效，监管机构降低新股发行事前监管的门槛就是水到渠成的事了，新股发行的监管机制将会自然地由核准制转向到注册制。

以上分析也表明，由核准制迈步到注册制是个循序渐进的过程，需要在每个步骤中的各项措施得以有效实施的前提下逐步推进，不能够在前提条件尚未成熟的情况下贸然推行。① 否则，如果在信息披露制度不够完善、事后监督不够有效的情况下贸然减小事前审核力度，就很可能会出现众多良莠不齐的企业蜂拥而至，争抢申请新股发行并上市，这样势必会造成市场的混乱。尽管如此，为降低现有制度延续执行的成本，完善注册制配套措施所耗的时还是间越短越好。

降低新股发行事前监管的门槛，并不意味着放弃政府机构的监管和消除上市门槛。实际上，这是监管机构根据市场环境进行的角色和定位的调整。在其他措施能够有效保障市场效率的情况下，监管机构可以将其在核准制阶段对发行人提供的信息进行包括其真实性等各方面的判断的角色，调整到从信息披露形式上的完整性、合规性考察上；同时，监管层还要根据投资者对信息的需求，要求发行人进行补充信息披露。而这也不意味着任何企业只要信息披露形式上完整、合规就可以上市，各证券交易所可以根据自己的市场定位，制定出合适的上市门槛。符合交易所上市条件的企业，在得到证券发行监管部门的批复后，才能够将其股票在交易所挂牌交易。②

在条件成熟的情况下调低新股发行事前监管的门槛，不仅会节省事前

---

① 中国证监会发言人曾表示，推行注册制尚需创造一些前提条件，参见：许志峰．证监会新闻发言人表示：IPO 注册制并非简单备案，转变还需创造必要条件［N］．人民日报，2013，6（28）：10．

② 有关注册制比较成熟的做法，参见：中国证监会研究中心．美国的发行与上市审核制度［EB/OL］．［20130703］．http：//www.csrc.gov.cn/pub/newsite/ztzl/xgfxtzgg/xgfxbjcl/201307/t20130703_230242.htm.

审核的成本，而且会让企业申请上市过程中进行的寻租行为失去作用，防止腐败现象的发生，还会让千方百计通过披露虚假信息达到较为严格的发行与上市标准的行为失去一个动力。高度的信息透明、事后的严格追责制度以及投资者的监督和"用脚投票"等机制，会迫使发行人走上充分披露信息、披露真实信息的轨道。

附　录

附录1　关于内容分析法的研究
方法及应用阐释[①]

作为一种跨学科的研究方法，内容分析法没有十分固定的格式，在金融领域的应用还是很少。在不同的文献中，这一研究方法的具体应用不尽相同。因此，有必要根据以往的文献对这一研究方法进行归纳、讨论。我们就此从以下四个方面进行阐释：内容分析法的含义与特征、内容分析法的起源与发展、内容分析法的一般研究步骤及内容分析法的广泛应用。

一、内容分析法的含义与特征

关于内容分析法定义的描述有多种。广义地看，内容分析是指对传播媒介的内容的各种各样的分析。狭义地看，内容分析遵循了某些特定的、比较统一的原则和技巧。

有关内容分析法的比较早的定义是比较广义的一个定义：内容分析法是客观、系统和定量的描述媒介内容的一种方法（Berelson，1952）。后来对内容分析法含义的界定更加具体化。有代表性的定义是：内容分析法是一个系统的研究方法，通过标准化的方式分析信息文本，使评估者可以对相关信息做出某些推断（Krippendorff，1980；Weber，1990）。

韦伯（Weber，1990）强调指出，内容分析法的核心思想是将文字内容中的大量描述按不同的类别进行划分，从而在每个类别中，文字内容的数量就会得到降低。克里彭多夫（Krippendorff，2004）则强调了内容分析法对文字文本的研究必须是可重复的，并且是能够得出有效推论的一种较为统一的研究方法。

我国学者学习、借鉴国外的有关内容分析法的文献，将内容分析法定

[①]　本附录的内容系作者根据相关文献、资料整理、撰写。

义为是一种对研究对象的内容进行量化分析、着重剖析内容本质的系统的科学方法（邱均平和邹菲，2004；孙瑞英，2008；宋振峰和宋惠兰，2012）。

有些学者给出的定义更侧重于内容分析的实际研究步骤，即以定性的问题假设作为出发点、利用统计学的分析工具对研究对象进行量化处理、最终从统计数据中得出定性的结论的一种方法（郑文晖，2006；黄方亮和武锐，2011；朱亮和孟宪学，2013）。

由内容分析法的含义，可以看出其具体的一些特征，包括研究对象在范围上的广泛性、在数量上的庞大性；研究原则的标准化、统一性；研究依据、研究过程的定量性、系统性；以及研究结论的客观性等。① 其中，通过词频等定量的数据对文本内容进行定量分析被认为是内容分析的一大突出特征。

总之，内容分析法是一种对人类思想载体进行内容上的学术研究的一种重要方法，其具体研究方式是定性与定量相结合，研究过程中包含着将定性内容转化为定量数据的一个关键环节，对于定量数据的处理，则又可以包含许多统计、计量等的方法。

对于文本内容的定量分析，有与内容分析法相近的其他几种研究方法，其中包括文献计量法与网络计量法。这些方法的相同之处，是通过某些定量研究的方法，研究相关文件中定性的材料，寻找文件中所含有的内在规律或变化趋势。

这些方法的不同之处主要是，内容分析法研究对象的范围很广泛，不仅包括文本材料，也可包括图像、音频、视频等资料，不仅研究其显性内容，也可研究其隐性内容。而文献计量法与网络计量法的研究对象主要是文献和网络资料，并且多是研究显性内容；其中文献计量法多应用于图书馆学和情报学等领域。②

---

① 关于内容分析法特点的讨论，可参见：宋振峰、宋惠兰. 基于内容分析法的特性分析 [J]. 情报科学，2012（7）：964–966，984；李文静. 企业网络危机信息预警中内容分析法的应用 [J]. 现代情报，2009（5）：181–185；黄晓斌、成波. 内容分析法在企业竞争情报研究中的应用 [J]. 中国图书馆学报，2006（3）：28–31.

② 关于内容分析法与文献计量法、网络计量法异同的讨论，可参见：陈维军. 文献计量法与内容分析法的比较研究 [J]. 情报科学，2001（8）：884–886；邱均平、陈敬全. 网络信息计量学及其应用研究 [J]. 情报理论与实践，2001（3）：161–163；王曰芬、路菲、吴小雷. 文献计量和内容分析的比较与综合研究 [J]. 图书情报工作，2005（9）：70–73；郑文晖. 文献计量法与内容分析法的比较研究 [J]. 情报杂志，2006（5）：31–33；王知津、闫永君. 网络计量法与内容分析法比较研究 [J]. 图书馆学研究，2006（6）：2–6；朱亮、孟宪学. 文献计量法与内容分析法比较研究 [J]. 图书馆工作与研究，2013（6）：64–66.

二、内容分析法的起源与演化

英文中内容分析法（Content Analysis）这一术语的出现，已经有 80 余年的历史了。极有影响力的英文《韦氏辞典》首次将其纳入词条解释的时间是 1961 年，距今也有 50 余年了。

从广义的含义看，内容分析法的起源就可以追溯到很早的年代。在很久以前对文字甚至代表思想的原始图形、符号的内容进行的考究，都可以归为是一种内容分析的工作（Krippendorff，1980）。

18 世纪后期，神学界对宗教教义进行研究时，就十分关注非宗教的思想内容在媒体上的传播。当然，这种关注还是属于一种宗教活动，并非学术研究。① 但是，人们由对与宗教相关的内容的分析与争论逐渐转向对内容分析的方法的关注。这可以被认为是内容分析法的雏形。

随着 19 世纪末报纸印刷业的崛起，对传播学领域的文字媒介的内容分析逐渐形成一种比较独特的方法，这便是内容分析法作为一门专门的研究方法正式产生的源泉。美国学者斯彼得（Speed，1893）就对当时的报纸刊登的文章的类别进行了内容分析。

20 世纪初，美国学者马修斯（Mathews）、威利（Willey）等人对报纸报道中的新闻内容、报道主题等进行了考察（Krippendorff，2004）。德国学者马克斯·韦伯（Max Weber）提出使用内容分析法来研究新闻报纸报道中所涉及的公开的与非公开的内容、报道来源等问题。②

到 20 世纪中期，随着传播学等学科的发展，内容分析法逐渐在理论和方法上得到更多的完善，并得到学术界更多的认同。此时期内容分析法的应用范围开始慢慢扩大，进入国防与军事、政治与宣传等领域，并开始

---

① 在 18 世纪的瑞典，有一本不知作者姓名的赞美诗集《锡安歌集》（Songs of Zion），出版后因其中的某些歌词具有模棱两可的含义而备受争议，人们对其中有些词汇是否隐含着不符合教义传统的意义存在着不同的观点。此事件引起争论双方对歌曲集内容的来源、词汇和比喻等的关注和分析（Krippendorff，1980）。

② 详见：玛丽安妮·韦伯. 马克斯·韦伯传 [M]. 阎克文、王利平、姚中秋译. 南京：江苏人民出版社，2002：478–481；另外，20 世纪初有关对报纸进行内容分析的文献包括：Willey, Malcolm Macdonald. The Country Newspaper. A Study of Socialization and Newspaper Content [M]. Chapel Hill：University of North Carolina Press，1926；Woodward，Julian L. Foreign News in American Morning Newspapers：A Study in Public Opinion [M]. New York：Columbia University Press，1930；Woodward, Julian L. Quantitative Newspaper Analysis as a Technique of Opinion Research [J]. Social Forces，1934 (7)：526–37.

更多地采纳统计方法进行定量的分析。[①] 有学者开始应用内容分析法对美国总统大选中的媒体宣传及其对投票人的投票意向和投票行为的影响进行了调查和分析。[②] 随着更多的学者关注内容分析的方法，有些专门归纳、介绍该方法的文献开始出现。此时期较具影响力的学者包括贝雷尔森（Berelson）和拉扎斯菲尔德（Lazarsfeld）等人。他们开始撰写传播学中内容分析法的应用的论文、著作，为内容分析早期的方法研究做出了突出贡献。[③]其中，贝雷尔森于1952年出版的专著《传播学研究中的内容分析》（Content Analysis in Communication Research）成为最早的全面阐释内容分析这一研究方法的著作。

到20世纪60年代，计算机制造技术取得突破，集成电路取代之前的晶体管，计算机体积变小、运算速度提高、运行更加稳定、可靠。有学者将计算机作为内容分析的辅助计算工具。哈佛大学积极心理学教授斯通（Philip J. Stone）博士等人在美国自然科学基金以及英国和澳大利亚科研资助委员会的资助下，开发了第一款由计算机辅助进行内容分析的软件系统。该软件系统被命名为"通用探究者"（General Inquirer），当时主要用于对调查和问卷结果等的文本分析。该系统的开发在内容分析领域影响深远，目前可以通过互联网免费在线使用，使用十分广泛。[④]

---

① 拉斯韦尔（Lasswell）于1927年完成的博士论文《世界大战中的宣传技巧》（Propaganda Technique in the World War）就是关于第一次世界大战宣传技巧的分析。该论文做的内容分析主要是定性分析，分析对象包括交战方制作的相关宣传手册、传单、海报、宣传电影等，据此推断相关方为所采用的宣传策略。该论文还发展了一个对宣传内容进行分析的分类体系。到第二次世界大战时，拉斯韦尔开始采用统计的方法来进行定量的内容分析，并对交战方德国的许多报道进行分析，获取了重要的军事、政治等情报信息。在此时期，美国的某些官方机构也应用内容分析法研究相关战事动向。详见：Bernard Berelson. Content Analysis in Communication Research [M]. IL: Free Press, 1952: 23 - 25.

② 详见：鲁曙明、洪浚浩. 传播学 [M]. 北京：中国人民大学出版社，2007：454 - 459.

③ 贝雷尔森（Berelson）和拉扎斯菲尔德（Lazarsfeld）两位学者在20世纪中期发表的有关文献主要包括：Berelson, Bernard. Content Analysis in Communication Research [M]. IL: The Free Press, 1952; Berelson, Bernard. The State of Communication Research [J]. Public Opinion Quarterly, 1959 (23): 1 - 6; Waples, Douglas, Bernard Berelson. What the Voters Were Told（An Essay in Content Analysis）(mimeographed) [R]. Graduate Library School, University of Chicago, 1941; Lazarsfeld, Paul F. The Role of Criticism in the Management of Mass Media [J]. Journalism Quarterly, 1948 (25): 115 - 126。其他学者的相关文献包括：Janis, Irving L. The Problem of Validating Content Analysis [A]. In: Lasswell, Harold D., Nathan Leites and Associates. Language of Politics: Studies in Quantitative Semantics [M]. Cambridge, Mass.: The MIT Press, 1949: 55 - 82; de Sola Pool, Ithiel（ed.）. Trends in Content Analysis [M]. Urbana: University of Illinois Press, 1959; Dovring, Karin. Quantitative Semantics in 18th Century Sweden [J]. Public Opinion Quarterly, 1954 (18): 389 - 394.

④ "通用探究者"的网站主页是：http://www.wjh.harvard.edu/~inquirer/Home.html。关于该软件的阐释文献包括：Stone, Philip J., Dexter C. Dunphy, Marshall S. Smith, et. al. The General Inquirer: A Computer Approach to Content Analysis [M]. Cambridge, Mass.: MIT Press, 1966; Green, Bert F., Jr. The General Inquirer: A Computer Approach to Content Analysis. Book Review [J]. American Educational Research Journal, 1967 (4): 397 - 398.

信息技术的不断更新换代为内容分析的量化研究提供了越来越多的方便，现在全球已经有 10 余款比较常用的内容分析计算机软件，其中有些软件还被用于商业用途。①

从 20 世纪 70 年代至今，对内容分析的研究方法的讨论、归纳逐渐增多，进行内容分析的各种研究技巧更加细化和深入。应用内容分析法的学术论文也日益增多，应用的学科领域扩展到社会科学的各个方面，甚至还被应用到某些自然科学领域。

三、内容分析法的一般研究步骤

进行内容分析时，需要遵循一定的原则和步骤。主要的原则是确保研究设计具有可操作性，研究过程有效率，并且研究结果准确、客观（邱均平，2003；邱均平和邹菲，2004；邱均平、余以胜和邹菲，2005；Wimmer 和 Domimick，2003；Krippendorff，2004）。进行研究设计时特别需要注意尽量避免主观性，保持客观性，其检验标准是，如果不同的研究者根据相同的研究设计展开内容分析，得出的结论应该是一致的。

尽管针对不同的研究对象、不同的研究情境，可以采用不同的设计技巧，设计出不同的具体分析环节和步骤，但是，内容分析的过程一般还是包括一些共同的步骤。根据有关学者的著作以及相关的学术论文（Richard，1967；Weber，1990；Neuendorf，2002；Wimmer & Domimick，2003；Krippendorff，2004；邬友情，2007；彭增军，2012），我们将内容分析的研究过程进行归纳，得出其一般步骤，如图 1 所示。

根据不同的研究需要，图 1 中所列示的各个研究步骤可能会有所增减、调整；有些环节还可以重复、循环进行。

随着内容分析法的不断深入发展，具体的研究环节、研究技术也不断多元化。例如，在编码环节，由起初的人工编码发展为人工编码与计算机编码相结合；对相关数据进行处理的统计、计量方法也是多种多样，定量分析的结果更加准确、可靠。

近年来，内容分析法逐渐受到了国外金融领域研究者的广泛关注，尤其是其在证券信息披露方面，相关研究成果呈增加之势。对证券信息披露进行的内容分析成为一个重要的前沿研究分支。

---

① 国际上比较常见的相关软件包括 T – LAB、GATE、Symphony、ATLAS. ti、Yoshikoder、Nvivo、HAMLET、WinATA、Lexalytics、LIWC、DICTION 等。

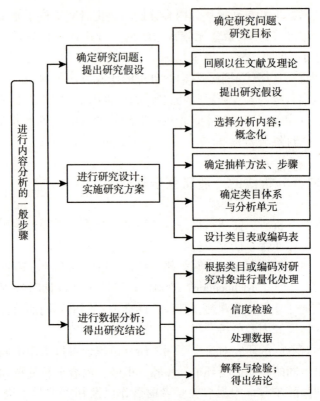

图1 进行内容分析的一般步骤

由于不同的学科研究有不同的特点，对证券信息披露进行的内容分析也呈现出方法论上的独特性。我们对近期国外有关研究成果进行归纳，分析其内容分析的研究方法特征。许多证券领域研究成果的一个主要研究特征是对证券信息披露的内容划分类别，例如，将分析单元（即对象中的段落、语句等）的词汇划分为肯定性与否定性词汇、消极性与积极性词汇、自愿性与强制性信息词汇、软信息与硬信息词汇等类目，然后据此构建能够据以区分不同类目的、有代表性的关键词的词汇表（Word list），通过词汇表中关键词出现的频率来作为类目的量化指标，对这些量化指标进行统计分析，构建经济计量模型，进行实证检验（Brau, Cicon & McQueen, 2012；Elshandidy, Fraser & Hussainey, 2013；Loughran & McDonald, 2013；Saboo & Grewal, 2013；Jegadeesh & Wu, 2013）。有的研究还给不同的类目指标赋予了不同的权重。

四、内容分析法在不同领域中的广泛应用

国内外多年的实践表明，内容分析法具备传统分析法所不具备的优点，如分析大量资料的能力、客观性、定量与定性分析等。因此，内容分析法的应用非常广泛，其应用领域不断扩展，从传播学、情报学领域，延伸至教育学、经济学领域，几乎涵盖社会科学的各个领域，甚至应用到自然科学的研究之中，如医学、地理学等领域。我们分别通过中国知网（CNKI）和德国施普林格（SpringerLink）数据库，搜索国内和国外有关应用内容分析法进行研究的各个学科的文献情况。

从 2004～2013 年过去 10 年间的相关文献情况看，国内外应用内容分析法的研究呈增长趋势，并且有些年份的增幅较大。

从国内的相关研究情况看，2004 年仅有 14 篇相关文献，到 2013 年达到 171 篇文献。10 年间相关文献的数量增加了 10 余倍。增幅十分巨大（见图 2）。

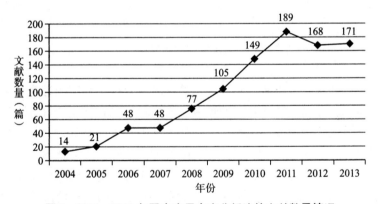

图 2　2004～2013 年国内应用内容分析法的文献数量情况

注：考虑到中文文献中题目、摘要、关键词和正文的行文特点，若以内容分析法作为研究的主要方法，关键词中会出现"内容分析"的词组，所以，我们确定在 CNKI 数据库中的搜索方式：在高级搜索中，在关键词选项中输入"内容分析"，在全文中含有的选项中输入"内容分析法"，两者选"并"查找方式，均选"精确"查找方式。

资料来源：根据对 CNKI 数据库的搜索结果整理形成。

从国际上的相关研究情况看，总量比国内大许多。2004 年有 717 篇相

关文献，到 2013 年达到 2712 篇文献。[①] 10 年间相关文献的数量增加约 3 倍。增幅虽然比国内的倍数低，但仍然是十分可观的一个数字（见图 3）。

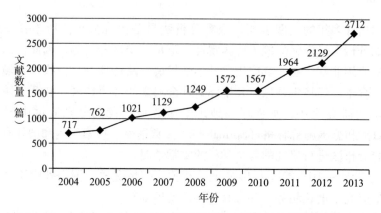

图 3　2004 ~ 2013 年国外应用内容分析法的文献数量情况

注：根据施普林格数据库的搜索特点，为尽量与在 CNKI 的搜索方式保持一致，并结合考虑英文文献中题目、摘要、关键词和正文的行文特点，许多以内容分析法为主要研究方法的文献，"内容分析"（Content Analysis）的字样并不出现在题目、关键词中，而是出现在摘要、正文的叙述中，确定在施普林格数据库中按如下方法进行搜索：在高级搜索中，在选项"精确词组"（With The Exact Phrase）中输入"Content Analysis"；选择不同的年份，逐年搜索，逐一记录搜索结果，然后汇总、整理相关数据。

资料来源：根据对施普林格数据库的搜索结果整理形成。

　　由图 2 和图 3 可明显看到，学术界对内容分析法的应用越来越多，说明这一研究方法受到越来越多的重视。与国际情况相比，内容分析法在国内各个学科的运用虽发展迅速，但文献数量仍然十分有限，和国外的差距十分明显。在 2004 ~ 2013 年的过去 10 年间，国外相关文献的数量总和达到 14822 篇，国内的数量是 990 篇。国内文献的数量不到国外文献数量的 1/10。而从 2013 年与 4 前的 2009 年相关文献数量的增幅情况看，国内的增幅约为 63%，而国外的增幅约为 73%。国内比国外的增幅低 10 个百分点。这说明，内容分析法在我国学术界的应用仍有很大的增长空间。

　　从 2013 年国内外文献的应用领域看，内容分析法的应用所涵盖的学科范围已经十分广泛。

　　在 2013 年的 171 篇国内相关文献中，新闻与传播学领域的文献最多，

---

　　① 这 2712 篇文献中的绝大多数为英文文献，有 2680 篇；其余极少量的 32 篇文献为德语、法语和荷兰语文献。

有39篇；其次是教育学，有38篇；再次是社会、政治、文化领域，有37篇；经济与管理类的相关文献有28篇；其余的领域包括医疗、卫生、图书馆学、情报学等，共有19篇（见图4）。可见，内容分析法在新闻与传播学、教育学以及社会、政治、文化领域中的应用十分集中，这些领域中的文献数量占全年文献总数的比例达到了67%；经济与管理类的相关文献的数量位于第4位，占全部文献的比例约为16%，其中以对营销、广告等管理领域的内容分析居多。内容分析法已经在经济与管理领域的研究中占据了一定的位置。①

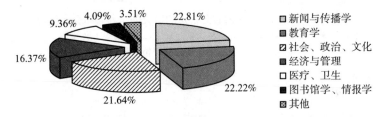

图4　2013年国内应用内容分析法的研究的学科领域分布情况

注：在 CNKI 数据库中的搜索方法是：在高级搜索中，在关键词选项输入"内容分析"，并且全文中含有"内容分析法"，均为"精确"查找。

资料来源：根据对 CNKI 数据库的搜索结果整理形成。

　　与国内的文献分布相对集中的情况不同，有关国际文献的应用领域十分广泛，除了上述国内应用领域之外，还包括了计算机、语言学、心理学、环境保护科学、地理学、建筑学乃至天文学等。其中，在医药、卫生、公共健康、社会学、教育、语言、经济、管理、哲学等领域的内容分析文献较多。

　　为便于比较，我们统计了2013年的国外相关文献中与国内相同领域的文献的占比情况。② 统计结果显示，与医药、卫生和公共健康相关的文献最多，占全部文献数量的33.40%；同时，由于这里是按上述国内学科领域划分的类别，有许多文献归类于其他领域，所以，其他类别的占比也

---

　　① 由于 CNKI 数据库中进行文献搜索的学科是按工程、社会科学等大类划分的，为更为细致地考察2013年171篇国内相关文献的学科领域分类情况，我们通过人工阅读每篇文献的题目，将这些文献进行学科领域归类。

　　② 施普林格数据库中对所搜索的文献分别进行了学科门类的大类学科（Discipline）和亚类学科（Subdiscipline）统计。在这些数据的基础上，为便于和国内文献的分布情况进行比较，我们又人工进行了与国内学科领域分类口径一致的相关文献数量的统计，并计算了各学科领域文献的占比情况。

很大，为 30.26%；经济与管理类相关文献的数量也是位于第 4 位，占比为 10.58%，其中包括工商管理、经济学、金融学、博弈论、会计学等亚领域，比国内在经济与管理领域的分析更为细致（见图 5）。

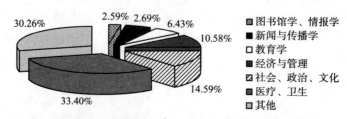

30.26%　2.59% 2.69%　6.43%　10.58%　14.59%　33.40%

■ 图书馆学、情报学
■ 新闻与传播学
□ 教育学
■ 经济与管理
☑ 社会、政治、文化
■ 医疗、卫生
□ 其他

图 5　2013 年国外应用内容分析法的研究的学科领域分布情况

注：根据施普林格数据库的搜索特点，为尽量与在 CNKI 的搜索方式保持一致，在施普林格数据库中按如下方法进行搜索：在高级搜索中，在选项 "精确词组"（With the Exact Phrase）中输入 "Content Analysis"；选择不同的年份，逐年搜索。

资料来源：根据对施普林格数据库的搜索结果整理形成。

　　由上述国内外相关文献的对比分析可知，内容分析法在国内学术研究中的应用数量和应用范围都还很有限，因此，在许多领域都有待于更多的学者运用内容分析法这一比较独特的跨学科方法去开展相关研究。

参考文献：

　　[1] 陈维军. 文献计量法与内容分析法的比较研究 [J]. 情报科学，2001（8）：884 – 886.

　　[2] 丹尼尔·里夫，斯蒂文·赖斯，弗雷德里克·G·菲克. 内容分析法——媒介信息量化研究技巧（第 2 版）[M]. 嵇美云译. 北京：清华大学出版社，2010：56 – 63.

　　[3] 黄方亮、武锐. 证券市场信息披露质量：基于内容分析法的研究框架 [J]. 江苏社会科学，2011（6）：32 – 37.

　　[4] 黄晓斌，成波. 内容分析法在企业竞争情报研究中的应用 [J]. 中国图书馆学报，2006（3）：28 – 31.

　　[5] 彭增军. 媒介内容分析法 [M]. 北京：中国人民大学出版社，2012.

　　[6] 邱均平，陈敬全. 网络信息计量学及其应用研究 [J]. 情报理论与实践，2001（3）：161 – 163.

　　[7] 邱均平，余以胜，邹菲. 内容分析法的应用研究 [J]. 情报杂志，2005（8）：11 – 13.

　　[8] 邱均平，邹菲. 关于内容分析法的研究 [J]. 中国图书馆学报，2004（2）：12 – 17.

　　[9] 宋振峰, 宋惠兰. 基于内容分析法的特性分析 [J]. 情报科学, 2012 (7): 964 – 966, 984.

　　[10] 王曰芬, 路菲, 吴小雷. 文献计量和内容分析的比较与综合研究 [J]. 图书情报工作, 2005 (9): 70 – 73.

　　[11] 王知津, 闫永君. 网络计量法与内容分析法比较研究 [J]. 图书馆学研究, 2006 (6): 2 – 6.

　　[12] 邬友倩. 内容分析的方法论视角新探 [D]. 上海: 华东师范大学, 2007.

　　[13] 郑文晖. 文献计量法与内容分析法的比较研究 [J]. 情报杂志, 2006 (5): 31 – 33.

　　[14] 朱亮, 孟宪学. 文献计量法与内容分析法比较研究 [J]. 图书馆工作与研究, 2013 (6): 64 – 66.

　　[15] Berelson, Bernard. Content Analysis in Communication Research [M]. IL: Free Press, 1952.

　　[16] Berelson, Bernard. The State of Communication Research [J]. Public Opinion Quarterly, 1959 (23): 1 – 6.

　　[17] Brau, James C. , James Cicon, and Grant McQueen. Soft Strategic Information and IPO Underpricing [R]. Brigham Young University Working Paper, 2012.

　　[18] de Sola Pool, Ithiel (ed.). Trends in Content Analysis [M]. Urbana: University of Illinois Press, 1959.

　　[19] Dovring, Karin. Quantitative Semantics in 18th Century Sweden [J]. Public Opinion Quarterly, 1954 (18): 389 – 394.

　　[20] Elshandidy, Tamer, Lan Fraser, and Khaled Hussainey. Aggregated, Voluntary, and Mandatory Risk Disclosure Incentives: Evidence from UK FTSE All – share Companies [J]. International Review of Financial Analysis, 2013 (30): 320 – 333.

　　[21] Green, Bert F. , Jr. The General Inquirer: A Computer Approach to Content Analysis. Book Review [J]. American Educational Research Journal, 1967 (4): 397 – 398.

　　[22] Janis, Irving L. The Problem of Validating Content Analysis [A]. In: Lasswell, Harold D. , Nathan Leites and Associates. Language of Politics: Studies in Quantitative Semantics [M]. Cambridge, Mass. : The MIT Press, 1949: 55 – 82.

　　[23] Jegadeesh, Narasimhan, and Di Wu. Word Power: A New Approach for Content Analysis [J]. Journal of Financial Economics, 2013, 110 (3): 712 – 729.

　　[24] Speed, John G. Do Newspapers Now Give the News? [J]. Forum, 1893 (15): 705 – 711.

　　[25] Neuendorf, Kimberly A. The Content Analysis Guidebook [M]. London: Sage Publications, 2002.

　　[26] Krippendorff, Klaus H. Content Analysis: An Introduction to Its Methodology

(2nd) [M]. Thousand Oaks: Sage Publications Inc. , 2004.

[27] Krippendorff, Klaus H. Content analysis: An Introduction to Its Methodology [M]. London: SAGE Publications Inc. , 1980.

[28] Krippendorff, Klaus H. , Mary Angela Bock. Content Analysis Reader [M]. Thousand Oaks: Sage Publications Inc. , 2008.

[29] Lazarsfeld, Paul F. The Role of Criticism in the Management of Mass Media [J]. Journalism Quarterly, 1948 (25): 115 – 126.

[30] Richard, Robert. Content Analysis of Communications [M]. New York: The Macmillan Company, 1967.

[31] Saboo, Alok R. , Rajdeep Grewal. Stock Market Reactions to Customer and Competitor Orientations: The Case of Initial Public Offerings [J]. Marketing Science, 2013, 32 (1): 70 – 88.

[32] Stone, Philip J. , Dexter C. Dunphy, Marshall S. Smith, et. al. The General Inquirer: A Computer Approach to Content Analysis [M]. Cambridge, Mass. : MIT Press, 1966.

[33] Waples, Douglas, Bernard Berelson. What the Voters Were Told (An Essay in Content Analysis) (mimeographed) [R]. Graduate Library School, University of Chicago, 1941.

[34] Weber, Robert P. Basic Content Analysis (2nd ed.) [M]. CA: Sage Publications Inc. , 1990.

[35] Willey, Malcolm Macdonald. The Country Newspaper. A Study of Socialization and Newspaper Content [M]. Chapel Hill: University of North Carolina Press, 1926

[36] Wimmer, Roger D. , Joseph R. Domimick. Mass Media Research: An Introduction (7th) [M]. Belmont, CA: Wadsworth Publishing Co. , 2003.

[37] Woodward, Julian L. Foreign News in American Morning Newspapers: A Study in Public Opinion [M]. New York: Columbia University Press, 1930.

[38] Woodward, Julian L. Quantitative Newspaper Analysis As a Technique of Opinion Research [J]. Social Forces, 1934 (7): 526 – 537.

附录2　新股发行风险因素信息披露的质量研究

——基于商业银行招股说明书的内容分析①

一、引言

在我国资本市场日趋完善的今天，投资者和监管者对信息披露数量和质量的要求大大提高了。拟上市公司的风险因素是招股说明书的重要内容之一，是监管部门审核的一个重要部分，也是投资者关注的一个重点，对IPO风险因素信息披露的研究逐步受到重视。

本文采纳内容分析法，以我国商业银行为样本，考察IPO招股说明书中的风险信息披露部分，检验其信息披露的质量。

本文其余部分的安排如下：第二部分考察我国对商业银行IPO风险信息披露的监管状况；第三部分分析银行IPO风险因素信息披露的特征和问题；第四部分对银行IPO风险因素信息披露的质量进行"评分"检验；第五部分对银行风险因素信息披露的质量与其股票初始收益的关系进行回归检验；第六部分总结研究结论并提出政策建议。

二、我国对商业银行IPO风险信息披露的监管分析

我国对商业银行及其信息披露的监管部门涉及中国人民银行、中国银行业监督管理委员会（简称银监会）、中国证券业监督管理委员会（简称证监会）以及证券交易所等。中国人民银行是我国的中央银行；银监会的主要职责是统一监管商业银行，直接行使对商业银行信息披露的监督管理权；对于公开上市的商业银行，则由中国证监会负责监督和管理其作为上

---

① 本文为已经发表论文的核心内容，全文参见：黄方亮，杜建，王骁，孙从吾．新股发行风险因素信息披露的质量研究——基于商业银行招股说明书的内容分析［A］．见：公司金融研究［M］．中国金融出版社，2012：77－91．

市公司的信息披露行为。

以上监管部门制定的有关商业银行信息披露的政策规定如表1所示。

表1　　　　　　政府部门对我国商业银行信息披露的相关政策规定

发布部门	有关法律法规的名称	发布时间
中国人民银行	《商业银行信息披露暂行办法》	2002 年 5 月
	《中华人民共和国银行业监督管理法》	2003 年 12 月
中国证监会	《公开发行证券的公司信息披露内容与格式准则第 1 号——招股说明书》	2006 年 5 月
	《公开发行证券的公司信息披露编报规则第 26 号——商业银行信息披露特别规定》	2008 年 7 月
中国银监会	《商业银行市场风险管理指引》	2004 年 12 月
	《商业银行操作风险管理指引》	2007 年 5 月
	《商业银行信息披露办法》	2007 年 7 月
	《商业银行信用风险内部评级体系监管指引》	2008 年 9 月
	《商业银行流动性风险管理指引》	2009 年 9 月
	《商业银行资本充足率信息披露指引》	2009 年 11 月

资料来源：根据中国人民银行、证监会、银监会网站相关资料整理而得。

通过解读这些规章制度，我们发现，尽管这些监管机构对商业银行信息披露的编报要求不尽相同，但是对风险因素披露的要求是基本一致的，其目的都是为了加强对商业银行的市场约束，规范商业银行风险信息的披露，促进其安全、稳健、高效地运行。

三、我国商业银行 IPO 风险因素信息披露的特征和问题

为便于对我国商业银行 IPO 风险因素信息披露进行量化分析，本文根据表1对商业银行 IPO 风险因素信息披露的内容进行分类并编码。具体分类与编码情况如表2所示。

表2　　　　商业银行 IPO 风险因素信息披露内容的分类与编码

风险因素大类	风险因素小类	编码
信用风险	与信用风险相关的业务活动	C1
	信用风险管理和控制政策	C2
	信用风险管理的组织结构和职责划分	C3

风险因素大类	风险因素小类	编码
信用风险	信用风险分类的程序和方法	C4
	信用风险分布情况	C5
	信用风险集中程度	C6
	逾期贷款的账龄分析	C7
	贷款重组	C8
	资产收益率	C9
	贷款组合	C10
	客户集中性风险	C11
	银行的贷款准备金制度	C12
	准备金水平	C13
流动性风险	规模和所处的经营环境	L1
	银行管理层对流动性风险的明确政策和管理策略	L2
	用于监控流动性风险的管理信息系统	L3
	流动性风险管理水平的评估情况	L4
	流动性风险的存在对银行可能造成的后果	L5
	反映其流动性状况的有关指标以及影响流动性的因素	L6
	流动性如何受到信贷需求的大幅增长，大量履行各种贷款的承诺，存款水平剧减，国内外利率的急剧变化等不利因素的影响	L7
	流动性对某一类资金来源的依赖程度，银行短期可兑现的流动性资产，短期融资能力和成本，银行在货币市场上的信誉	L8
	处理突发事件紧急融资计划	L9
	资本充足率的现状	L10
市场风险	因汇率变化而产生的风险	M1
	因市场利率变动而产生的风险	M2
	汇率和利率的变化对银行盈利能力和财务状况的影响	M3
	市场风险管理策略	M4
操作风险	由内部程序、人员、系统的不完善或失误等导致的风险	T1
	内部控制制度的完整性、合理性和有效性风险	T2
政策风险	因国家法律、法规、政策的变化而产生的风险	P1
其他风险	其他可能造成严重不利影响的风险因素	O1

资料来源：根据中国人民银行、证监会、银监会等监管部门的有关规定、各商业银行 IPO 招股说明书中风险因素信息披露的内容整理而得。

目前，我国共有 16 家商业银行公开上市，其中在上海证券交易所有 14 家，在深圳证券交易所有 2 家。我们只搜集到 12 家在上海证券交易所上市的银行的招股说明书，以其为样本，对其风险因素信息披露情况进行分析。根据表 1 法律、法规的发布时间，浦发银行和民生银行的上市时间在此之前，考虑其上市太早的因素，此处未把这两家银行列入样本。

从各商业银行在其 IPO 招股说明书中披露的情况看，其所披露风险类别的顺序不尽相同，大致有两种情况：一种是如南京银行等按照上文风险的披露标准进行了逐一的披露；另一种是四大国有银行、光大银行等，例如，光大银行采取的格式为：一是与本行业务经营有关的风险；二是与银行业有关的风险；三是其他风险。

按照《巴塞尔协议》对于商业银行风险因素定性和定量衡量的有关标准，根据表 2 的分类与编码，我们逐一解读各银行招股说明书，并对其中的风险因素类别进行统计，最终把各商业银行风险因素信息披露的情况转化为数值，详情如表 3 所示。

表 3　　我国商业银行 IPO 招股说明书中风险因素信息披露的状况

风险类别及序列号 \ 银行名称及序列号		招商 j=1	华夏 j=2	中行 j=3	工行 j=4	兴业 j=5	中信 j=6	交行 j=7	南京 j=8	北京 j=9	建行 j=10	农行 j=11	光大 j=12
信用风险 i=1	C1	1	1	1	1	1	1	1	1	1	1	1	1
	C2	1	1	1	1	1	1	1	1	1	1	1	1
	C3	1	1	1	1	1	1; 2	1	1	1	1	1	1
	C4	1	1	0	0	1	0	1	1	1	3	1	0
	C5	2	1; 2	1; 2	1	1; 2	1	1	0	1	1	1	1
	C6	2	2	1; 2	2	1; 2	1	1	1	1; 2	1; 2	1; 2	1; 2
	C7	2	0	0	0	0	1	2	2	2	2	0	2
	C8	0	0	0	0	1; 2	0	1; 2	0	0	1	0	
	C9	2	1; 2	1; 2	1; 2	1; 2	1; 2	1	1	2	2	2	2
	C10	1; 2	2	1; 2	2		1	0	1; 2	1; 2	0	1; 2	1; 2
	C11	1; 2	2	1	2	2	1	1	1; 2	2	1	1; 2	1; 2
	C12	1	1	2	1	0	0	0	0	0	2	0	0
	C13	2	1; 2	1; 2	1; 2	2	2	2	1; 2	1; 2	2	2	2
均值（AVE1）		1.46	1.38	1.69	1.23	1.46	1.06	1.46	1.00	1.62	1.92	1.38	1.54

续表

风险类别及序列号	银行名称及序列号	招商 j=1	华夏 j=2	中行 j=3	工行 j=4	兴业 j=5	中信 j=6	交行 j=7	南京 j=8	北京 j=9	建行 j=10	农行 j=11	光大 j=12
流动性风险 i=2	L1	1	1	1	1	1	1	1	1	1	1	1	1
	L2	1	1	1	1	1	1	1	1	1	1	1	1
	L3	1	1	1	1	1	1	1; 2					
	L4	3	1; 2	1	1; 2	0	1	2	3	1	0	0	0
	L5	1	0	0	1	0	1	1	1	1	1	1	1
	L6	0	1	0	2	2	2	3	2	2	1; 2	1; 2	0
	L7	0	0	1	0	0	1	1	1	1	1	1	1
	L8	1	0	1	0	1	1	1	1	0	1	1	1
	L9	0	0	0	0	0	0	0	0	0	0	0	1
	L10	1; 2	1; 2	2	2	1; 2	2	2	2	1; 2	1; 2	2	1; 2
均值（AVE2）		1.1	1.1	0.9	1.2	0.8	1.1	1.5	1.4	1.1	1.1	1.1	1.2
市场风险 i=3	M1	3	3	1	1	1; 2	3	1	3	3	3	3	3
	M2	3	1	1	0	3	3	3	3	3	3	3	3
	M3	3	2	1	1; 2	2	2	1	2	2	0	2	2
	M4	1	1	1	1	1	1	1	1	1	1	1	1
均值（AVE3）		2.5	1.75	1	1.25	2.25	2.25	1.5	2.25	2.25	1.75	2.25	2.25
操作风险 i=4	T1	1	1	1	1	1	1	1	1	1	1	1	1
	T2	1	1	1	1	1	1	1	1	1	1	1	1
均值（AVE4）		1	1	1	1	1	1	1	1	1	1	1	1
其他风险 i=5、6	P1	1	1	1	1	1	1	1	1	1	1	1	1
	O1	1	1	1	1	1	1	1	1	1	1	1	1
均值（AVE5，6）		1	1	1	1	1	1	1	1	1	1	1	1

资料来源：根据《巴塞尔协议》对商业银行风险因素定性和定量衡量的有关标准，并根据我们对商业银行风险因素进行的分类与编码汇总、整理而得。

注1：对不同风险因素类别的数值规定如下：0 表示未披露；1 表示定性披露；2 表示数据指标披露；3 表示定量披露；AVE_{ij}（$i=1,2,\cdots,6$）（$j=1,2,\cdots,12$）表示 12 家银行这 6 类风险的几何平均值。

注2：此处为了整理方便，把政策性风险和其他归为表中的"其他风险"大类，分别以 P 和 O 表示。

　　从表 3 可以看出，各银行披露的重点内容不尽一致，例如，将信用风险列在前三位披露的是建设银行、中国银行和北京银行；将流动性风险披露在前的是交通银行、南京银行；招商银行对市场风险披露的篇幅得较长——这与银行在上市时面临的风险类型有关或是与各银行关注的重点有关。我们用内容分析法进行解读，则我国商业银行进行新股发行时在风险因素信息披露方面存在以下特征和问题：

第一，从整体上看，我国商业银行进行 IPO 时采用的定量披露内容较少，定性披露的内容较多。首先，体现在对各种风险管理的方法和模型应用披露不多，有的仅仅略提了相关方法，而没有给出较为详尽的阐释；其次，各商业银行对市场风险等银行外部风险、系统性风险披露得较为充分，而对银行内部风险、非系统性风险披露得相对较少，投资者可以获取的有价值的、有针对性的信息不足——这体现出在风险因素信息披露上存在降低风险严重程度的倾向，给投资者的印象是如果未来出现经营上的问题，主要的原因在于外因，而非自身的原因。

第二，信用风险因素披露的类目较多，但总体披露质量不高。信用风险是银行主要的风险，银行在这一风险上的信息披露是相关法律法规所要求的，所以披露的类目较多。但是，通过表 3 可发现，信用风险披露的质量并不高。这些强制性披露的最低标准往往变成了最高标准。在 C10、C2、C3、C5、C6 的披露较为充分，这与这几方面能够较容易地用定性和定量数据说明有较大关系。此外，在 C7、C8、C12 的信息披露还不是很好，其中，C7 和 C8 分别有 5 家和 8 家银行进行了零披露。

第三，流动性风险披露的定量信息最为不足。虽然各银行对主要的分类项目进行了披露，但是披露的分值较低。一方面，这与银行过多关注信用风险有关，另一方面，有关流动性风险计量模型的定量分析如缺口分析法、压力测试等没有显现出来。各因素中，L1、L2、L3 三个方面分值较低；只有 3 家银行对 L9 进行了定性分析。

第四，市场风险是披露得最充分的一类风险。市场风险信息披露中采用了较多的定量分析，除中国银行分值较低外，大部分银行都 M1、M2、M3 的影响进行了较具体的说明。

第五，在操作风险、政策性风险和其他风险信息披露方面，均是定性内容。可以看出，各商业银行不是特别关注这些类别的风险；而且，这些风险因素也不是很容易采取定量方式进行披露，所以，此处的分值均为 1。

四、我国商业银行 IPO 风险因素信息披露的 "评分" 检验

为了考察我国商业银行 IPO 招股说明书中风险因素信息披露的质量，我们参考张苏彤和周虹（2003）、赵学军等（2007）、林蓉（2007）以及

宋宪灵（2007）等对年报信息的分析，采取"评分法"，对招股说明书风险因素信息披露的内容进行量化处理。

$$Q_{risks} = \sum_{j=1}^{12} w_i AVE_j \tag{1}$$

其中，Q_{risks} 表示风险信息披露的质量，$w_i(i=1, 2, \cdots, 6)$ 表示各类风险的权重。定义如下：

$$w_i = \{0.3, 0.25, 0.2, 0.1, 0.1, 0.05\}$$

显然，当信息披露完全，即当所有的信息都是定量披露或是以定性和定量披露相结合时，$Q_{risk完整} = 3$。

根据公式（1）和表3的统计结果，可计算出各商业银行 IPO 招股说明书中风险信息披露量化处理的数值。具体计算过程和计算结果如下：

$$Q_j = \sum_{j=1}^{12} w_i AVE_j = AVE_{ij}w'_i = \begin{bmatrix} 1.46 & 1.1 & 2.5 & 1 & 1 & 1 \\ 1.38 & 1.1 & 1.75 & 1 & 1 & 1 \\ 1.69 & 0.9 & 1 & 1 & 1 & 1 \\ 1.23 & 1.2 & 1.25 & 1 & 1 & 1 \\ 1.46 & 0.8 & 2.25 & 1 & 1 & 1 \\ 1.06 & 1.1 & 2.25 & 1 & 1 & 1 \\ 1.46 & 1.5 & 1.5 & 1 & 1 & 1 \\ 1.00 & 1.4 & 2.25 & 1 & 1 & 1 \\ 1.62 & 1.1 & 2.25 & 1 & 1 & 1 \\ 1.92 & 1.1 & 1.75 & 1 & 1 & 1 \\ 1.38 & 1.1 & 2.25 & 1 & 1 & 1 \\ 1.54 & 1.2 & 2.25 & 1 & 1 & 1 \end{bmatrix} \begin{bmatrix} 0.3 \\ 0.25 \\ 0.2 \\ 0.1 \\ 0.1 \\ 0.05 \end{bmatrix} = \begin{bmatrix} 1.463 \\ 1.289 \\ 1.182 \\ 1.169 \\ 1.338 \\ 1.293 \\ 1.363 \\ 1.350 \\ 1.461 \\ 1.451 \\ 1.389 \\ 1.462 \end{bmatrix}$$

等式后面即为按照上市时间顺序各银行风险因素信息披露的分值。

由上述计算结果，我们可以对我国商业银行 IPO 招股说明书中风险因素信息披露的质量做出如下判断：

第一，从定量信息披露的角度看，我国商业银行 IPO 风险披露的质量距离充分披露还相差较远。披露的分值全部集中在 1.169 ~ 1.463，与完整信息的差幅在 105% ~ 165%。[①] 也就是说，我国商业银行风险因素信息披露的完整性没有达到完全披露的一半，风险信息披露完整性的程度较低。

―――――――――

① 差幅的定义是两数值之差与减数的商。

第二，从纵向比较看，各银行间风险信息披露质量的差值较小。披露程度最高的招商银行与最低的工商银行差幅约为25%。银行信息披露的程度应该与银行自愿性信息披露的意愿相关，各银行信息披露的差距不大，说明没有银行能够做出较多的自愿性信息披露，银行信息披露的程度与银行规模、上市时间、是否为异地上市等因素没有体现出相关关系。①

第三，其他方面，考虑到上市时间序列因素，虽然我国针对商业银行及其公开上市所制定的法律法规日益健全，证券市场的信息披露制度不断完善，但是，各商业银行进行风险因素信息披露的程度并没有呈现出与时间序列正比例的关系，说明商业银行并没有在现行法律法规的基础上更多地进行自愿的信息披露。

五、商业银行风险因素信息披露的质量与其股票初始收益的关系检验

为进一步考察我国商业银行 IPO 风险因素信息披露的状况，我们结合其初始收益状况，使用 SPSS 16.0 软件，检验风险因素信息披露的质量。

风险信息质量由公式（1）计量而得。商业银行 IPO 的初始收益用首日超常回报率来表示，即：

$$AIR = \frac{P_1 - P_0}{P_0} \tag{2}$$

在公式（2）中，AIR 表示上市日的股票超常回报率，P_1 表示新股上市交易首日的收盘价，P_0 表示股票的发行价。为在回归分析时风险信息披露值与首日超额回报率相匹配，把各风险信息披露值相应的扩大 100 倍。

表 4 给出了我国商业银行招股说明书中首日超常回报率和风险信息披露值的数值。

表 4   **风险信息披露值与初始收益**

银行	首日超额回报率（%）	风险信息披露值	风险信息披露值排序
招商银行	42.03	0.463	1
华夏银行	27.68	0.289	10
中国银行	23.05	0.182	11

---

① 有几家银行为"A + H"股的上市模式，同时在中国大陆和香港的证券交易所公开上市。

银行	首日超额回报率（%）	风险信息披露值	风险信息披露值排序
工商银行	5.19	0.169	12
兴业银行	38.80	0.338	8
中信银行	96.03	0.293	9
交通银行	84.05	0.363	6
南京银行	72.18	0.350	7
北京银行	81.44	0.461	3
建设银行	30.43	0.451	4
农业银行	0.75	0.389	5
光大银行	18.06	0.462	2

数据来源：首日超额回报率由各银行招股说明书和巨潮资讯网相关数据整理计算而来；风险信息披露值由前文公式（1）的计算结果减 1 而来。

由表 4 可知，工商银行和农业银行这两个样本在首日超额回报率上与其他银行相比具有明显的偏离，一方面，其上市具有较强的政策性，尤其是农业银行，上市是在金融危机时启动的；另一方面，考虑到它们在当时各自成为全球最大的 IPO，首日的表现难免差强人意。我们在做回归分析的时候将这两个样本剔除。

以 QX 代表修正的风险信息披露值变量，

$$QX = Q_{risks} - 1$$

得到等式：

$$QX = a + bAIR \tag{3}$$

根据上述数据，方差分析的结果如表 5 所示。

表 5　　　　　　　　　风险信息披露值与初始收益方差分析表

模型		Sum of Squares	df	Mean Square	F	Sig.
	回归	214419.092	1	214419.092	5.938	0.035
1	残差	361075.825	10	36107.582		
	总计	575494.917	11			

由表 5 可见，F 统计量的值为 5.938，伴随概率为 0.035，说明方程（3）是显著的，这两个变量显著具有线性关系。

商业银行风险信息披露值与初始收益回归分析的结果如表 6 所示。

表6　　　　　　　　风险信息披露值与初始收益回归系数结果表

模型		非标准化系数		标准化系数	T	Sig.
		B	Std. Error	Beta		
1	（常数）	160. 680	94. 406		1. 702	0. 120
	AIR	4. 323	1. 774	0. 610	2. 437	0. 035

　　由表6可以看出，在显著性水平为0.05的情况下，常数项的伴随概率为0.120，说明常数项不能拒绝为0的可能性；AIR的伴随概率为0.035，说明AIR的系数是显著不为0的。

　　因此，可以得出以下的回归函数：

$$QX = \frac{160.680}{1.702} + \frac{4.323AIR}{2.137} \tag{4}$$

　　由于常数项的伴随概率为0.120（大于0.05），说明常数项是不显著的，因此可以将方程（4）写成：

$$QX = 4.323AIR \tag{5}$$

　　因此，由 Q_{risks} 和与 AIR 的关系可以简单表述为：

$$Q_{risks} = QX + 1 = 4.323AIR + 1 \tag{6}$$

　　尽管上述回归分析的样本很少，但我们可以得出一个粗略的推论：商业银行风险信息披露的质量与其股票上市后的收益表现存在较为明显的正相关的线性关系，即：如果上市公司在IPO招股说明书中披露更多、更详细、更准确的风险因素信息，其股票上市后会有更好的表现。[①]

六、研究结论与政策建议

　　我们采纳内容分析法对商业银行IPO招股说明书中所披露的风险因素进行了研究。在分析过程中，将不同的风险因素进行了分类并编码，将信息披露内容进行了由定性向定量的转化，对不同的风险类别赋予了一定的权重，制定并计算了衡量信息披露质量的量化指标。

　　归纳前文的研究，我国商业银行IPO招股说明书中的风险因素信息披露主要存在如下特征：（1）定量内容的信息披露偏少；（2）各银行间的信息披露差幅不大但均处于较低水平；（3）信用风险披露的类别较为全

———————————

　　① 需要对有关上市公司的IPO招股说明书信息披露状况及其股票上市后的收益表现进行检验，才能够比较确切地确定此推论或假设是否能够成立。

面，但披露的质量较低；（4）流动性风险的定量内容披露最为不足；（5）在市场风险披露上易采用定量的方式，披露得最充分；（6）各银行招股说明书中风险因素信息披露的程度并没有随着时间的推移呈现出更完善的趋势，有关监管部门对信息披露的监管没有体现出明显的政策效果。（7）商业银行在 IPO 招股说明书中披露的风险因素信息质量越高，其股票上市后的表现越好。

针对风险信息披露中存在的问题，我们提出如下政策建议。

第一，充分的自愿性信息披露能够体现出信息披露主体的自身特征，并且是新股发行由核准制转向到注册制的关键前提。有关政府监管部门应引导商业银行在 IPO 招股说明书中做更为充分的自愿性风险因素信息披露，避免形成把 IPO 信息披露的有关法律法规要求作为信息披露上限的市场氛围；建立起有效的市场约束条件，例如，由媒体和社会公众等市场各方参与监督，对未进行充分自愿性信息披露的银行采取一定形式的惩戒措施。

第二，虽然有些风险因素的内容只能进行定性披露，但许多是可以进一步进行量化披露的，有关政府监管部门应鼓励商业银行进行更多的定量内容的信息披露。与国外成熟市场的做法相比，我国在定量披露商业银行风险因素信息方面的法律法规建设尚有较大差距。我国可以考虑进一步规范银行信息披露的量化标准，从风险确认到计量，制定一套完整的信息披露规范，例如，在银行风险评估方面，可以运用数理统计、计量模型等方法，对有关风险进行量化分析，增强信息披露的准确性、客观性、可比性以及完整性。

第三，针对银行在风险因素信息披露上存在"避重就轻"的倾向，监管部门应更加重视对银行的内部风险、非系统性风险披露的监管，让投资者能够明确地得到某一家银行具体的、潜在的风险因素信息，从而进一步提高信息披露的质量，提高证券市场的效率。

第四，监管层应该引导商业银行乃至其他上市公司树立充分、准确、完整披露相关信息的观念，应该让上市公司意识到，隐瞒、虚假的信息披露，只能是一种"短视行为"，不会受到投资者的认可和追捧，不利于上市公司股票的二级市场表现。与之相反的情况是，在 IPO 招股说明书中披露更多、更详细、更准确的信息，其股票上市后才会有更好的表现，才会最终在市场中经得住检验。

参考文献：

［1］林蓉．商业银行风险信息披露实证问题研究［J］．金融管理与研究，2007（9）：59 – 62.

［2］宋宪灵．我国上市银行风险信息披露问题研究［D］．成都：西南财经大学硕士学位论文，2007.

［3］赵学军，林蓉，张楠等．商业银行风险信息披露问题研究［J］．金融会计，2007（9）：65 – 70.

［4］张苏彤，周虹．我国商业银行风险披露状况研究：上市银行的案例［J］．上海金融，2003（10）：17 – 20.

附录3 "梅里亚姆—韦伯斯特在线" 对各类目词汇解释的主要内容^①

英文网上辞典 "梅里亚姆—韦伯斯特在线" 辞典（Merriam – Webster Online）对各类目词汇的主要英文解释内容如表1所示。

表1 **"梅里亚姆—韦伯斯特在线" 对各类目词汇的主要英文解释**

类目	英文解释的主要相关内容
肯定 （*Positive*）	1. a：expressed clearly or peremptorily < her answer was a *positive no* > b：fully assured：confident < positive it was her book > 2. a（1）：independent of changing circumstances：unconditioned < an insurance policy with positive coverage > （2）：relating to or constituting a motion or device that is definite，unyielding，constant，or certain in its action < a positive system of levers > b：incontestable < positive proof > 3. a：not fictitious：real < positive social tensions > b：active and effective in social or economic function rather than merely maintaining peace and order < a positive government > 4. a：indicating，relating to，or characterized by affirmation，addition，inclusion，or presence rather than negation，withholding，or absence < took the positive approach and struck a new deal rather than canceling the contract > b：contributing toward or characterized by increase or progression < take some positive action > 5. a：having a good effect：favorable < a *positive* role model > b：marked by optimism < the *positive* point of view >
否定 （*Negative*）	1. a：marked by denial，prohibition，or refusal < received a *negative* answer > ；*also*：marked by absence，withholding，or removal of something positive < the *negative* motivation of shame—Garrett Hardin >

① 本附录的内容系作者根据 "梅里亚姆—韦伯斯特在线" 中的资料整理。

续表

类目	英文解释的主要相关内容
否定 (*Negative*)	b（1）：denying a predicate of a subject or a part of a subject <"no A is B" is a *negative* proposition> （2）：denoting the absence or the contradictory of something <nontoxic is a negative term> （3）：expressing negation <negative particles such as no and not> c：adverse, unfavorable <the reviews were mostly negative> 2. a：lacking positive qualities；especially：disagreeable b：marked by features of hostility, withdrawal, or pessimism that hinder or oppose constructive treatment or development <a negative outlook> <negative criticism> c：promoting a person or cause by criticizing or attacking the competition <ran a negative campaign> <negative advertising>
乐观 (*Optimistic*)	of, relating to, or characterized by optimism. optimism：an inclination to put the most favorable construction upon actions and events or to anticipate the best possible outcome.
悲观 (*Pessimistic*)	of, relating to, or characterized by pessimism：gloomy. pessimism：an inclination to emphasize adverse aspects, conditions, and possibilities or to expect the worst possible outcome.
高估 (*Overstated*)	to state in too strong terms：exaggerate <*overstated* his qualifications>
低估 (*Understated*)	avoiding obvious emphasis or embellishment <a powerful *understated* performance>

资料来源：根据"梅里亚姆—韦伯斯特在线"辞典（Merriam – Webster Online）中的相关解释整理，详见：http：//www. merriam – webster. com/。

附录4　代表性招股说明书中披露的主要风险因素条目①

为方便考察招股说明书中风险因素部分的词汇构成，从中提取能够表达不同意向的词汇，并形成词汇表，我们从全部样本中筛选出有代表性的18家企业的招股说明书。由于这18份招股说明书中风险因素部分的篇幅很长，所以，我们节选出其中的主要风险条目，如表1所示。

表1　代表性招股说明书中风险因素部分披露的主要风险条目

上市场所	发行人名称、股票代码	风险因素部分披露的风险条目
主板市场	唐山港集团股份有限公司（601000）	一、业务风险 　（一）经营货种集中的风险。 　（二）后方运输能力不足的风险。 　（三）腹地经济依赖的风险。 二、市场风险 　（一）经济周期和相关行业景气周期所引致的风险。 　（二）临近港口的竞争风险。 三、财务风险 　（一）固定资产折旧增加的风险。 　（二）财务费用增加的风险。 　（三）发行后净资产大幅增加导致净资产收益率下降的风险。 四、募集资金投向风险 五、管理风险 　（一）控股子公司的管理风险。 　（二）协力作业单位的管理风险。 六、政策风险 　（一）产业政策调整的风险。 　（二）港口费率调整的风险。 七、自然条件异常变化的风险

① 本附录系作者根据相关招股说明书中的内容整理。

续表

上市场所	发行人名称、股票代码	风险因素部分披露的风险条目
主板市场	金陵饭店股份有限公司（601007）	一、募集资金投资项目风险 二、净资产收益率下降的风险 三、南京地铁二号线工程施工的影响 四、社会性突发事件的风险 五、行业竞争风险 六、业务经营风险 （一）营运成本不断上升的风险。 （二）食品卫生安全的风险。 （三）消费者需求变化和服务质量稳定性的风险。 七、房地产业务投资的风险 八、管理风险 （一）人力资源管理指导思想和政策稳定性的风险。 （二）控股股东控制风险。 九、政策性风险 十、公司财产及宾客人身、财产安全风险
	深圳市燃气集团股份有限公司（601139）	一、政策性风险 （一）税收优惠政策变动风险。 （二）深圳市管道燃气开户费取消对公司未来经营业绩影响的风险。 （三）深圳市管道天然气定价政策受物价主管部门调控的风险。 （四）管道燃气设施投资须服从深圳市市政规划。 二、业务经营风险 （一）天然气供应风险。 （二）对子公司的管理风险。 （三）燃气采购价格波动风险。 （四）毛利率波动风险。 三、市场风险 （一）受业务开展地区人口规模和经济发展水平影响的风险。 （二）市场竞争风险。 四、财务风险 （一）偿债风险。 （二）净资产收益率短期内存在下降的风险。 五、募集资金投向风险 六、安全管理风险 七、汇率风险
	中国冶金科工股份有限公司（601618）	一、市场风险 （一）国内、外宏观经济波动为生产经营带来较大压力。 （二）钢铁冶金行业投资增速放缓以及国家对于钢铁行业的政策调整可能导致部分业务增速降低。 （三）尽管本公司在冶金工程承包领域占有绝对份额，但仍面临着新进入市场参与者的竞争；其他业务也面临激烈的市场竞争。 （四）原材料供应在一定程度上影响部分业务的发展速度。 （五）服务或产品市场价格的变化，可能会形成销售风险。

续表

上市市场所	发行人名称、股票代码	风险因素部分披露的风险条目
主板市场	中国冶金科工股份有限公司（601618）	二、政策风险 （一）国家针对宏观经济采取的调控政策显著影响经营绩效。 （二）税收政策变动可能对本公司的财务结果造成影响。 （三）本公司从事的房地产开发业务的经营收益受到政府对于土地价格及金融政策等方面政策变化的影响。 （四）作为拟在境外上市公司，未来的经营将受到境外监管法律、法规的约束。 三、经营风险 （一）本公司工程承包、装备制造业务主要服务于钢铁行业，我国钢铁行业的战略转型将对上述业务造成影响。 （二）工程承包合同签订后，不可预见的成本、费用支出变化导致的风险。 （三）可能面临客户拖欠或不支付工程进度款项或不按时退回保证金的风险。 （四）可能受到或提出索赔，并可能引致诉讼或仲裁的风险。 （五）与本公司的合营伙伴以及其他业务伙伴的争议可能对本公司的业务产生不利影响。 （六）期末结转合同金额并不必然转化为未来经营业绩。 （七）从事的业务具有一定危险性，面临安全生产的风险。 （八）所开发的矿产资源预计储量与实际储量之间可能存在一定差异；项目开发周期可能无法准确估测。 （九）在房地产开发业务中面临项目开发风险、销售风险、工程质量风险。 （十）对外收购兼并可能存在风险。 （十一）不拥有所占用部分土地、物业的有效权属。 四、财务风险 （一）资产负债率较高，未获得足够的融资可能对本公司日常经营和战略的实施造成影响。 （二）利率上升的风险。 （三）项目前期投资大及资金回收周期长可能制约业务扩张，影响财务状况。 （四）若干重大资本性支出项目能否成功实施将对财务状况造成影响。 （五）人民币汇率变动带来境外业务收入的汇率风险。 （六）遵循各种环保、安全、质量及健康的法律法规可能造成公司的成本费用增加。 五、管理风险 （一）作为控股型的大型企业集团，可能由于组织架构日益扩大而增加管理难度。 （二）若子公司和联（合）营公司向本公司分配利润的能力下降，则会对本公司向股东派发股息的能力构成不利影响。 （三）尽管已经建立较为完备的公司治理制度，但本公司仍有可能存在大股东控制的风险。 （四）由于国内人才市场竞争日趋激烈，本公司的管理和技术人员也面临一定程度的流失风险。 （五）知识产权仍存在着被外部竞争者挪用、效仿等风险。

上市市场所	发行人名称、股票代码	风险因素部分披露的风险条目
主板市场	中国冶金科工股份有限公司（601618）	六、募集资金投资项目风险 （一）项目实施过程中，可能由于市场环境等变化风险。 （二）项目的完成需时日，净资产收益率短期内下降。 七、海外业务风险 （一）所从事的海外业务，可能因当地政局不稳、社会动荡而导致生产和经营风险。 （二）在国际业务开展过程中，存在境外市场变化而引致风险的可能性。 八、其他风险 （一）在业务开展中，可能遭遇恶劣天气或自然灾害等不可抗力而导致经营风险。 （二）拟在境内外两地上市，可能由于 A 股和 H 股市场所存在的差异而引致风险。 （三）A 股股票价格可能发生较大波动。 （四）尽管本招股说明书所做判断的依据及所引用数据皆来自公开的权威数据，但该等数据统计的口径可能存在差异。 （五）建议投资者不应依赖与本次发行相关的报刊文章或其他媒体所载的任何资料。
	中国建筑股份有限公司（601668）	一、市场风险 （一）宏观经济发展环境与周期影响的风险。 （二）建筑业市场竞争加剧的风险。 （三）房地产行业竞争激烈的风险。 （四）境外业务市场环境变化的风险。 （五）开拓新市场的风险。 二、政策风险 （一）政府基础设施投资规模的政策影响。 （二）建筑行业受宏观调控政策影响的风险。 （三）宏观调控政策对房地产业务的政策风险。 （四）土地供应政策调控的风险。 （五）住房体系和房屋供应结构的政策调控风险。 （六）金融信贷政策变动的风险。 （七）税收政策变动风险。 三、业务经营风险 （一）建筑材料和劳务供应的风险。 （二）工程分包协作的风险。 （三）以投资带动工程总承包业务发展的新业务模式风险。 （四）施工项目法律诉讼仲裁及无法得到执行的风险。 （五）土地储备与土地价格的风险。 （六）房地产项目开发和销售的风险。 （七）施工安全风险。 （八）合作和合资房地产项目的控制风险。 （九）房地产项目工程质量风险。

续表

上市场所	发行人名称、股票代码	风险因素部分披露的风险条目
主板市场	中国建筑股份有限公司（601668）	四、财务风险 （一）应收账款发生损失的风险。 （二）偿还债务的风险。 （三）汇率风险。 （四）销售按揭担保风险。 五、管理风险 （一）控股股东控制的风险。 （二）分、子公司众多，多业务板块及跨区域运营风险。 （三）境外上市子公司受上市规则约束影响股东利益的风险。 （四）关联交易风险。 六、与募集资金投向有关的风险
	力帆实业（集团）股份有限公司（601777）	一、市场风险 （一）宏观经济波动风险。 （二）海外市场拓展风险。 （三）国内汽车产能快速扩大的风险。 （四）行业竞争风险。 二、经营风险 （一）乘用车起步晚、生产规模较小的风险。 （二）主要原材料价格波动的风险。 （三）公司摩托车业务受金融危机影响较大。 三、财务风险 （一）人民币汇率变动风险。 （二）应收账款余额较大风险。 （三）净资产收益率下降的风险。 四、政策风险 （一）所得税优惠政策变动的风险。 （二）增值税出口退税政策变动的风险。 （三）汽车消费政策和产业政策调整风险。 （四）国内"限摩、禁摩"政策扩大的风险。 五、与募集资金投资项目有关的风险 （一）产能扩大引致的销售风险。 （二）固定资产折旧大幅增加的风险。 六、其他风险 （一）知识产权纠纷风险。 （二）实际控制人控制风险。
	中国国旅股份有限公司（601888）	一、市场风险 二、经营风险 （一）知识产权无法得到充分保护的风险。 （二）公司业务人员流失的风险。 （三）旅行社入境游业务下滑的风险。 三、财务风险 （一）行业的季节性特征导致经营业绩产生季节性波动。 （二）人民币升值产生的汇兑损失风险。

上市场所	发行人名称、股票代码	风险因素部分披露的风险条目
主板市场	中国国旅股份有限公司（601888）	四、管理风险 五、募集资金运用的风险 六、政策风险 七、其他风险 （一）控股股东的控制风险。 （二）不可抗力产生的风险。 （三）对外担保风险。
	紫金矿业集团股份有限公司（601899）	一、产品价格及汇率波动的风险 （一）产品价格波动的风险。 （二）汇率波动的风险。 二、公司生产经营可能存在的风险 （一）经营业绩依赖于矿产资源的风险。 （二）资源地质勘查工作成果存在不确定性风险。 （三）探矿权和采矿权续展的风险。 （四）对外收购兼并可能存在的风险。 （五）采剥工程和建设工程依赖承包商的风险。 三、实施国际化发展战略面临的风险 四、与安全生产或自然灾害有关的风险 五、与环境保护有关的风险 六、税收政策变化可能带来的风险 七、关于财务方面的风险 （一）内部控制制度可能存在有效性不足的风险。 （二）关于期货交易的风险。 （三）综合毛利率可能下降的风险。 八、关于本次募集资金投资项目的风险 九、公司规模迅速扩张带来的管理风险 十、公司人力资源开发不足可能存在的风险 十一、股票交易价格波动可能带来的风险
	国投新集能源股份有限公司（601918）	一、安全生产风险 二、经营风险 （一）对主要客户依赖的风险。 （二）运输能力制约的风险。 （三）产品集中的风险。 （四）依赖有限资源的风险。 三、管理风险 （一）大股东控制风险。 （二）关联交易风险。 四、市场风险 （一）行业周期性和价格波动风险。 （二）行业内部竞争风险。 五、财务风险 （一）偿债风险。

上市 场所	发行人名称、 股票代码	风险因素部分披露的风险条目
主板 市场	国投新集能源 股份有限公司 （601918）	（二）应收账款风险。 （三）毛利率下降的风险。 （四）净资产收益率下降的风险。 （五）重大资本性支出风险。 六、持续融资风险 七、政策风险 　（一）国家产业政策风险。 　（二）环保风险。 八、募集资金投资项目的风险
	永辉超市股份 有限公司 （601933）	一、市场风险 　（一）零售行业的市场竞争风险。 　（二）购物方式变化引致的风险。 　（三）经济周期性波动带来的风险。 二、经营风险 　（一）部分经营场所租赁房屋产权手续不完善的风险。 　（二）绝大多数门店依赖租赁的风险。 　（三）成本控制风险。 　（四）门店选址风险。 　（五）跨区域扩张所带来的风险。 　（六）商品质量及食品安全风险。 三、管理风险 　（一）控股股东和实际控制人控制风险。 　（二）快速发展引致的管理风险。 　（三）人才短缺风险。 四、财务风险 　（一）发行后净资产收益率下降的风险。 　（二）门店租金和人力成本提高带来的风险。 五、募集资金投资项目风险 　（一）新开门店项目的实施和管理风险。 　（二）部分新开门店不能在短期内实现盈利的风险。 六、政策风险 　（一）产业政策风险。 　（二）税收优惠风险。 七、其他风险 　（一）发生突发事件的风险。 　（二）信息系统的技术性风险。
中小 企业板 市场	山东沃华医药 科技股份有限 公司 （002107）	一、产品结构单一的风险 二、主导产品被仿制的风险 三、药品降价的风险 四、产能大幅扩张带来的风险 　（一）原材料采购风险。 　（二）管理风险。 　（三）营销风险。 　（四）收款风险。

上市 场所	发行人名称、 股票代码	风险因素部分披露的风险条目
中小 企业板 市场	山东沃华医药 科技股份有限 公司 （002107）	五、药材质量控制风险 六、募集资金投资项目实施的风险 七、固定资产规模、结构和折旧程度风险 八、大股东或实际控制人控制风险 九、应收账款风险 十、研发风险 十一、原材料供应风险 十二、市场竞争风险 十三、医药市场秩序风险 十四、债务结构不合理的风险 十五、税收、财政优惠政策的风险 十六、环保风险
	山东济宁如意 毛纺织股份有 限公司 （002193）	一、发行人实际控制人发生变化的风险 二、主要原料供应价格变动风险 三、人民币升值与出口退税降低的风险 四、客户相对集中的风险 五、市场风险 　（一）行业竞争风险。 　（二）产品更新的风险。 　（三）产品外销风险。 六、资产流动性风险 七、偿债风险 八、技术风险 九、内部控制有效性不足风险 十、净资产收益率下降的风险 十一、产业政策变化的风险 十二、纺织品市场贸易政策风险 十三、环境保护的风险
	郑州三全食品 股份有限公司 （002216）	一、业务经营风险 　（一）食品质量安全控制的风险。 　（二）主要原材料价格波动风险。 　（三）产品销售的季节性波动风险。 二、市场竞争风险 三、税收优惠政策及其变动的风险 四、财务风险 五、管理风险 六、募集资金投向的风险 七、家族控制的风险
	九阳股份有限 公司 （002242）	一、依赖单一产品的风险 二、高速成长带来的管理风险 三、控股股东控制风险 四、公司经营的季节波动风险

续表

上市场所	发行人名称、股票代码	风险因素部分披露的风险条目
中小企业板市场	九阳股份有限公司（002242）	五、短期偿债风险 六、产品推广风险 七、产品创新与技术进步的风险 八、市场竞争的风险 九、募集资金投向风险 十、税收政策变化的风险 十一、原材料成本上升的风险 十二、净资产收益率下降的风险 十三、依赖核心技术的风险 十四、受国民经济及居民生活水平影响的风险 十五、产品质量控制与安全认证的风险
	江苏洋河酒厂股份有限公司（002304）	一、受到全球金融危机及经济危机影响的风险 二、白酒消费税最低计税价格核定管理的风险 三、产业政策风险 四、宏观经济不景气的风险 五、产品结构相对单一的风险 六、相对依赖单一市场的风险 七、募集资金投资风险 　（一）项目实施风险。 　（二）酿造副产物循环再利用技术未大规模产业化的风险。 　（三）固定资产折旧费增加而导致的风险。 八、营业收入、净利润受季节性因素较大影响的风险 九、主要原材料、包装物价格波动、供应短缺的风险 十、财务风险 　（一）净资产收益率大幅度下降的风险。 　（二）营业收入、净利润增速放缓的风险。 十一、管理风险 　（一）因营业规模扩大而导致的管理风险。 　（二）人力资源的风险。 十二、卫生质量风险 十三、自然生态环境风险 十四、当地水资源匮乏或遭受污染的风险 十五、品牌风险 十六、假冒伪劣及侵权产品的风险 十七、安全生产风险 十八、环境保护风险
	北京东方园林股份有限公司（002310）	一、控股股东的控制风险 二、市场风险 　（一）竞争风险。 　（二）客户集中度较高的风险。 三、财务风险 　（一）经营活动现金流量导致的偿债风险。 　（二）应收账款比重较高导致的坏账损失风险。 　（三）发行完成后净资产收益率下降的风险。

上市场所	发行人名称、股票代码	风险因素部分披露的风险条目
中小企业板市场	北京东方园林股份有限公司（002310）	四、管理风险 五、税收优惠政策变动风险 六、募集资金投资项目风险 七、宏观调控政策风险 八、自然灾害风险
	深圳市卓翼科技股份有限公司（002369）	一、市场风险 　（一）业务集中于主要客户的风险。 　（二）消费电子产品生命周期短带来的风险。 二、经营风险 　（一）租赁生产场所搬迁的风险。 　（二）原材料价格波动风险。 　（三）业务规模扩大导致的管理风险。 　（四）产品质量控制风险。 三、受实际控制人控制的风险 四、企业所得税优惠政策变动的风险 五、募集资金投资项目的风险 六、财务风险 　（一）净资产收益率下降的风险。 　（二）应收账款发生坏账损失的风险。 七、汇率变动风险 八、人力资源风险
	山东益生种畜禽股份有限公司（002458）	一、畜禽疾病发生和传播的风险 二、畜禽疫病及食品安全引发的消费信心不足的风险 　（一）畜禽疫病引发的消费信心不足的风险。 　（二）食品安全问题引发的风险。 三、股权相对集中及大股东控制的风险 四、市场风险 　（一）产品销售区域相对集中的风险。 　（二）产品质量风险。 五、经营风险 　（一）产品价格波动的风险。 　（二）原材料供应和价格变动的风险。 　（三）依赖国外供应商及其育种技术的风险。 六、财务风险 　（一）债务结构不合理及短期偿债的风险。 　（二）净资产收益率下降的风险。 七、依赖技术人员的风险 八、内部控制风险 九、募投项目风险 　（一）项目管理和组织实施的风险。 　（二）产能扩大而导致的产品销售风险。 十、政策风险 　（一）产业政策、国家税收政策变化的风险。

上市场所	发行人名称、股票代码	风险因素部分披露的风险条目
中小企业板市场	山东益生种畜禽股份有限公司（002458）	（二）土地政策变化和土地承包经营的风险。 （三）环保政策的风险。 十一、其他可能影响公司经营的风险 （一）汇率变动的风险。 （二）自然灾害风险。 （三）股市风险。

资料来源：摘选自各相关公司招股说明书中的风险因素部分。

附录 5 《新股发行信息披露状况调查问卷》的主要内容

尊敬的先生/女士:

您好! 欢迎您填写这份问卷。本问卷的目的是针对招股说明书中风险因素的信息披露调查投资者的意见,仅为学术研究用。本问卷不记姓名,没对错之分,请根据您或您所在机构的情况或者您所熟知的其他个人或机构的情况回答,我们承诺对您提供的信息完全保密。

非常感谢!

填写说明: 请依题在"□"内或题目要求之处内画"√"回答选择题。为便于我们做统计、分析,请在需要画"√"之处均做出选择。

第一部分　投资者的基本情况

1. 您属于的投资者类型: □个人投资者（中小投资者）

　　　　　　　　　　　□机构投资者（□证券公司　□证券投资基金□证券投资公司、证券投资咨询公司□QFII　□生产企业　□信托公司、保险公司□其他）

2. 您的性别: □男　　□女

3. 您的年龄: □25 岁以下　　□26～35 岁　　□36～45 岁　　□46～60 岁□60 岁以上

4. 您的学历、学位: □大专或大专以下　　□大学　　□硕士　　□博士

5. 您的工作性质、工作岗位:

□个人投资者（□金融领域　□机关/事业单位　□民营/个体劳动者□离退休人员　□自由职业者　□其他）

□机构投资者（□证券投资的管理　□证券投资的交易

□证券投资的研究　□证券投资的咨询　□其他）

6. 您是否掌握一定的专业投资知识：

□是，系统专业地学习过　□是，参加过某些培训班或讲座

□否，完全靠经验和感觉

7. 您或您所在的机构对投资风险的态度为：

□不愿承担风险（安全型）　　□愿意承担有限的风险（稳健型）

□愿意承担大一点的风险（积极型）

□敢冒风险，愿意风险投资（激进型）

8. 您或您所在机构从事股票投资的时间为：

□2年以下（含2年）　□3~5年　□6~10年　□11~15年

□16年以上

9. 您或您所在机构的投资规模为（人民币：元）：

□10万以下　□10万~50万　□50万~100万　□100万~500万

□500万~1000万　□1000万~1亿　□1亿~10亿　□10亿~50亿

□50亿~100亿　□100亿以上

10. 自从您进行股票投资以来，估计您投资股票的总体收益状况大概为：

□盈利30%以上　□盈利10%~30%　□盈利0~10%

□不盈不亏，盈亏基本平衡

□亏损0~10%　□亏损10%~30%　□亏损30%以上

第二部分　投资者对相关信息的查阅、判断情况

1. 您在申购新股时的决策情况是：

□阅读招股说明书全文，并查阅相关的资料，之后做出是否进行新股
申购的决策。

□仅阅读招股说明书全文或摘要，之后做出是否进行新股申购的决策。

□不阅读招股说明书，但会简要查阅其他来源的企业信息，然后做出
是否进行申购的决策。

□不查阅企业信息，直接进行申购。

2. 新股购买成功后，您一般持有该股多长时间？

□一周　　□一季度　　□一年　　□一年以上

3. 购买某公司的股票（包括新股申购和二级市场买卖）时，您是否阅读该公司的招股说明书？

□是，阅读过招股说明书全文　□是，只读招股说明书摘要

□否，不阅读招股说明书全文或摘要

（如果选择"是"，请继续按顺序回答；如果选择"否"，请转到本部分第6题继续回答）

4. 对于您所投资的股票，它的招股说明书中所披露的风险信息您是否熟悉？

□一无所知　□知道，但不熟悉　□不太熟悉　□有些熟悉

□比较熟悉　□非常熟悉

5. 在您阅读招股说明书时，您重点阅读哪个部分？（此题为多选，可在多个选项前面打"√"）

□重大事项提示　□本次发行概况　□风险因素　□发行人基本情况

□业务和技术

□同业竞争与关联交易　□董事、监事、高管人员与核心技术人员

□公司治理　□财务会计信息

□管理层讨论与分析　□业务发展目标　□募集资金运用

□股利分配政策　□其他重要事项

6. 请您对以下风险类型的重要程度进行评价：

（0分表示不重要，4分表示非常重要，请在下表的合适位置打"√"）

风险因素	不重要→非常重要				
	0	1	2	3	4
市场或行业变动风险					
企业生产、经营风险					
企业财务风险					
企业技术风险					
募集资金投向、项目实施风险					
有关政策变动风险					
外部环境变化风险					

7. 您认为我国招股说明书（尤其是其中的风险因素）信息披露的不

足包括：

（此题为多选，可在多个选项前面打"√"）

□措辞和行文表达流于形式，缺少有价值的投资信息

□风险因素分析不全面，风险因素的信息披露篇幅太短，不够详细

□风险因素分析不深入、不准确，存在避重就轻、忽略甚至隐瞒风险因素的情况

□招股说明书篇幅太长，没有突出投资所需要的重点信息

□风险因素部分的专业术语过多，许多地方阅读起来有困难

□比较模糊的文字描述性风险披露过多，十分确切的、对风险因素的定量分析太少

□预测性信息较少，对潜在风险、未来风险的分析不足

您认为的其他不足之处还有：＿＿＿＿＿＿＿＿＿＿＿＿＿

＿＿＿＿＿＿＿＿＿＿＿＿＿＿＿＿＿＿＿＿＿＿＿＿＿

＿＿＿＿＿＿＿＿＿＿＿＿＿＿＿＿＿＿＿＿＿＿＿＿＿

参 考 文 献

[1] 陈淮，顾连书. 我国股票发行注册制的制度条件及其政策研究 [J]. 上海财经大学学报，2012 (2)：43 - 47.

[2] 陈祥有. 主承销商声誉与 IPO 公司持续督导期间信息披露质量——来自深交所的经验证据 [J]. 经济学家，2009 (12)：76 - 82.

[3] 范小勇，梁木梁，邓学衷. IPO 市场上承销商"托市"的博弈分析 [J]. 管理学报，2005，2 (5)：546 - 550.

[4] 付彦，邓子欣. 浅论深化我国新股发行体制改革的法制路径——以注册制与核准制之辨析为视角 [J]. 证券市场导报，2012 (5)：4 - 16.

[5] 葛伟琪. 我国上市公司中英文年报可读性对比研究 [J]. 宁波大学学报，2007 (20)：108 - 112.

[6] 顾连书，王宏利，王海霞. 我国新股发行审核由核准制向注册制转型的路径选择 [J]. 中央财经大学学报，2012 (11)：45 - 49.

[7] 郭杰，张英博. 企业择时还是政府择时？——中国特定制度背景下 IPO 市场时机选择对资本结构的影响 [J]. 金融研究，2012 (7)：137 - 153.

[8] 郭旻晓. 企业员工责任信息披露研究 [J]. 新会计，2009 (11)：18 - 20.

[9] 贺炎林，王一鸣，吴卫星. 中国首发新股超高抑价现象研究——基于市场化程度的视角 [J]. 中国软科学，2012 (10)：33 - 47.

[10] 黄方亮. 价格发现与股票 IPO 机制研究 [M]. 上海：上海三联书店，2008.

[11] 黄方亮，武锐. 证券市场信息披露质量：基于内容分析法的研究框架 [J]. 江苏社会科学，2011 (12)：67 - 71.

[12] 黄方亮，尹伯成. 股票 IPO 市场中的利益冲突问题研究 [J]. 福建论坛（人文社会科学版），2011 (1)：12 - 16.

[13] 黄方亮，杜建，王骁等. 新股发行风险因素信息披露的质量研究——基于商业银行招股说明书的内容分析 [A]. 见：公司金融研究

[M].北京：中国金融出版社，2012（1）：77－91.

[14] 黄方亮，王骁，张浩.新股发行风险信息披露：博弈分析与案例研究 [A].见：2014 中国金融论坛·第五届《金融研究》论坛论文集（电子光盘版）[C].20141206.

[15] 黄明，陈强兵，张冬峰.美国主要证券交易所退市制度简介 [EB/OL].[2013－03－18].http：//stock. eastmoney. com/news/1445，20130318279660370. html.

[16] 黄晓斌，成波.内容分析法在企业竞争情报研究中的应用[J].中国图书馆学报，2006（3）：28－31.

[17] 黄晓磊.IPO 过程中的博弈分析 [J].中国证券期货，2009（6）：22－24.

[18] 黄秀海.IPO 模式与效率的博弈分析 [J].科研管理，2011（12）：68－73.

[19] 江蓝生.现代汉语词典（第6版）[M].北京：商务印书馆，2012.

[20] 蒋义宏，陈辉发.上市公司年报披露及时性问卷调查报告与分析 [J].上海立信会计学院学报，2007（21）：32－40.

[21] 黎明，王颖.我国上市公司战略性信息披露质量——基于内容分析法的研究 [J].商业会计，2013（10）：67－69.

[22] 李婉丽，张婧.西部地区上市公司环境信息披露实证研究[J].青海社会科学，2008（4）：50－55.

[23] 廖士光.中国新股发行体制改革研究 [J].当代经济管理，2012（11）：85－93.

[24] 刘曼沁.证券上市保荐制度下IPO申报和审核的博弈分析[J].现代商贸工业，2011（9）：150－152.

[25] 刘霞.基于内容分析法的美国早期学习标准内容探析 [J].学前教育研究，2012（1）：49－60.

[26] 刘晓峰，李梅.IPO 询价制在中美实施效果的比较及博弈分析 [J].国际金融研究，2007（2）：37－42.

[27] 刘兴祥.法制建设是IPO改革的基础 [N].证券时报，2013，2（26）：A03.

[28] 刘煜辉，沈可挺.是一级市场抑价，还是二级市场溢价——关于我国新股高抑价的一种检验和一个解释 [J].金融研究，2011（11）：

183 - 196.

[29] 陆正飞, 刘桂进. 中国公众投资者信息需求之探索性研究 [J]. 经济研究, 2002 (4): 36 - 43.

[30] 马莉莉, 李泉. 中国投资者的风险偏好 [J]. 统计研究, 2011 (8) 63 - 72.

[31] 刘玉珍, 张峥, 徐信忠, 张金华. 基金投资者的框架效应 [J]. 管理世界, 2010 (2) 25 - 37.

[32] 马洪雨, 蒋学跃. 美国储架注册发行制度变迁及借鉴 [J]. 证券市场导报, 2012 (9): 4 - 10, 15.

[33] 蒙立元, 张婉婧. 公司特征与我国创业板企业智力资本信息披露研究 [J]. 商业会计, 2013 (6): 90 - 92.

[34] 潘琰, 李燕媛. 中国公众投资者的网上报告需求调查 [J]. 福州大学学报 (哲学社会科学版), 2006 (4): 37 - 41.

[35] 彭增军. 媒介内容分析法 [M]. 北京: 中国人民大学出版社, 2012.

[36] 邱均平, 陈敬全. 网络信息计量学及其应用研究 [J]. 情报理论与实践, 2001 (3): 161 - 163.

[37] 邱均平, 王曰芬等. 文献计量内容分析法 [M]. 北京: 国家图书馆出版社, 2008.

[38] 邱均平, 余以胜, 邹菲. 内容分析法的应用研究 [J]. 情报杂志, 2005 (8): 11 - 13.

[39] 邱均平, 邹菲. 关于内容分析法的研究 [J]. 中国图书馆学报, 2004 (2): 12 - 17.

[40] 冉秋红, 罗嫣, 赵丽. 上市公司智力资本信息披露的实证分析及改进设想 [J]. 经济管理, 2007 (22): 19 - 24.

[41] 宋献中, 龚明晓. 社会责任信息的质量与决策价值评价——上市公司会计年报的内容分析 [J]. 会计研究, 2007 (2): 37 - 43, 92.

[42] 宋振峰, 宋惠兰. 基于内容分析法的特性分析 [J]. 情报科学, 2012 (7): 964 - 966, 984.

[43] 田利辉. 金融管制、投资风险和新股发行的超额抑价 [J]. 金融研究, 2010 (4): 85 - 100.

[44] 田利辉, 张伟, 王冠英. 新股发行: 渐进式市场化改革是否可行 [J]. 南开管理评论, 2013 (2): 116 - 132.

［45］王冰辉. 价格管制与 IPO 时机选择 ［J］. 经济学（季刊），2013（2）：407－428.

［46］王啸. 试析注册制改革：基于问题导向的思辨与探索证券市场导报 ［J］. 2013（12）：4－13.

［47］王性玉，薛桂筠. 新股抑价发行的博弈论分析 ［J］. 河南大学学报，2005（5）：82－85.

［48］王宇峰，苏逶妍. 我国上市公司研发信息披露实证研究 ［J］. 中南财经政法大学学报，2009（4）：108－113.

［49］王曰芬，路菲，吴小雷. 文献计量和内容分析的比较与综合研究 ［J］. 图书情报工作，2005（9）：70－73.

［50］王知津，闫永君. 网络计量法与内容分析法比较研究 ［J］. 图书馆学研究，2006（6）：2－6.

［51］汪争平，管苹苹. 从合作博弈视角探讨中国股市改革 ［J］. 深圳大学学报（人文社会科学版），2013（5）：74－80.

［52］翁世淳. 新股发行制度的均衡分析 ［J］. 制度经济学研究，2006（4）：111－127.

［53］吴凯，李存行. A 股 IPO 引入超额配售选择权的博弈分析 ［J］. 商业研究，2005（17）：141－144.

［54］吴联生. 投资者对上市公司会计信息需求的调查分析 ［J］. 经济研究，2000（4）：41－48.

［55］吴前煜. 美国证券储架注册制度及其对我国证券市场再融资的借鉴 ［J］. 清华法学，2011（4）：158－173.

［56］邬友倩. 内容分析的方法论视角新探 ［D］. 上海：华东师范大学，2007.

［57］夏征农等. 辞海 ［M］. 上海：上海辞书出版社，2002.

［58］肖钢. 监管执法：资本市场健康发展的基石 ［J］. 求是，2013（15）：33－35.

［59］肖磊. 基于内容分析法的重大突发事件内涵辨析 ［J］. 荆楚理工学院学报，2010（5）：49－52.

［60］谢卫群. 倡导价值投资，先得完善制度 ［J］. 人民日报，2012，2（28）：10.

［61］许志峰. 证监会新闻发言人表示：IPO 注册制并非简单备案，转变还需创造必要条件 ［N］. 人民日报，2013，6（28）：10.

［62］闫隽，石静远．"中国制造"的西方媒介形象——对2007年、2008年《华尔街日报》的内容分析［J］．河南社会科学，2010（1）：183－186．

［63］杨丹．新股发行博弈和市场化定价——基于信息经济学经典模型的分析［J］．财经论丛，2004a，（3）：51－56．

［64］杨丹．约束条件下的新股首次公开发行决策分析［J］．金融研究，2004b，（10）：100－105．

［65］杨文辉．美国证券市场的储架注册制度及启示［J］．证券市场导报，2006（9）：36－44．

［66］尹伯成，黄方亮．新股发行效率、价格异象及相关理论阐释［J］．河南社会科学，2008（4）：56－61．

［67］曾昭志．监管机构和投资者博弈对新股发行抑价率影响分析［J］．金融经济，2007（7）：126－127．

［68］查奇芬，廖继广．非对称信息下IPO抑价理论实证研究［J］．技术经济与管理研究，2013（4）：97－101．

［69］张丹，王宏，戴昌钧．我国上市公司智力资本信息披露的市场效应研究——基于上市公司IPO招股说明书的经验证据［J］．软科学，2008（11）：13－18．

［70］张春霞，刘淳，廖理．使用logistic回归模型确定投资者的风险资产配置——基于个人投资者问卷调查数据的实证分析［J］．清华大学学报（自然科学版），2012（8）：1142－1149．

［71］张航，刘艳妮．从进化博弈论角度分析我国新股发行制度改革［J］．中央财经大学学报，2009（12）：48－52．

［72］张小成，孟卫东，熊维勤．询价下异质预期对IPO的抑价的影响［J］．中国管理科学，2008，16（6）：8－14．

［73］张小成，孟卫东，熊维勤．机构和潜在投资者行为对IPO抑价影响［J］．系统工程和理论，2010，30（4）：637－645．

［74］张信东，张婧．企业智力资本信息披露研究——基于山西上市公司的实证分析［J］．经济问题，2010（3）：77－80．

［75］张星星，葛察忠，海热提．我国上市公司环境信息披露现状初步研究［J］．环境保护，2008（6）：27－30．

［76］赵永华，赖华榕．党报话语里的"公信力"建构——基于人民日报社论、言论数据库（2002~2009）的内容分析［J］．现代传播（中国传媒大学学报），2010（7）：43－47．

［77］赵振华，刘淳，廖理．是谁获得了更高的基金投资收益？——对个人投资者问卷调查的实证分析［J］．金融研究，2010（5）：166 - 178.

［78］郑世凤．A 股退市机制反思：21 年仅摘牌 42 家公司［EB/OL］.［2011 - 12 - 03］http：//www.21cbh.com/HTML/2011 - 12 - 3/3NMzA3XzM4NTM3NA.html.

［79］郑文晖．文献计量法与内容分析法的比较研究［J］.情报杂志，2006（5）：31 - 33.

［80］中国证监会．中国证监会发行监管部首次公开发行股票审核工作流程［EB/OL］.［2013 - 07 - 05］.http：//www.csrc.gov.cn/pub/zjh-public/G00306202/201307/t20130705_230366.htm？keywords = 审核工作流程.

［81］中国证监会．中国证券监督管理委员会年报（2012 年）［M］.中国财政经济出版社，2013.

［82］中国证监会研究中心．美国的发行与上市审核制度［EB/OL］.［2013 - 07 - 03］.http：//www.csrc.gov.cn/pub/newsite/ztzl/xgfxtzgg/xgfxb-jcl/201307/t20130703_230242.htm.

［83］周勤业，卢宗辉，金瑛．上市公司信息披露与投资者信息获取的成本效益问卷调查分析［J］.会计研究，2003（5）：3 - 10.

［84］周正义．新股发行制度的弊病及其改革［J］.中国证券期货，2012（6）：23 - 25.

［85］朱亮，孟宪学．文献计量法与内容分析法比较研究［J］.图书馆工作与研究，2013（6）：64 - 66.

［86］邹斌，夏新平．中国 IPO 股价的信息含量及其上市首日收益研究［J］.管理科学，2010（3）：60 - 69.

［87］Adams, Renée, and Daniel Ferreira. Regulatory Pressure and Bank Directors' Incentives to Attend Board Meetings［R］. European Corporate Governance Institute Working Paper, 2008.

［88］Aerts, Walter, and Peng Cheng. Causal Disclosures on Earnings and Earnings Management in an IPO Setting［J］. Journal of Accounting and Public Policy, 2011, 30（5）：431 - 459.

［89］Allen, Franklin, and Gerald Faulhaber. Signaling by Underpricing in the Market［J］. Journal of Financial Economics, 1989（23）：303 - 323.

［90］Alti, Aydoğan. IPO Market Timing ［J］. The Review of Financial Studies, 2005, 18 (3): 1105 - 1138.

［91］Al - Ajmi, Jasim Y. Risk Tolerance of Individual Investors in an Emerging Market ［J］. International Research Journal of Finance and Economics, 2008, 17: 15 - 26.

［92］Ang, James, and S. McKay Price. Pitching IPOs: Exaggeration and the Marketing of Financial Securities ［R］. Florida State University Working Paper, 2008.

［93］Arnold, Tom, Raymond P. H. Fishe, and David North. The Effects of Ambiguous Information on Initial and Subsequent IPO Returns ［J］. Financial Management, 2010, 39 (4): 1497 - 1519.

［94］Back, Kerry, and Jaime F. Zende. Auctions of Divisible Goods with Endogenous Supply ［J］. Economics Letters, 2001 (73): 29 - 34.

［95］Barker, Richard, and Shahed Imam. Analysts' Perceptions of "Earnings Quality" ［J］. Accounting and Business Research, 2008, 38 (4): 313 - 329.

［96］Bamett, Andrew and Keith Leoffler. Readability of Accounting And Auditing Messages ［J］. Journal of Business Communication, 1979, (3): 49 - 59.

［97］Baron, David P. A Model of the Demand for Investment Banking and Advising and Distribution Services for New Issues ［J］. Journal of Risk and Insurance, 1982 (63): 49 - 76.

［98］Baron, David P. , and Bengt Holstrom. The Investment Banking Contract for New Issues under Asymmetric Information: Delegation and Incentive Problems ［J］. Journal of Finance, 1980 (37): 1115 - 1138.

［99］Bartling, Björn, and Andreas Park. What Determines the Level of IPO Gross Spreads? Underwriter Profits and the Cost of Going Public ［J］. International Review of Economics and Finance, 2009 (18): 81 - 109.

［100］Beatty, Randolph P. and Jay R. Ritter. Investment Banking, Reputation, and the Underpricing of Initial Public Offerings ［J］. Journal of Financial Economics, 1986 (15): 213 - 232.

［101］Becher, David A. , and Melissa B. Frye. Does Regulation Substitute Or Complement Governance? ［J］. Journal of Banking & Finance, 2011 (3): 736 - 751.

[102] Bellora, Lucia, Thomas W. Guenther. Drivers of Innovation Capital Disclosure in Intellectual Capital Statements: Evidence from Europe [J]. The British Accounting Review, 2013, In Press, Accepted Manuscript, Available online 29 June 2013.

[103] Benveniste, Lawrence M. , and Paul A. Spindt. How Investment Bankers Determine the Offer Price and Allocation of New Issues [J]. Journal of Financial Economics, 1989, 24 (2): 343 – 61.

[104] Benveniste, Lawrence M. , and William J. Wilhelm. A Comparative Analysis of IPO Proceeds Under Alternative Regulatory Environments [J]. Journal of Financial Economics, 1990 (28): 173 – 207.

[105] Berelson, Bernard. Content Analysis in Communication Research [M]. IL: Free Press, 1952.

[106] Berelson, Bernard. The State of Communication Research [J]. Public Opinion Quarterly, 1959 (23): 1 – 6.

[107] Bertoni, Fabio, and Giancarlo Giudici. The Strategic Reallocation of IPO Shares [J]. Journal of Banking & Finance, 2014 (2): 211 – 222.

[108] Bhattacharya, Utpal, Neal Galpin, Rina Ray, et al. The Role of the Media in the Internet IPO Bubble [J]. Journal of Financial and Quantitative Analysis, 2009, 44 (3): 657 – 82.

[109] Binay, Murat M. , Vladimir A. Gatchev, and Christo A. Pirinsky. The Role of Underwriter-investor Relationships in the IPO Process [J]. Journal of Financial and Quantitative Analysis, 2007, 42 (3): 785 – 795.

[110] Booth, James R. , Marcia Millon Cornett, and Hassan Tehranian. Boards of Directors, Ownership, and Regulation [J]. Journal of Banking and Finance 26, 1973 – 1996.

[111] Boreiko, Dmitri, Stefano Lombardo. Italian IPOs: Allocations And Claw Back Clauses [J]. Journal of International Financial Markets, Institutions & Money, 2011 (21): 127 – 143.

[112] Branco, Manuel, Catarina Delgado, and Manuel Sá et al. An Analysis of Intellectual Capital Disclosure by Portuguese Companies [J]. EuroMed Journal of Business, 2010, 3: 258 – 267.

[113] Campbell, David, and Mara R. A. Rahman. A Longitudinal Examination of Intellectual Capital Reporting in Marks & Spencer Annual Reports,

1978 – 2008 [J]. The British Accounting Review, 2010, 42 (9): 56 – 70.

[114] Carter, Richard, and Steven Manaster. Initial Public Offerings and Underwriter Reputation [J]. Journal of Finance, 1990 (45): 1045 – 1067.

[115] Chahine, Salim, and Marc Goergen. The Effects of Management-board Ties on IPO Performance [J]. Journal of Corporate Finance, 2013 (21): 153 – 179.

[116] Chemmanur, Thomas J. The Pricing of Initial Public Offerings: A Dynamic Model with Information Production [J]. Journal of Finance, 1993 (48): 285 – 304.

[117] Clark, Colin. The Impact of Entrepreneurs' Oral "Pitch" Presentation Skills on Business Angels' Initial Screening Investment Decisions [J]. Venture Capital, 2008, 10 (3): 257 – 79.

[118] Courtis, John. An Investigation into Annual Report Readability And Corporate Risk-return Relationships [J]. Accounting and Business Research, 1986, 16 (64): 285 – 291.

[119] Courtis, John. Readability of Annual Reports: Western Versus Asian Evidence [J]. Accounting Auditing and Accountability Journal, 1995, 32 (8): 121 – 137.

[120] Courtis, John, and Salleh Hassan. Reading Ease of Bilingual Annual Reports [J]. The Journal Of Business Communication, 2002, 39 (4): 394 – 398.

[121] Davis, Angela, Jeremy M. Piger, and Lisa M. Sedor. Beyond the Numbers: An Analysis of Optimistic and Pessimistic Language in Earnings Press Releases [R]. Federal Reserve Bank of St. Louis Working Paper, 2006.

[122] Davis, Angela, Jeremy M. Piger and Lisa M. Sedor. Beyond the Numbers: Measuring the Information Content of Earnings Press Release Language [R]. University of Oregon Working Paper, 2011.

[123] Deumes, Rogier. Corporate Risk Reporting: A Content Analysis of Narrative Risk Disclosures in Prospectuses [J]. Journal of Business Communication, 2008, 37 (4): 120 – 152.

[124] Dewenter, Kathryn L. , and Laura Casares Field. Investment Bank Reputation and Relaxed Listing Requirements: Evidence from Infrastructure Firm IPOs in Hong Kong [J]. Pacific – Basin Finance Journal, 2001 (9):

101 – 117.

［125］ de Sola Pool, Ithiel（ed.）. Trends in Content Analysis［M］. Urbana: University of Illinois Press, 1959.

［126］ Dimple, Ritu. Buying Behavior and Perception of Retail Investors towards Mutual Fund Schemes［J］. International Journal of Research in Commerce and Management, 2012, 3（9）: 147 – 50.

［127］ Doran, James, David Peterson and S. Mckay Price. Earnings Conference Call Content and Stock Price: The Case of REITs［J］. Journal of Real Estate Finance and Economics, 2012, 2: 402 – 434.

［128］ Dovring, Karin. Quantitative Semantics in 18th Century Sweden ［J］. Public Opinion Quarterly, 1954（18）: 389 – 394.

［129］ Elshandidy, Tamer, Ian Fraser, and Khaled Hussainey. Aggregated, Voluntary, And Mandatory Risk Disclosure Incentives: Evidence from UK FTSE All-share Companies ［J］. International Review of Financial Analysis, 2013（30）: 320 – 333.

［130］ Fang, Junxiong, Haina Shi, and Haoping Xu. The Determinants And Consequences of IPOs in a Regulated Economy: Evidence from China［J］. Journal of Multinational Financial Management, 2012（4）: 131 – 150.

［131］ Gao, Xiaohui, Jay R. Ritter. The Marketing of Seasoned Equity Offerings. Journal of Financial Economics, 2010（1）, 33 – 52.

［132］ Genoni, Gustavo Alejandro. A Repeated Game of IPO Underwriting ［D］. Boston: Boston University, 2002.

［133］ Green, Bert F. , Jr. The General Inquirer: A Computer Approach to Content Analysis. Book Review ［J］. American Educational Research Journal, 1967（4）: 397 – 398.

［134］ Grinblatt, Mark, and ChunYang Hwang. Signaling and the Pricing of New Issues ［J］. Journal of Finance, 1989（44）: 393 – 420.

［135］ Hanley, Kathleen W. . The Information Content of IPO Prospectuses ［J］. The Review of Financial Studies, 2010, 23（7）: 2821 – 2864.

［136］ Hanley, Kathleen W. The Underpricing of Initial Public Offerings and the Partial Adjustment Phenomenon ［J］. Journal of Financial Economics, 1993, 34（2）: 231 – 250.

［137］ Hanley, Kathleen W. , and Gerard Hoberg. Litigation Risk, Strategic Disclosure And the Underpricing of Initial Public Offerings [J]. Journal of Financial Economics, 2012, 103 (2): 235 –254.

[138] Hanley, Kathleen W. , and Gerard Hoberg. Strategic Disclosure and the Pricing of Initial Public Offerings [J]. University of Maryland Working Paper, 2007.

[139] Henry, Elaine. Are Investors Influenced by How Earnings Press Releases Are Written? [J] . Journal of Business Communication, 2008, 45 (4): 363 –407.

[140] Hobson, Jessen L. , William J. Mayew and Mohan Venkatachalam. Analyzing Speech to Detect Financial Misreporting [J]. Journal of Accounting Research, 2012 (50): 349 –392.

[141] Huang, Fangliang, and Du Jian. IPO Market of Common Stocks: Valuation, Price Determination, and Market Players' Behavior [A]. In: Proceedings of International Conference on Management and Service Science [C]. Irvine: Scientific Research Publishing, 2009 (4): 20 –24.

[142] Janis, Irving L. The Problem of Validating Content Analysis [A]. In: Lasswell, Harold D. , Nathan Leites and Associates. Language of Politics: Studies in Quantitative Semantics [M]. Cambridge, Mass. : The MIT Press, 1949: 55 –82.

[143] Jegadeesh, Narasimhan, and Di Wu. Word Power: A New Approach for Content Analysis [J]. Journal of Financial Economics, 2013, 110 (3): 712 –729.

[144] Jenkinson, Tim, and Howard Jones. Bids And Allocation in European IPO Bookbuilding [J]. Journal of Finance, 2004 (5), 2309 –2338.

[145] Kearney, Colm, Sha Liu. Textual Sentiment in Finance: A Survey of Methods and Models [J]. International Review of Financial Analysis, 2014 (2), Available online.

[146] Khurana, Ashok, and Kanika Goyal. Corporate Disclosure Practices vs. Investor's Requirements [J]. International Journal of Research in Commerce and Management, 2010, 1 (5): 148 –57.

[147] Kraus, Kalle, and Torkel Strömsten. Going public: The Role of Accounting and Shareholder Value in Making Sense of an IPO [J]. Management Accounting Research, 2012, 23 (3): 186 –201.

[148] Krippendorff, Klaus. Content Analysis: An Introduction to Its Methodology (3rd ed.) [M]. Thousand Oaks: Sage Publications Inc, 2012.

[149] Krippendorff, Klaus H. Content analysis: An Introduction to Its Methodology [M]. London: SAGE Publications Inc., 1980.

[150] Krippendorff, Klaus, and Mary Angela Bock. The Content Analysis Reader [M]. Thousand Oaks: Sage Publications Inc, 2008.

[151] Lease, Ronald, Wilbur G. Lewellen, and Gary G. Schlarbaum. Market Segmentation: Evidence on the Individual Investor [J]. Financial Analysts Journal, 1976, 32 (5): 53 – 60.

[152] Lazarsfeld, Paul F. The Role of Criticism in the Management of Mass Media [J]. Journalism Quarterly, 1948 (25): 115 – 126.

[153] Lehavy, Reuven, Feng Li and Kenneth Merkley. The Effect of Annual Report Readability on Analyst Following and the Properties of Their Earnings Forecasts [J]. The Accounting Review, 2011, 86 (3): 1087 – 1115.

[154] Leoni, Patrick L. A Market Microstructure Explanation of IPOs Underpricing [J]. Economics Letters, 2008, 100 (1): 47 – 48.

[155] Li, Feng. Annual Report Readability, Current Earnings, and Earnings Persistence [J]. Journal of Accounting and Economics 2008a, 45 (2 – 3): 221 – 247.

[156] Li, Feng. Seeing the Future Through the Eyes of Managers: The Information Content of Forward-looking Statements in Corporate Filings: A Naive Bayesian Machine Learning Approach [R]. University of Michigan Working Paper, 2008b.

[157] Linsleya, Philip M., and Philip J. Shrives. Risk Reporting: A Study of Risk Disclosures in the Annual Reports of UK Companies [J]. The British Accounting Review, 2006 (38): 387 – 404.

[158] Loughran, Tim, and Bill McDonald. IPO First-day Returns, Offer Price Revisions, Volatility, and Form S – 1 Language [J]. Journal of Financial Economics, 2013, 109 (2): 307 – 326.

[159] Loughran, Tim, and Bill McDonald. When is a Liability Not a Liability? Textual Analysis, Dictionaries, And 10 – Ks [J]. Journal of Finance, 2011 (66): 35 – 65.

[160] Macey, Jonathan R. The Value of Reputation in Corporate Finance

and Investment Banking (and the Related Roles of Regulation and Market Efficiency) [J]. Journal of Applied Corporate Finance, 2010, 22 (4): 18 – 29.

[161] Mayew, William, and Mohan Venkatachalam. The Power of Voice: Managerial Affective States and Future Firm Performance [R]. Duke University Working Paper, 2009.

[162] McGilvery, Andrew, Robert Faff, and Shams Pathan. Competitive Valuation Effects of Australian IPOs [J]. International Review of Financial Analysis, 2012 (9): 74 – 83.

[163] Means, Thomas. Readability: An Evaluative Criterion of Stockholder Reaction to Annual Reports [J]. The Journal of Business Communication, 1981, 18 (1): 25 – 33.

[164] Merriam – Webster Online [EB/OL]. [2012 – 05 – 17]. http: //www. merriam-webster. com/.

[165] Nagy, Robert A. , and Robert W. Obenberger. Factors Influencing Individual Investor Behavior [J]. Financial Analysts Journal, 1994, (50) 4: 63 – 68.

[166] Neuendorf, Kimberly A. The Content Analysis Guidebook [M]. London: Sage Publications Inc. , 2002.

[167] Philpot, James, and Don T. Johnson. Mutual Fund Performance And Fund Prospectus Clarity [J]. Journal of Financial Services Marketing, 2007, 11 (3): 211 – 216.

[168] Price, S. McKay, James S. Doran, David R. Peterson, and Barbara A. Bliss, Earnings Conference Calls and Stock Returns: The Incremental Informativeness of Textual Tone [J]. Journal of Banking and Finance, 2012, 4: 992 – 1011.

[169] Richard, Robert. Content Analysis of Communications [M]. New York: The Macmillan Company, 1967.

[170] Rock, Kevin. Why New Issues Are Underpriced? [J]. Journal of Financial Economics, 1986, 15 (2): 187 – 212.

[171] Rossetto, Silvia. IPO Activity And Information in Secondary Market Prices [R]. University of Toulouse Working Paper, 2012.

[172] Saboo, Alok R. , Rajdeep Grewal. Stock Market Reactions to Customer and Competitor Orientations: The Case of Initial Public Offerings [J].

Marketing Science, 2013, 32 (1): 70 – 88.

[173] Sadique, Shibley, Francis Haeuck In, and Madhu Veeraraghavan. The Impact of Spin and Tone on Stock Returns and Volatility: Evidence from Firm-Issued Earnings Announcements and the Related Press Coverage [R]. Monash University Working Paper, 2008.

[174] Schleicher, Thomas, Khaled Hussainey and Martin Walker. Loss Firms' Annual Report Narratives and Share Price Anticipation of Earnings [J]. British Accounting Review, 2007 (39): 153 – 171.

[175] Schleicher, Thomas, and Martin Walker. Bias in the Tone of Forward-looking Narratives [J]. Accounting and Business Research, 2010, 40 (4): 371 – 390.

[176] Schroeder, Nicholas, and Charles Gibson. Readability of Management's Discussion and Analysis [J]. Accounting Horizons, 1990, 63 (12): 79 – 87.

[177] Sergio, Da Silva, Marcia L. Zindel, and Emilio Menezes et al. Biological Characteristics Modulating Investor Overconfidence [J]. Economics Bulletin, 2010, 30 (2): 1496 – 1508.

[178] Sherman, Ann E. Global Trends in IPO Methods: Book Building Versus Auctions with Endogenous Entry [J]. Journal of Financial Economics, 2005, 78 (3): 615 – 649.

[179] Sherman, Ann E. and Sheridan Titman. Building the IPO Order Book: Underpricing And Participation Limits with Costly Information [J]. Journal of Financial Economics, 2002, 65 (1): 3 – 29.

[180] Soper, Fred J., and Robert Dolphin. Readability and Corporate Annual Reports [J]. The Accounting Review, 1964, 39 (4): 358 – 361.

[181] Stone, Philip J., Dexter C. Dunphy, Marshall S. Smith, et. al. The General Inquirer: A Computer Approach to Content Analysis [M]. Cambridge, Mass. : MIT Press, 1966.

[182] Su, Chen, and Kenbata Bangassa. The Impact of Underwriter Reputation on Initial Returns And Long-run Performance of Chinese IPOs Original Research Article [J]. Journal of International Financial Markets, Institutions and Money, 2011, 21 (5): 760 – 791.

[183] Subramanian, Ram, Robert G. Insley and Rodney D. Blackwell.

Performance And Readability: A Comparison of Annual Reports of Profitable and Unprofitable Corporations [J]. Journal of Business Communication, 1993, 30 (1): 50 – 61.

[184] Tetlock, Paul C. Giving Content to Investor Sentiment: The Role of Media in the Stock Market [J]. The Journal of Finance, 2007, 62 (3): 1139 – 1144.

[185] Tetlock, Paul C., Maytal Saar – Tsechansky, and Sofus Macskassy. More Than Words: Quantifying Language to Measure Firms' Fundamentals [J]. Journal of Finance, 2008, 63 (3): 1437 – 1467.

[186] Tong, Suk – Chong. Media Reputation in Initial Public Offerings: A Study of Financial News Coverage in Hong Kong [J]. Public Relations Review, 2013, In Press, Corrected Proof, Available online July 11, 2013.

[187] Trauten, Andreas, and Thomas Langer. Information Production and Bidding in IPOs: An Experimental Analysis of Auctions And Fixed-price Offerings [R]. University of Münster Working Paper, 2012.

[188] Uhl, Matthias. The Long-run Impact of Media Sentiment on Stock Returns [R]. Swiss Economic Institute Working Paper, 2011.

[189] U. S. General Accounting Office (GAO), Program Evaluation and Methodology Division. Content Analysis: A Methodology for Structuring and Analyzing Written Material [R]. U. S. General Accounting Office (GAO), 1996.

[190] Veld, Chris, Yulia V Veld – Merkoulova. The Risk Perceptions of Individual Investors [J]. Journal of Economic Psychology, 2008, 29 (2): 226 – 52.

[191] Wang, Xiao Lu, Kan Shi, and Hong Xia Fan. Psychological Mechanisms of Investors in Chinese Stock Markets [J]. Journal of Economic Psychology, 2006, 27 (6): 762 – 80.

[192] Waples, Douglas, Bernard Berelson. What the Voters Were Told (An Essay in Content Analysis) (mimeographed) [R]. Graduate Library School, University of Chicago, 1941.

[193] Weber, Robert P. Basic Content Analysis [M]. Beverly Hills, CA: Sage Publications Inc., 1990.

[194] Welch, Ivo. Seasoned Offerings, Imitation Costs, and the Underpricing of Initial Public Offerings [J]. Journal of Finance, 1989 (44): 421 – 449.

［195］ White, Marilyn D. , and Emily E. Marsh. Content Analysis: A Flexible Methodology ［J］. The Johns Hopkins University Press, 2006, 55 (1): 22 −45.

［196］ Willey, Malcolm Macdonald. The Country Newspaper. A Study of Socialization and Newspaper Content ［M］. Chapel Hill: University of North Carolina Press, 1926.

［197］ Wimmer, Roger D. , Joseph R. Domimick. Mass Media Research: An Introduction (7th) ［M］. Belmont, CA: Wadsworth Publishing Co. , 2003.

［198］ Woodward, Julian L. Foreign News in American Morning Newspapers: A Study in Public Opinion ［M］. New York: Columbia University Press, 1930.

［199］ Woodward, Julian L. Quantitative Newspaper Analysis As a Technique of Opinion Research ［J］. Social Forces, 1934 (7): 526 −37.

［200］ Yung, Chris. IPOs with Buy-and Sell − Side Information Production: The Dark Side of Open Sales ［J］. The Review of Financial Studies, 2005, 18 (1): 327 −347.

后　　记

　　随着我国经济的快速发展，源源不断地有许多企业开始谋求通过资本市场取得飞跃式发展。但有的企业由于急于求成或固化于"圈钱"思维等原因，为了获取上市资格，通过"化妆"、"包装"等信息隐瞒、信息欺诈行为来美化自己。

　　就在本研究推进的过程中，我国的新股发行被长时间地暂停。据统计，鉴于二级市场走势低迷等情况，我国A股市场的新股发行有过8次暂停。就最近这次较长时间的暂停新股发行的过程看，自2012年11月开始停止新股发行，直到2014年1月才"开闸"，历经了大约一年多的时间。此间，有近900家企业已经提交首次公开发行股票的申请，在排队等待上市。在这些企业中，就有一些企业通过"美化"自己混在等待上市的队伍里。为了化解排队等待上市企业过多的"堰塞湖"问题，中国证监会动员多方力量，根据信息披露必须真实、准确、完整和及时等要求，在2012年底、2013年初开始对提交申请的企业开展财务报告专项检查的"打假"行动。该行动分三个阶段：发行人和相关中介机构自查、证券发行监管部门复核自查报告、证监会组织相关专业人员抽查。"打假"取得了意想不到的效果。不断有报道说有的企业主动撤销新股发行申请，有的企业被迫撤销新股发行申请，甚至有的企业被相关监管机构立案调查。2013年10月证监会公布的"打假"数据显示，"打假"行动告一段落，期间向证监会提交自查报告的企业有622家，提交终止审查申请的企业有268家。由此得到的粗略推论是，在申请新股发行、排队等待上市的企业中，大约有1/3的"浑水摸鱼"者；至于其余的大约2/3的企业中，是否有"漏网之鱼"还不得而知，这需要等待时间的检验。这次证监会核查过程中出现的企业信息披露中的众多"粉饰"、"伪造"案例，更使我们感到对发行人披露的核心文件即"招股说明书"中的重要章节"风险因素"部分进行全面、系统的内容分析的必要性。有一种使命感在推动着我们不断更加深入地去思考相关现实问题，完善我们既定框架中各个相关环节上的研究。

在发展过程中出现的许多问题是可以理解的，有些问题的产生甚至是"必然"的。有的问题引起社会上对当前的新股发行申请与审核机制的一些质疑。在新股发行"入口"上可能存在的信息"欺诈"行为，有关约束措施究竟能够起到多大的作用？但也正是这些问题的暴露以及社会各界对相关问题的思考推动了新股发行体制改革的进程。在这种稳扎稳打、灵活调整的兼顾稳定与发展的渐进式改革路径中，尤其是在我国目前推进注册制改革的过程中，新股发行信息披露的重要性更加突出，我们需要继续不断探寻完善新股发行的各个方面的有效措施。

对于海量的证券信息披露中具体文字内容的研究，内容分析法正好是一种行之有效的定性与定量研究相结合的研究工具。尽管内容分析法的产生和发展已经经历了一段较长的时间，其应用范围跨越了多个学科，甚至被有的国家的政府监管部门所应用，但这一研究方法在证券市场中的应用仍然处于起步阶段。从目前这个领域的世界研究前沿情况看，国际上有些学者创造性地将内容分析的研究方法应用于发达国家成熟证券市场的信息披露的研究中，具体的研究方法不断得到更新。针对我国证券市场信息披露的特点和研究的需要，我们也要加强对研究方法本身的研究，以期在研究方法创新上取得较大的收效，为挖掘更多的问题提供更好的研究工具。值得庆幸的是，课题组的部分成员正在这一领域不断取得新的研究成果；其中有参与或辅助本研究的研究生走上了证券监管和投资银行等工作岗位。愿我国在这一领域的研究日益枝繁叶茂，愿我们的证券发行市场持续健康发展！

作者

于 2015 年 6 月